普通高等院校"十三五"规划教材 ◀ ◀ ◀

货物运输管理

U0368172

HUOWU YUNSHU GUANLI

赵祖川◎主 编

张志强 黄新涛 谢小淞 饶培俊 束庆玲◎副主编

清华大学出版社

北 京

内 容 简 介

本书系统讲述了公路、铁路、水路、航空和管道五种运输方式的货物运输管理、特种货物的运输管理、运输的组织与管理、货物运输保险、货物运输合同和国际货物运输代理等相关内容。全书共有 12 章，分别是货物运输概论、公路货物运输、铁路货物运输、水路货物运输、航空货物运输、管道货物运输、集装箱货物运输、特殊货物运输、货物运输组织与管理、货物运输保险、国际货运代理，以及货物运输合同。

本书可作为高等院校物流管理专业的专业课教材，以及工商管理、市场营销、电子商务、贸易经济等专业的选修课教材，也可作为各类物流企业员工培训教材。

图书在版编目(CIP)数据

货物运输管理 / 赵祖川主编. —北京：清华大学出版社，2018(2025.6 重印)
（普通高等院校"十三五"规划教材）
ISBN 978-7-302-49324-2

Ⅰ. ①货… Ⅱ. ①赵… Ⅲ. ①货物运输-交通运输管理-高等学校-教材 Ⅳ. ①U294.1

中国版本图书馆 CIP 数据核字(2018)第 004247 号

责任编辑：刘志彬
封面设计：汉风唐韵
责任校对：宋玉莲
责任印制：刘海龙

出版发行：清华大学出版社
   网 址：https://www.tup. com. cn，https://www. wqxuetang.com
   地 址：北京清华大学学研大厦 A 座   邮 编：100084
   社 总 机：010-83470000   邮 购：010-62786544
   投稿与读者服务：010-62776969，c-service@tup. tsinghua. edu. cn
   质量反馈：010-62772015，zhiliang@tup. tsinghua. edu. cn
印 装 者：涿州市般润文化传播有限公司
经 销：全国新华书店
开 本：185mm×260mm   印 张：16   字 数：391 千字
版 次：2018 年 1 月第 1 版   印 次：2025 年 6 月第 4 次刷
定 价：45.00 元

产品编号：076848-01

运输是物质资料或产品在空间较长距离的位移，一切物流过程均离不开运输，它是物流活动的核心业务。运输不仅是物流的重要职能之一，同时贯穿于产品的整个流通过程中；不仅横贯了企业的各职能部门，而且越过了企业的边界将上游和下游企业联结起来。

为适应应用型本科教育的发展，并与学校大众创业、万众创新愿景紧密结合，"货物运输管理"课程的教学应更注重各知识点的系统性。由于教学方法和教学环境的更新，目前该课程在教学中无合适的教材选用，教师主要通过整理和挑选物流管理专业相关知识点，结合教学改革和课程要求来讲授课程。编者在多年的专业教学过程中，积累了大量的课程实践经验，特别在"运输管理"课程中积累了较多的优秀案例和教学成果。在编写本书的过程中，编者对已有的教学经验进行修改和完善，使本书在物流管理专业人才培养目标、课程设置、实践教学安排、教学质量评价等教学全过程中融入职业能力的培养和职业素质的培养。

目前，各类运输管理方面的教材很多，基本上都是按照"运输管理"的定位来编写。从理论上来讲，普遍意义的运输管理既包括货物运输管理，还应包括人员运输管理。而物流管理只研究货物运输管理的问题，并不研究人员运输管理的问题。因此，本书定位于"货物运输管理"，更适合物流管理专业相关课程的教学和学习。

本书特色如下：

▶ 1. 新颖性

本书区别于众多定位于"运输管理"的教材，而以物流功能的专一性为目标，定位于"货物运输管理"，内容新颖、主题明确。

▶ 2. 系统性

货物运输的过程是基于物流的基本功能开展的，本书以此为线索，系统讲述了五种运输方式的货物运输管理、特种货物的运输管理、运输的组织与管理、货物运输保险、货物运输合同和国际货物运输代理等相关内容。

▶ 3. 前沿性

本书在编写中概括了货物运输相关知识，对现代物流运输中一些新的理论观点和新的运输技术给予了重点介绍，并吸收了国内外运输管理实务的新理论和新研究成果，阐述了现代运输行业的前沿信息和发展趋势。

▶ 4. 实用性

中高级物流管理人才需要具备一定的物流理论知识，同时还必须熟悉物流运输的实际运作业务。本书强调实际应用，注重对学生职业能力的培养。

本书由赵祖川任主编，张志强、黄新涛、谢小淞、饶培俊、束庆玲任副主编。赵祖川编写第一章和第二章；束庆玲编写第三章和第四章；张志强编写第五章和第六章；黄新涛编写第七章和第八章；谢小淞编写第九章和第十章；饶培俊编写第十一章和第十二章；赵跃华教授做全书的审定。本书的编写得到了黄河科技学院赵跃华教授的悉心指导，以及河南润之新物流有限公司石阿蒙、上海硕诺信息科技有限公司高恒、郑州市道路运输管理局郝军平等专家的大力支持，并参阅了大量物流管理方面的教材和书籍，在此一并向原作者表示感谢！

由于编者水平有限，时间仓促，书中难免会有疏漏之处，敬请广大读者不吝赐教，提出宝贵意见。

编　者

目　　录

1 第一章
货物运输概论

学习目标

通过学习，了解货物运输及货物运输管理的概念，货物运输在国民经济中的作用，货物运输市场的构成与分类，基本的货物运输方式，货物运输成本的构成及降低货物运输成本的措施，货物运输质量的含义、特征，以及提高货物运输质量的意义。

知识要点

1. 了解货物运输的地位与作用，理解运输的特点。
2. 了解货物运输市场的含义、构成及分类。
3. 理解货物运输质量的特征及提高货物运输质量的意义。

技能要点

1. 理解和掌握五种基本的货物运输方式及其技术经济特征。
2. 理解和掌握货物运输成本的构成及降低货物运输成本的措施。

导入案例

华润南澳风电场风机设备的运输问题

风机设备运输过程中需要考虑的问题主要包括以下几个方面。

1. 运输工具的选用问题

每种运输方式都有货物的尺寸、重量限制，同时风机设备供货商也会提供风机组件的具体外形尺寸和重量。因此，负责运输的物流公司要根据风机部件的尺寸、重量确定可以选择的运输方式，将各部件与合适的运输工具进行合理匹配。

2．运输路线选择问题

选择好合适的运输工具后，风机设备的运输路线也对线路净空、沿途最小转弯半径、道路荷载强度等方面提出了要求。由于风能资源丰富的地区比较偏远，如山脊、戈壁滩、草原、海滩和海岛等，在这些区域建设风电场，现有道路往往不能满足风机设备的运输需要。

3．运输成本问题

风机设备运输的复杂性和非常规性给运输成本的控制带来很大难度。除了普通的装卸费、燃油费、过路费，其运输还面临新建码头、桥梁、铺路、拆房、砍树等一系列普通运输不需进行的工程，而这些工程的勘测、设计，包括最后的拆除、复位，都增加了风机设备运输的成本。而与有关方面的沟通协调，更是一笔无法预计的开支。在确定采用哪种运输方案前，物流公司要对风电场的地理位置进行初步了解，掌握风电场宏观的交通环境，针对公路运输特性对运输沿途的具体交通环境进行详细的调查，包括已有道路的等级、沿途公路桥梁的承载能力、公路的最小转弯半径、最大横坡角度、与场区的距离等，以评估改造现有道路或者新修道路的成本。

4．运输风险问题

风力发电机组的风轮叶片和塔架长度为十几米或更长，这些设备在运输过程中需要解决因设备超重、超长、超宽、超高所带来的潜在安全隐患，为了保障运输安全，承运单位必须采取一定的措施。同时，还要结合风电场所在地独特的地理环境及多变的自然天气，考虑实地操作的技术难度。在选择运输方法时，需要综合各种因素的影响，进行多种运输方案的全面分析比较。

5．运输方案

第一阶段，从厂家运往南澳长尾码头。机舱底座、桨叶的包装使用专用运输支架和货主自备集装箱。过轮渡由供货厂家与驳船公司签订租船协议，供货厂家还要负责办理相关审批手续。

第二阶段，从南澳长尾码头运输到南澳果老山堆场。用超宽超长大功率的拖头车，每台风机三段管塔分三车。叶片用厂家特殊车厢装载，三个叶片一车，机舱单独一车，轮毂和基础环控制柜附件一车，一台风机装六车。

第三阶段，从堆场运往风电场内指定机位。从山下主公路到风电场的道路需要扩充到5米宽，其余地方的道路只需简单清障，均符合运输要求。同时，在运输过程中，对重心较高的物体要确保重心放置合理、捆绑牢固，可以加垫枕木，防止滚动。

第 一 节　货物运输的作用

一、货物运输的定义

中华人民共和国国家标准《物流术语》(GB/T 18354—2006)对货物运输的定义是："专

用运输设备将物品从一个地点向另一个地点运送，其中包括集货、分配、搬运、中转、装入、卸下、分散等一系列操作。"

在商品社会中，由于市场的广阔性，商品的生产和消费不可能在同一个地方进行，一般来说，商品都是集中生产、分散消费的。为了实现商品的价值和使用价值，使商品的交易过程能够顺利完成，必须经过运输这一环节，把商品从生产地运到消费地，以满足社会消费的需要和实现商品的再生产。

二、货物运输在国民经济中的作用

社会产品的生产和需求之间存在空间上和时间上的差异。由于生产布局和各地区经济发展的不平衡，会导致产品此地有余而彼地不足；由于有些产品生产与消费上存在时间上的差异，会导致产品此时有余而彼时不足。这些就要靠流通过程加以调节，尤其是运输，它是物流过程中最主要的增值活动，无论在国民经济领域还是在物流领域都具有十分重要的地位。所以，一些经济学家称"运输是现代工业的先驱"实不为过。

（一）货物运输可以创造商品的空间效用和时间效用

运输通过改变商品的地点或者位置所创造出的价值，称为商品的空间效用；运输使得商品能够在适当的时间到达消费者的手中，就产生了商品的时间效用。通过运输发挥商品的空间效用和时间效用，才能满足消费者消费商品的需要，使整个商品交易过程得以实现。

（二）货物运输可以扩大商品的市场范围

随着各种运输工具的出现和各种先进的交易形式的发展，企业产品通过运输可以到达很远的地方进行销售，特别是电子信息技术的发明，更使企业的市场范围随着网络的出现而产生了无限扩大的可能。任何有互联网的地方，都有可能成为企业的市场。为了真正地将这种可能变成现实，就必须借助于运输过程。因此，运输可以帮助企业扩大市场范围，并给企业带来无限发展的机会。

（三）货物运输可以促进商品价格的稳定

各个地区因为地理条件的不同，拥有的资源也各不相同。如果没有一个顺畅的运输体系，其他地区的商品就不能到达本地市场，那么本地市场所需要的商品也就只能由本地来供应。正是因为这种资源的地域不平衡性，造成了商品供给的不平衡性。因此，在一年的不同时间里，商品的价格可能会出现大的波动。但是如果拥有一个顺畅的运输体系，那么当本地市场商品的供给不足时，外地的商品就能够通过运输体系进入本地市场，本地的过剩产品也能够通过运输体系运送到外地市场，从而保持供求的动态平衡和价格的稳定。

（四）货物运输能够促进社会分工的发展

随着社会的发展，为了实现真正意义上社会的高效率，需要推动社会分工的发展，而对于商品的生产和销售来说，也有必要进行分工以达到最高的效率。运输是商品生产和商品销售之间不可缺少的联系纽带，只有有了运输，才能真正实现商品生产和销售的分离，促进社会分工的发展。

三、货物运输在物流中的作用

物质产品生产的目的是满足社会的各种需要，从经济学的角度分析，物质产品具有客观价值和使用价值。而且，物质产品的使用价值只有在社会消费或最终消费过程中才能实现。物质产品的生产地与消费地是不一致的，因此只有通过运输，物质产品才能进入消费市场，从而实现物质产品的使用价值，满足社会的各种需求。运输在商品流通中发挥着举足轻重的作用。

（一）交通和运输两者既相互联系又有不同的功能

交通和运输是两个不同的概念，交通设施是一种投资品，而运输则是无形的位移服务，但由于现代的运输活动都是在特定的交通设施上进行的，所以说交通是运输活动的载体。铁路运输要以轨道交通为基础，汽车运输要在公路上进行，因此人们习惯于把两者联系在一起，统称交通运输。

人类的经济史实际上就是通过不断地技术创新，创造出新的交通方式、发明新的交通工具、建设新的交通基础设施，从而不断降低运输成本，不断扩大人们的经济活动空间的历史。

（二）交通与运输涉及两类不同层次的问题

交通涉及交通方式的选择、交通基础设施建设，主要涉及国家政策、规划与投资问题；运输则涉及在交通设施的基础上如何进行运输活动，以及与企业经营有关的问题。两者既有区别又相互联系。运输的需求或潜在的运输需求，推动了交通设施建设和交通工具的创新。交通设施的供给创造出运输需求，为运输活动提供了实体平台。

▶ 1. 货物运输是物流的核心功能

运输是物流活动的重要组成部分，通过运输，物流的各环节有机地联系起来，物流的目标才得以实现。可以说，稳定可靠、灵活便捷的运输是物流系统成功运作的关键，没有运输就没有物流，运输是物流活动的中心环节。

▶ 2. 货物运输对其他物流功能有着重要的影响作用

运输与物流的其他方面有着千丝万缕的联系，例如，选择的运输方式决定装运货物的包装要求；使用不同类型的运输工具决定配套使用的装卸搬运设备及接收和发运站台的设计；企业库存储备量的大小直接受运输状况的影响，发达的运输系统能够适量、快速和可靠地补充库存，以降低必要的储备水平。

▶ 3. 降低货物运输费用是降低物流成本的关键环节

货物运输是物流的主要活动，必须依靠大量的人、财、物消耗才能实现这一活动。运输还承担大跨度空间转移的任务，所以运输活动时间长、距离长、能源与动力消耗多，运输成本占物流总成本比重约50%。因此，合理组织运输，降低运输费用是降低物流总成本的关键环节。

四、货物运输的特点

（一）货物运输产品的独特特性

运输业不像工农业那样改变劳动对象的性质和形态，它只是改变货物的空间位置，因此运输业的产品是运输对象的空间位移。

运输市场上出售的商品（位移）实际上也是一种运输劳务，它具有以下特性。

▶ **1. 不可感知性**

运输产品本身是无形无质的，无法用触摸或肉眼感知它的存在。消费者在消费这种产品之前，无法用预先的"观察"和其他手段了解产品的性能或质量。消费者在消费这种产品之后，同样没有留下任何具有实物形态的东西，对于消费这种商品所能得到的利益（独特的、与其他商品不同的），消费者往往要经过一段时间后才能有所感觉。

▶ **2. 不可分离性**

实物产品从生产、流通到最终消费，要经过一系列的中间环节，生产与消费相互分离，并存在一定的时间间隔。相比之下，运输的生产具有一定的特殊性，那就是运输的生产与消费过程在时间上完全融合在一起，无法分离。运输生产开始之时，也是运输消费开始之时，而运输的生产过程结束，运输的消费过程也结束。运输的生产者和消费者同样不可分离，它们必须相互作用和联系才能使生产和消费顺利完成。

▶ **3. 不可储藏性**

运输产品的无形性及生产与消费同时进行的特点，决定了运输产品具有不可储藏性。生产者无法将产品预先生产好，储藏起来，以备将来出售；消费者也无法将产品购回，慢慢使用。对于运输供给者来说，生产出来的运输产品必须尽量使需求方及时、完全消费，否则就会造成浪费。运输产品如不能及时出售和消费，它的损失不像有形产品那样出现库存积压等，仅仅表现为机会的损失和折旧的发生。运输产品的损失一旦出现就无法弥补，因为生产出来的运输产品如果不同时消费，这种产品随即就会消失，而库存的有形产品在一段时间之后仍可能会全部售出。

▶ **4. 缺乏所有权**

运输产品在生产和消费过程中不涉及任何东西的所有权转移。由于运输产品不具有实物形态，又不可储藏，所以运输过程结束后，一切都消失了，消费者并没有实质性地拥有运输产品或服务。

（二）货物运输过程的流动性

运输的过程与物质的生产过程存在明显差别。工农业的生产过程一般局限在某一有限且固定的空间中完成，而交通运输业的生产则是分布在一个相互联系的广阔空间里，整个过程是流动、分散的。客货运输的始发即到达地点遍布全球各地，形成一个点多、线长的联动体系。流动性的特点使得对运输业产品的生产过程进行管理和控制的难度很大，需要各个环节之间相互协调、紧密配合，服从统一指挥，这样才能使生产过程的连续性得到保证。

（三）货物运输方式之间的部分替代性

各种运输方式之间既有相似之处，也有各自的经济、技术特点。但是，它们最终都要实现旅客和货物的位移。正因如此，在一定的条件下，某种运输方式就有可能被另一种运输方式所替代。正因为运输业有这种替代性，才使通过不同运输方式之间的供求关系来合理分配运量成为可能。

知识链接

萌芽时期的运输市场

由于交通运输能力的限制，人类早期的活动区域被限制在相对狭小的范围内。社会分工的出现使剩余产品逐渐增多，于是，人们开始将剩余产品拿到市场上进行交换。交换活动刺激了对运输的需求，因为要实现交换，人员和货物必须完成从所在地到市场之间的位移。然而，人类社会早期的交换活动无论在数量上还是品种上都处于十分低下和简单的水平，这就决定了当时的运输活动处于规模很小的水平。商业与其他行业的分离对运输的发展起到非常大的促进作用，因为商业活动是与交通运输紧密相关的。中外历史上，商人的收购和长途贩运活动都依赖于有效的交通运输。远古时期，人类从事狩猎、采集活动，进行频繁的迁徙，都是凭借人力和畜力，当时的运输无论在手段上还是在能力上都相当落后，运输本身也没有形成相对独立的部门和行业。在漫长的生产劳动和其他社会经济活动中，人类渐渐发明和创造出现在看来简单，但在当时却是十分有效的交通运输工具和运输方法。沿河居住的部落为适应捕鱼和渡河的需要，创造出最简单的水上交通工具——独木舟，它使人们的活动范围明显扩大了，从此人们可以跨越水域，在新的区域进行生产和交换。人类社会早期，在运输方面的另一件大事是懂得了驯养牛、马、骆驼、大象等牲畜，用它们代替人类运送货物和供人骑乘。后来，人们学会制造用牲畜拉动的车，中国商朝时期的甲骨文中已有表示车的象形字，说明车在当时已经出现。当时的车还有辕和可供乘坐的车厢，证明人们已经掌握了"驾马服牛"的技术。从驼队运输到马（牛）车运输，人类在运输方面大大前进了一步。"车"的出现，使运输对"路"的需求明显增加，因为要提高运输速度，加大"车"的负荷量，修筑道路是十分关键的。

最早的道路是极其简单的，几乎是天然形成的，后来人们对道路加以整修，并根据需要开辟出一些新的道路，就形成了早期的陆路运输。水上航道是天然存在的，在人类懂得利用水的浮力后，木舟、木船就成为帮助人类从事运输活动的最好工具。虽然水上航道是天然形成的，但人们在利用天然航道的同时，已经懂得通过开挖人工运河、接通天然航道来扩大运输范围。中国早在春秋时期就开凿了胥河、邗沟和其他运河。秦朝的人工运河——灵渠在世界航运史上具有重要的地位，它的总体布局和具体设计都很科学。

第二节 货物运输方式

一、基本的货物运输方式

最基本的货物运输方式有五种，即公路运输、铁路运输、水路运输、航空运输和管道运输。五种运输方式在运载工具、线路设施、营运方式及技术经济特征等方面各不相同，具有不同的运输效能和适用范围。

（1）公路货物运输是运输行业的主力军，在我国货物运输总量中其比重已经占到75%以上，是我国货运行业最重要的力量。

（2）铁路货物运输是运输行业中的重要力量，在我国货物运输总量中其比重已经占到15%左右，在货物运输中发挥着举足轻重的作用。

（3）水路货物运输是人类最早利用的运输方式之一。从运输区域范围来看，包括内河（江、湖）、沿海和远洋运输；从业务范围来看，主要分为港口作业和轮船（航运公司、远洋公司）运输两部分。港口负责货物的装卸和旅客的乘降，而轮船公司则负责旅客和货物的运输。在全球经济一体化的推动下，在国际贸易日益发展的形势下，远洋运输成为国际间最重要的货物运输方式，约占国际货物运输的70%以上。

（4）航空货物运输提供的运输产品最突出的特点就是时间短、速度快。现在，世界范围内多数地点之间的飞行时间不超过一昼夜，可以说，航空运输把地球变成了一个"村落"。速度快是航空运输的特点，也是它能够获得快速发展的重要原因，因为现代社会人们的时间观念越来越强。从经营范围来看，航空运输也包括客运和货运两部分。客运是航空运输的主要内容，航空公司的绝大多数运输收入来自客运。

（5）管道运输是为运送某些特殊产品，如石油、天然气、煤等而建立起来的运输系统，它是一种特殊的运输方式。通常情况下，公众很少意识到它的存在，所以，管道运输又被称为"藏起来的巨人"。管道运输已有100多年的历史。美国在1859年发现石油后不久，就在宾夕法尼亚州兴建了第一条输油管道，并于1865年成功地投入运行。随着石油的大量开采，管道逐渐成为运输体系的重要组成部分。

表1-1是我国各种货物运输方式占全国总货运量的百分比。

表1-1　我国货运量中各种运输方式占全国总货运量的百分比　　　　　%

年　份	公　路	铁　路	水　路	航　空	管　道	合　计
2001	75.39	13.74	9.47	0.012	1.39	100
2005	75.42	13.67	9.48	0.015	1.41	100
2011	75.07	10.57	11.65	0.015	2.55	100
2013	78.84	8.81	10.49	0.013	1.53	100
2014	76.28	9.81	13.73	0.018	1.29	100
2015	78.32	7.38	13.54	0.017	1.57	100

表1-2是各种运输方式技术经济特征的比较（数序由小到大，表示由优到劣）。

表 1-2　各种运输方式技术经济特征的比较

运输方式	基建投资		运载量	运价	速度	连续性	灵活性	劳动生产率
	线路	运具						
公路	4	4	4	4	2	2	1	5
铁路	5	1	2	3	3	1	3	3
河运	3	3	3	2	5	5	4	2
海运	1	2	1	1	4	4	5	1
航空	2	5	5	5	1	3	2	4

五种典型的运输方式如图 1-1 所示。

（a）公路运输

（b）铁路运输

（c）水路运输

（d）航空运输

（e）管道运输

图 1-1　五种典型的运输方式

二、联合货物运输

联合货物运输简称联运，是一种综合性的货物运输组织形式，它是指联运经营人通过一次托运、一次结算、一票到底、全程负责的运输组织程序提供两种以上运输方式或两程以上运输相衔接的全程运输服务，以及产、供、运、销等各主体间的运输协作。它在充分发挥各种运输方式的优势，组织全程运输中各环节的协调配合，充分利用运输设备，加快车船周转，提高运输效率，加速港口、车站、库场周转，提高吞吐能力，缩短货物运达期限，加速资金周转，方便货主，简化托运手续，活跃城乡经济，促进国民经济发展，提高社会经济效益等方面，都具有明显的实效。

联运按全程使用的运输方式是否相同，分为单一方式联运（简称单式联运）和多种方式联运(简称多式联运)。

(1)单式联运是指联运经营人组织的,以同一运输方式将运输企业的两程或两程以上的全程连续运输,如铁路—铁路联运、公路—公路联运、海路—海路联运。

(2)多式联运是联合运输的一种现代形式,是由四种基本运输方式(铁路、公路、水路、航空)在社会化运输范围内和同一运输过程中按各自经济特点组成分工合作、有机结合、连续贯通、布局合理的综合运输体系。是由多式联运经营人组合两种或两种以上运输方式的全程连续运输,如铁路—海路联运、铁路—公路联运、铁路—海路(内河)—公路联运。多式联运适用于水运、公路、铁路和航空四种运输方式。多式联运按地域可分为国内多式联运和国际多式联运。

国内多式联运是指按多式联运合同采取两种或两种以上运输方式,由多式联运进行的国内货物运输。

国际多式联运是指按多式联运合同采取两种或两种以上运输方式,由多式联运进行的国家间的货物运输。

多数情况下,国际贸易采用的是集装箱联合运输,即以集装箱为媒介把铁路、公路和水路等单一运输方式有机结合起来,组成连贯式运输系统,是一种复合运输。集装箱联合运输的特点是:

第一,多式联运经营人完成全程联运业务,签订一个多式联运合同对全程运输负责。

第二,采用一次托运、一次付费、一单到底、统一理赔的运输业务运作。

三、新型货物运输技术

(一)成组运输

成组运输是采用一定的办法,把分散的单件货物组合在一起,成为一个规格化、标准化的大运输单位进行运输。成组运输便于机械化、自动化操作,提高运输、装卸效率,减少货损货差,降低运输和搬运成本,使运输效率大幅度提高。货主也可从中得到好处,如享受成组运输货物的特别优惠运费等。目前,世界各国最常用的成组运输方式包括托盘运输和集装箱运输。

▶ 1.托盘运输

在运输、搬运和存储过程中,将物品规整为货物单元时,作为承载面并包括承载面上辅助结构件的装置,称为托盘。使用托盘,货物可以充分利用叉车搬运,并与集装箱配合完成远洋运输,极大节省时间和成本。托盘运输的优势主要表现在加速货物搬运和降低运输成本等方面。

▶ 2.集装箱运输

集装箱运输是使用集装单元器具或利用捆扎方法,把裸装物品、散装物品、体积较小的成件物品,组合成一定规格的单元进行运输的方式。集装单元器具"集装箱"是运输包装货物与无包装货物的成组运输工具(容器)的总称,它产生于英国,发展于美国。20世纪60年代开始的运输集装化,被人们称为国际运输业的一次革命。此前,国际航运中的班轮经营者面临提高效率的难题。虽然使用快速的船舶可以使航行速度大大提升，但这一优势却由于船舶在港口的滞留、不断上涨的装卸搬运费用而渐渐丧失。集装箱的产生和发展使这些问题带来的损失降到最低。

集装箱运输中，集装箱是运输设施的一个组成部分，普通的货运集装箱是长方体，能不受天气影响运输和存储一定数量的货物（包括包装物料或散装物料）；能保护箱子里的货物不受灭失、毁损；运输过程中不须重新装箱，从而确保货物不受干扰地运送到目的地。

（二）电子化运输

随着互联网经济的发展，电子商务突飞猛进。商务活动、生产及生活活动的网络化，推动了运输方式的电子化、网络化，并产生了一种全新的运输形态——电子化运输。现有的铁路、公路、水路、航空及管道运输均是以实物设施（火车、汽车、轮船、飞机、管道）作为载体进行有形物资运输的，而电子化运输则是以计算机网络（主要为网络传输介质）或者其他传输介质，输送商务合同、音乐、电影、游戏、图片、电子邮件、教育节目、网上订单、电子书籍、学术论文、电子报告等电子化的文件、数据、信息或者声音、图像等。

通过电子化运输，可以有效减少运输时间，降低运输成本，还可以减少不合理运输，减少资源浪费，提高运输效率。另外，大力发展电子化运输，加快网络基础设施建设，普及网络基础教育，改变传统的生产、交易、消费、生活方式，增加电子化运输的比例，可以有效缓解传统方式运力紧张的问题，减少运输基础设施的建设，构建六种运输方式相互协调、互为补充的综合运输体系。

第三节 货物运输企业

一、货物运输企业概述

（一）货物运输产业与货物运输企业

▶ 1. 货物运输产业

货物运输产业是指运用各种运输基础设施为实现货物的实体移动而形成的一种产业。

货物运输产业的产生和发展是经济发展到一定阶段，社会分工不断深入的产物。从物流系统理论的角度分析，在国民经济中此前就存在的交通运输行业已经形成了一个巨大的行业群体，被称为21世纪国民经济发展的重要产业——物流的核心经济增长点。货物运输本身就是一个庞大的纵向经济领域，又是一个为其他经济领域服务的横向经济领域，是一个跨地区、跨行业、跨部门的综合性基础性产业。这个产业由铁路、公路、水路、空运、管道运输、托运等行业为主体组成，同时还包括商业、物资、供销、粮食、外贸等行业中的物流业，还涉及机械电器业中的运输设备制造行业和国民经济所有行业的供应、生产、销售中的运输活动。

（1）货物运输产业是国民经济的动脉系统，俗话说"兵马未动粮草先行"，运输是国民经济运行的"先行官"。它连接国民经济各个领域，并使国民经济成为一个有机的整体，实现全社会物流总成本的降低。

（2）货物运输可以创造商品的空间效用和时间效用。

（3）货物运输可以扩大商品的市场范围。

（4）货物运输能够促进商品价格稳定。

（5）货物运输能够促进社会分工的发展。

（6）货物运输产业能够为社会提供多样化的物流服务，能在物流全过程中及各环节实现商品价值的增值。货物运输产业是物流过程中最主要的增值产业，无论在国民经济领域还是在物流领域都具有十分重要的地位。

▶ **2. 货物运输企业**

货物运输企业是为其他生产或流通型企业提供运输服务的第三方企业。货物运输企业是整个国民经济物流产业中的重要组成行业，它的发展水平往往反映一个国家的物流发展水平。国家标准《物流术语》对物流企业的定义是："从事物流活动的经济组织。"国家标准《物流企业分类与评估指标》对物流企业的定义是："至少从事运输（含运输代理、货物快递）或仓储中的一种经营业务，并能够通过对运输、储存、装卸、包装、流通加工、配送等基本功能进行组织和管理，具有与自身业务相适应的信息管理系统，以满足客户物流需求，实行独立核算，独立承担民事责任的经济组织。"货物运输企业具有集散、中转、运输、配送、营销等功能。

（二）货物运输企业分类

▶ **1. 一般分类**

（1）综合型运输企业与单一型运输企业。

综合型运输企业能够完成和承担多项物流功能，包括铁路（公路、水路、航空）运输并兼有仓储、配送、营销的业务，这样的综合运输企业一般是多年经营的传统物流企业转型而形成的，规模较大、资金雄厚，有着良好的服务信誉。

单一型运输企业具有一定规模的运输设备和一定的经营规模，仅能承担社会的运输而不兼营其他物流业务。

（2）自营型运输企业。自营运输企业是工商企业利用自己的运输设施、设备来完成自己的运输业务。如海尔、长虹、联想、华联超市、国美电器等大型工商企业下属的运输物流企业均属此类。

（3）货运代理企业。货运代理企业是完成委托人所委托的运输服务。货运代理型物流企业又可分为综合性代理企业和功能性代理企业，如单一型货代公司和综合型货代公司。

▶ **2.《物流企业分类与评估指标》对物流企业的分类**

（1）运输型物流企业。

① 以从事货物运输业务为主，包括货代和快递业务，具备一定规模。

② 按照业务要求，企业必须配备运输设备。

③ 具有网络化信息服务功能，可以对货物运输进行查询服务。

④ 能够实行门到门、站到站服务。

（2）综合服务型运输企业。

① 能为用户提供运输、货代、仓储配送等多种综合物流服务。

② 按用户需求为用户制定整合物流资源，为用户提供运输服务。

③ 企业具有一定规模的跨区域货物集散分拨网络。

④ 企业有必备的运输设备和运输、装卸及搬运机械。

⑤ 企业有完善的用户服务体系，能有效、及时地为用户提供物流服务。

⑥ 具备网络信息化功能，可以对物流服务全过程进行查询和监控。

《物流企业分类与评估指标》中对具备条件的货物运输企业，按照评估标准分为AAAAA 级、AAAA 级、AAA 级、AA 级、A 级五个级别，如表 1-3 和表 1-4 所示。

表 1-3　运输型物流企业评估指标

评估指标		AAAAA 级	AAAA 级	AAA 级	AA 级	A 级
经营	1. 年货运营业收入/元	≥15 亿	≥3 亿	≥6 000 万	≥300 万	≥300 万
	2. 营业时间	≥3 年	≥2 年		≥1 年	
资产	3. 资产总额/元	≥10 亿	≥2 亿	≥4 000 万	≥800 万	≥300 万
	4. 资产负债率	不高于 70%				
设备设施	5. 自有货运车辆/辆	≥1 500	≥400	≥150	≥80	≥30
	6. 运营网点/个	≥50	≥30	≥15	≥10	≥5
管理及服务	7. 管理制度	有健全的经营、财务、统计、安全、技术等机构和相应的管理制度				
	8. 质量管理	通过 ISO 9001—2000 质量管理体系认证			—	
	9. 业务辐射面	全球范围	全国范围	跨省区	省内范围	
	10. 客户投诉率（客户满意度）	≤0.05%（≥98%）	≤0.1%（≥95%）		≤0.5%（≥90%）	
人员素质	11. 中高层管理人员	80% 以上具有大专以上学历或行业组织物流师认证	60% 以上具有大专以上学历或行业组织物流师认证		30% 以上具有大专以上学历或行业组织物流师认证	
	12. 业务人员	60% 以上具有中等专业资格	50% 以上具有中等专业资格		30% 以上具有中等专业资格	

续表

评估指标 \ 级别	AAAAA级	AAAA级	AAA级	AA级	A级
信息化水平 / 13. 网络系统	货运经营业务信息全部网络化管理			物流经营业务信息部分网络化管理	
14. 电子单据管理	≥90%		≥70%	≥50%	
15. 货物跟踪	≥90%		≥70%	≥50%	
16 客户查询	建立人工、自动查询系统			建立人工查询系统	

表1-4 综合服务型物流企业评估指标

评估指标 \ 级别	AAAAA级	AAAA级	AAA级	AA级	A级
经营状况 / 1. 年综合物流营业收入/元	≥15亿	≥3亿	≥4 000万	≥800万	≥300万
2. 营业时间	≥3年	≥2年		≥1年	
资产 / 3. 资产总额/元	≥5亿	≥1亿	≥3 000万	≥600万	≥200万
4. 资产负债率	小于75%				
设备设施 / 5. 自有/租用仓储面积/m²	≥10万	≥2万	≥1万	≥3 000	≥1 000
6. 自有/租用货运车辆/辆	≥1 500	≥500	≥300	≥200	≥100
7. 营运网点/个	≥100	≥50	≥30	≥10	≥5
管理及服务 / 8. 管理制度	有健全的经营、财务、统计、安全、技术等机构和相应的管理制度				
9. 质量管理	通过ISO 9001—2000质量管理体系认证				
10. 业务辐射面	全球范围	全国范围	跨省范围	省内范围	
11. 咨询服务	提供物流规划、资源整合、方案设计、业务流程重组、供应链优化、物流信息化等方面的服务			提供整合物流资源、方案设计等方面的咨询服务	
12. 客户投诉率（客户满意度）	≤0.05%（≥98%）	≤0.1%（≥95%）		≤0.5%（≥90%）	
人员素质 / 13. 中高层管理人员	80%以上具有大专以上学历或行业组织物流师认证	70%以上具有大专以上学历或行业组织物流师认证		50%以上具有大专以上学历或行业组织物流师认证	
14. 业务人员	60%以上具有中等专业资格	50%以上具有中等专业资格		40%以上具有中等专业资格	

续表

级别 评估指标		AAAAA 级	AAAA 级	AAA 级	AA 级	A 级
信息化水平	15. 网络系统	物流经营业务信息全部网络化管理			物流经营业务信息部分网络化管理	
	16. 电子单据管理	≥100%	≥80%		≥60%	
	17. 货物跟踪	≥90%	≥70%		≥50%	
	18. 客户查询	建立自动查询和人工查询系统			建立人工查询系统	

二、货物运输企业的运作模式

（一）传统货物运输企业的运作模式

长期以来，由于受计划经济的影响，传统运输企业沿用的是单一的职能型经营模式。条块分割、管理多元、运储分离的物流机制很难实现对全社会的综合物流服务，主要表现有三点：一是物流技术低下，很难将物流功能进行有效的整合，从而实现综合物流服务。二是物流围绕生产而进行，生产是物流的推动力，企业更多地关注生产成本，缺乏对包括物流在内的总成本的认识。三是难以对可能取得的投资回报进行量化，收益具有不确定性。

由于以上原因，传统货物运输企业的运作是建立在功能基础上的后勤保障，对存在的综合物流缺乏认识，所以只能进行单一的运输业务，而不可能从综合物流服务的理念，以整体的视角考虑运输功能的问题。这种功能单一分散的运输运作模式和多元化的物流格局，导致我国物流社会化程度低下，物流适应社会化大生产、专业化流通的集约化经营的优势很难发挥，使规模经营、规模效益难以实现，形成布局不合理、设施利用率低、资金浪费严重的局面。

▶ 1. 货物运输企业是具体运输的承担者

货物运输企业负责按照运输合同把货物运送到指定地点，它的运送手段相对简便、专业性强，主要是对货物的集装、分配、搬运、中转、装卸、运输作业。

▶ 2. 货运代理企业是运输的组织者和设计者

货运代理企业是运输服务的延伸，主要负责揽货、配载、运送、报关、装运、装拼箱、转运、编制有关运单、垫付和结算运杂费、运输咨询、提供货运信息等业务。货代企业的出现以市场营销为出发点，充分解决了市场和物流分离、市场服务与物流服务分离的状况，从而提供更加专业的运输服务，同时货代企业也是现代物流企业的基础和雏形。

（二）现代货物运输企业的运作模式

现代货物运输企业是连接生产、交换、流通、消费等各个环节，并为各个环节提供专业运输服务的经济组织，它是以信息技术和现代物流理念为基础建立的，是为用户提供个性化、专业化服务和综合性物流服务的经济组织。它不仅可以提供货物运输、配送、优化物流方案的设计和查询物流信息等无形服务，还可以提供仓储、包装、流通加工等有形服务。

现代货物运输企业的运作模式，主要有以下几个特点。

▶ **1. 基于运输信息系统强有力的支持**

现代运输企业建立在以数据交换系统、互联网为基础的公共运输信息平台之上，并可以通过全球卫星定位系统对货物实施全程跟踪与监控，以实现实时监控和信息共享。

▶ **2. 以为用户服务为导向的管理理念**

货物运输企业的利润来源于对用户的增值服务，响应用户的需求已经成为当今物流市场竞争战略的重要手段，满足用户的需求更成为货物运输企业的终极目的。现代货物运输企业向用户提供高效率、低成本快捷的运输超值服务，并与用户建立一种新型的战略联盟关系。

▶ **3. 提供深度的物流服务**

现代货物运输企业不是简单的货代企业，也不是单纯的运输企业，它的业务可以涉及用户的销售计划、订货计划、生产计划、库存计划等整个生产经营过程，影响用户企业的生产经营。它与企业建立的战略合作关系，使企业随时可以调节生产和库存、生产周期和销售周期，设计生产能力，实现生产的 JIT 管理，从而使企业在激烈的市场竞争中始终处于主动地位。

▶ **4. 现代货物运输企业是建立在先进的物流技术基础之上的高效率、低成本的运营模式**

现代货物运输企业拥有先进的物流技术和先进的运输装备，应用现代物流管理理念，充分发挥这些技术和装备的效能作用，将会极大提高物流运作效率，降低物流成本，满足社会经济发展的需要。

三、货物运输企业是第三方物流企业

（一）第三方物流

随着经济全球化竞争的加剧、信息技术的飞速发展、市场机制推动了运输发展，第三方物流应运而生，并日渐为物流研究和物流实践重视。对于第三方物流，国内外有多种解释，这里仅以我国国家标准《物流术语》(GB/T 18354—2001)界定的含义来理解："第三方物流是指供方与需方之外的物流企业所提供的物流服务业务模式。"从某种意义上讲，第三方物流是物流专业化的一种形式。

（二）第三方物流企业

按照"第三方物流企业"的定义，运输企业是供方和需方之外的物流运输服务提供者，也就是我们现代物流中常称的"第三方物流企业"。从现代物流的角度分析，物流运输企业可进行如下分类。

▶ **1. 资源型货物运输企业**

从第三方物流企业角度定义的资源型货物运输企业一般指具有运输等基本物流设施和

设备的运输从业者。

（1）传统的仓储运输企业转型而成的综合型运输企业。传统的运输、货代企业，如各铁路局、各类汽车运输公司、各种船舶航运、远洋货运公司、各类航空运输公司和管道运输公司等大型运输企业，改变原来单一的货运，依托原来的设施、业务基础和经营网络的优势，不断拓展，包括延伸其他物流服务功能，扩大物流服务经营范围，逐步向综合化运输企业转型。随着我国物流大发展，近几年国内应运而生了一些新生运输企业，它们运用现代物流理念和灵活的竞争策略，在激烈竞争的物流市场中发展迅速，因而成为我国物流运输领域中的一支生力军。例如，宝供物流公司自 1994 年成立以来，一直致力于为制造企业提供"门到门"一站式联运服务，目前已发展成能为 40 多家国际知名生产企业提供运输及其他物流服务的大型综合型物流运输企业，并被摩根斯坦利评价为"中国最具价值的第三方物流企业"。

（2）专业化货物运输企业。随着现代物流的发展，近些年，国内一些应运而生的新生物流运输企业异军突起，例如，宅急送公司是一种"转基因型"的新型快递企业，它以快速敏捷的快递运输赢得用户的认可，因而成为目前国内最大的快递运输企业之一。

（3）工商企业自有的货物运输公司。一些工商企业逐渐认识到"物流是第三利润源泉"，所以将运输部门独立出来，建立自己的运输企业，以整合分布在不同部门的运输资源，实现企业物流合理化，降低企业物流成本，提高企业经济效益。还有一些大型工商企业，利用现成的市场网络和闲置的运输资源对社会开展运输业务，如海尔（独立经营的海尔集团物流运输公司）等大型工商企业就是如此运作的。

（4）外资货物运输企业。随着全球经济一体化的深入，国际上一些知名的大型物流企业纷纷登陆中国，如 MAERSK、UPS、DHL 等美国、日本的运输公司，它们看好中国的物流市场前景，利用合资或独资形式，开始在中国经营物流业务，建立物流网络及物流联盟，运用自身成功的物流服务经验和现代运输管理理念，为用户提供包括运输业务在内的综合物流服务。

▶ **2. 非资源型货物运输企业**

各种货物运输代理公司就是非资源型货物运输企业，货运代理是运输服务的延伸，主要提供揽货、配载、运送、报关、装运、装拼箱、转运、编制有关运单、垫付和结算运杂费、运输咨询、货运信息查询等业务。货代企业的出现是以市场营销为出发点，充分解决了市场和物流分离、市场服务与物流服务分离的状况，为用户提供更加专业的运输服务，同时货代企业也是现代物流企业的基础和雏形。

▶ **3. 货物运输关联企业**

（1）货物运输管理软件企业。杰合伟业软件公司研制的中国第一个城市配送管理应用软件——杰合配送管理系统，以及该公司针对城市物流配送领域的应用服务提供的解决方案，拉开了物流配送管理软件业务的序幕。随后，许多 IT 企业纷纷加入运输管理系统软件开发应用的竞争行列中，成为现代运输行业的新型成员。

（2）货物运输装备制造企业。实际上，运输装备企业发展得很早，而且一直是以机械制造企业来划定归属的。现在从现代物流和供应链管理的角度来讲，它也是物流运输企业的重要组成部分。近十几年来，我国物流装备企业发展很快，如用来进行货物运输的各种类型的载重汽车、高速火车、万吨巨轮、大型飞机、长距离输送的管道运输等输送设备，极大地改善了物流运输的技术条件，丰富了物流运输的手段，提高了物流运输的效率，为实现现代物流打下了良好的基础。

第四节 货物运输的成本与质量管理

一、货物运输成本管理

（一）货物运输成本的构成

货物运输成本是指为货物在两个地理位置间的位移所支付的费用，以及与行政管理和维持运输中的存货有关的费用。交通运输业的生产过程也就是它的销售过程，交通运输成本即销售成本。对运输成本进行管理与核算，必须确定运输成本核算项目，做好成本核算的各项基础工作，这样才能进行运输成本的核算与控制。根据《企业会计准则》的规定，结合运输生产耗费的实际情况进行会计核算，会计核算的运输成本可划分为直接成本和间接成本两大部分。两种成本的构成及比重如表 1-5 所示。

表 1-5　货物运输企业成本的构成及比重表　　　　　　　　　%

固定成本项目	固定成本占比	变动成本项目	变动成本占比
工资	15.42	燃料	25.42
福利	1.43	轮胎	5.63
折旧	9.74	修理费	15.32
运输管理费	1.65	养路费	6.24
税金	0.42	路桥费	15.32
其他	6.23	配件费	1.56

▶ 1. 直接成本

直接成本是指直接计入运输生产过程的费用，包括除企业管理费即事故损失费以外的、在运输过程中发生的所有费用，具体包括以下几个方面。

（1）直接人工，指支付给营运车辆司机和助手的工资，包括司机和助手随车参加本人所驾车辆保养和修理作业期间的工资、工资性津贴、生产性奖金，以及按营运车辆司机和助手工资总额 14% 计提的职工福利费。

（2）直接材料。物流运输过程的直接材料包括以下两方面：

① 能源，是指营运设备运行过程所耗用的各种燃料，如营运过程中耗用的汽油、柴

油、电力等燃料(自动倾卸车卸车时所耗用的燃料也包括在内)。燃料是运输服务最大的直接成本,约占全部运输成本的30%。

② 轮胎,是指营运车辆所耗用的内胎、外胎、垫带、轮胎翻新费和零星修补费用等。

(3)其他直接费用。主要包括以下四个方面:

① 保养修理费,是指营运设备进行各级保养及各种修理所发生的料工费(包括大修理费用计提额)、修复旧件费用和行车耗用的机油、齿轮油费用等。采用总成互换保修法的企业,保修部门领用的周转总成、卸下总成的价值及修理费也包括在内。

② 折旧费,是指按规定计提的营运设备折旧费。

③ 养路费,是指按规定向公路管理部门缴纳的营运车辆养路费。

④ 其他费用,是指不属于以上各项目的、与营运车辆运行直接有关的费用,包括车管费(指按规定向运输管理部门缴纳的营运车辆管理费)、行车事故损失(指营运车辆在运行过程中,因行车事故发生的损失)。

▶ 2. 间接成本

间接成本是指运输企业单位为组织与管理营运过程所发生的、应由各类成本负担的管理费用和营业费用,包括工资、职工福利费、劳保费、取暖费、水电费、办公费、差旅费、修理费、保险费、设计制图费、试验检验费等。

▶ 3. 固定成本和变动成本

(1)固定成本。固定成本是指不随设备行驶里程和运输量变化而变化的成本,如折旧费用、管理费用,包括工资、职工福利费、劳保费、取暖费、水电费、办公费、差旅费、修理费、保险费、设计制图费、试验检验费等。

(2)变动成本。变动成本是指随设备行驶里程和运输量变化而变化的成本,如人工费用、燃料费用、轮胎和维修保养费用等。变动成本是运输工具在运行中发生的费用,通常以一种可预计的、与某种层次的活动直接相关的形式变化。

▶ 4. 联合成本

联合成本是指决定提供某种特定的运输服务而产生的不可避免的费用。联合成本对运输收费有很大影响,因为承运人索要的运价中必须包含隐含的联合成本,它的确要考虑托运人有无适当的回程货,或者这种回程运输由托运人支付的运费来弥补。

▶ 5. 公共成本

公共成本是指承运人代表所有的托运人或某个分市场的托运人支付的费用,如端点站或管理部门等的费用,具有企业一般管理费用的特征,通常是按照运输活动的距离、载运量等分摊给托运人来承担的。

(二)影响货物运输成本的主要因素

▶ 1. 运输距离

运输距离是影响运输成本的主要因素,因为它直接对劳动、能源和维修保养等变动成本发生作用,显示了距离与运输成本的关系,如图1-2所示。

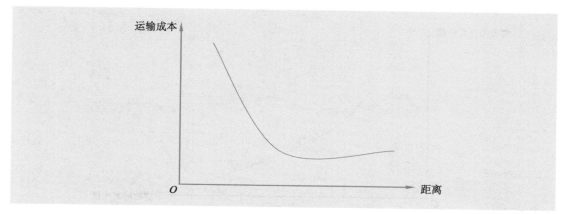

图 1-2 距离与运输成本的关系

▶ 2. 载货量

载货量之所以会影响运输成本，是因为与其他许多物流活动一样，大多数运输活动中存在规模经济的效应。载货量与运输成本的关系如图 1-3 所示，说明了每单位重量的运输成本随载货量的增加而减少。

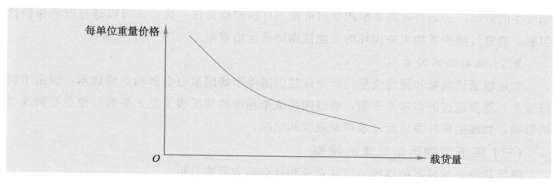

图 1-3 载货量与运输成本的关系

▶ 3. 货物的疏密度

货物的疏密度是把重量和空间方面的因素结合起来考虑。这个因素之所以重要，是因为运输成本通常表示为每单位重量所花费的金额，如每吨金额数等。货物的疏密度与运输成本的关系如图 1-4 所示，说明每单位重量的运输成本随货物疏密度的增加而下降的关系。

▶ 4. 装载能力

装载能力这一因素是指产品的具体尺寸及产品尺寸对运输工具（铁路车、汽车、火车、飞机等）的空间利用程度的影响。一般情况下，运输工具的装载能力与产品密度高度相关，具有标准形状的产品要比形状古怪的产品更容易装载。装载能力还受到装运规模的影响。

▶ 5. 装卸搬运方式及效率

卡车、铁路车或船舶等运输工具可能需要特别的装卸搬运设备。产品在运输和储存过

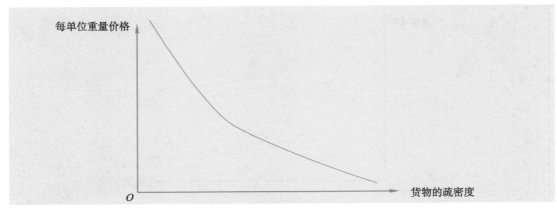

图1-4 货物的疏密度与运输成本的关系

程中形成运输单元（集装单元），增加了搬运灵活性，可以提高搬运效率，同时也保护了商品，减少货损，从而使运输、配送成本下降。

▶ **6. 责任**

主要关系到货物损坏风险和导致索赔事故，承运人必须通过向保险公司投保来预防可能发生的索赔，否则有可能要承担任何可能损坏的赔偿责任；托运人可以通过改善保护性包装，或通过减少货物灭失损坏的可能性而降低运输成本。

▶ **7. 运输供需因素**

如运输通道流量和通道流量均衡等运输供需等市场因素也会影响运输成本，但由于制造地点与消费地点的需求不平衡，通道两端流量相等的情况很少见。平衡性也会受到季节的影响，如在销售旺季里运输水果和蔬菜的情况。

（三）降低货物运输成本的措施

降低货物运输成本的措施可以从企业和社会两方面来分析。

▶ **1. 从企业方面降低运输成本**

企业在设计规划自己的运输系统时应力求选择最佳的运输方式，可以从运输工具的选择、降低装卸成本、运输线路优化、开展集运及运输服务设定等途径来考虑。

（1）选择合理、适当的运输工具。应根据货物的形状、价格、运输批量、交货日期、到达地点等情况，选择适当、合理的运输工具。因为运输工具的经济性、迅速性、安全性和便利性之间有相互制约的关系，所以在降低运输成本时，必须对运输工具的特性进行综合平衡，才能选择合理的运输工具。

（2）优化运输线路。通常情况下，单位商品的运输成本与运输距离成正比，与运输商品的数量成反比。所以，理想的运输服务系统应该是在运输距离固定的情况下，追求运输商品数量的最大化；在运输商品数量不足的情况下，追求运输距离的最小化。在长距离运输中，回程配载可以极大地降低运输成本。如果长途货物运输回程实现有效配载，则单位商品的运输距离由往返减为单程。距离减半，成本降低一半。

（3）开展集中运输方式。降低运输成本的一个重要途径是与大批量运输相联系的运输经济性。显然，装运量越大，每吨公里的费率就越低。为了降低运输成本，很多企业非常重视开发独特集运方法。为了计划好集运，必须掌握可靠、及时的库存和订货情况的信息，也需要实行有计划地生产。所以，集运计划要求各方面都要及时提供相关的信息。从运作的角度来看，有三种可以取得有效货物集运的方法：自发集运、计划运送和共同运送。有效集运实现的程度对于降低运输成本至关重要。

（4）推行直达运输战略。在组织运输过程中，跨过商业、物资仓库或其他中间环节，把货物从产地直接一步到位运到销地或用户手中，减少中间环节。随着市场经济的发展，企业为了降低流通费用，采用直达运输的比重在迅速提高，它在减少物流中间环节、提高物流效益和生产经营效益等方面都有重要作用。企业在决定是否采取直达运输战略时，必须考虑以下因素：该产品的特性（如单价、易腐性和季节性）、所需运送的路程与成本、顾客订货的数量与重量、地理位置与方向等。

（5）从企业生产经营全过程的视角来控制运输成本。对一个企业来讲，控制运输成本不单单是运输部门的事情，而应该考虑降低从产品制成到最终到达用户手中的整个流通过程的成本。这就要求对从原材料的采购开始，到产品的生产过程，最后到产品制成销售的全过程实施"即时管理"的供应链管理理念，消除一切环节中时间和资金的浪费。

（6）退货成本也是企业物流成本中一项重要的组成部分，它包括因退货商品损伤或滞销而产生的经济费用，以及处理退货商品所需的人员费用和各种事务性费用。所以加强生产质量控制，减少退货也是降低运输费用要关注的问题。

（7）减少运输事故损失。运输事故造成的损失必将造成运输成本不必要的增加。因此，尽可能预防和减小运输事故损失是十分必要的。减少运输事故损失的途径包括加强运输安全制度建设，严格按照规程操作，加强安全教育等。

▶ **2. 从社会方面降低运输成本**

从社会方面降低运输成本，要提高社会运输体系的效率，具体有以下几项措施。

（1）鼓励发展新的运输技术。如高速公路网、多式联运、重载列车、集装箱运输、冷藏集装箱运输等，都可以提高运输效率，降低运输成本。

（2）通过采用物流标准化进行运输管理。物流标准化要求货物在运输过程中的运输、储存、装卸搬运等作业设备统一规范。例如，托盘标准与各种运输装备、装卸设备标准之间的有效衔接，大大提高了托盘在整个物流过程中的通用性，也在一定程度上促进了货物运输、储存、搬运等过程的机械化和自动化水平的提高，有利于提高物流配送系统的运作效率，从而降低物流成本。

（3）建设现代交通运输信息系统，优化运输系统，提高运输效率。借助信息技术的支持，尤其是利用互联网等现代技术来完成运输全过程的协调、控制和管理，实现从网络前端到终端客户的所有中间过程服务。这可以从整体上控制物流成本，减少物流成本。此外，还应加快交通信息基础设施建设，为企业提高运输水平做好基础工作。

知识链接

沃尔玛降低运输成本的学问

沃尔玛公司是世界上最大的商业零售企业,在物流运营过程中,沃尔玛更是把降低成本作为企业经营的哲学。

沃尔玛的部分货物采用空运和船运,还有一些货物采用公路运输。在中国,沃尔玛100%地采用公路运输,所以如何降低公路运输成本,是沃尔玛物流管理面临的一个重要问题。为此,沃尔玛主要采取了以下措施。

(1)沃尔玛使用一种尽可能大的卡车,大约有16米加长的货柜,比集装箱运输卡车更长或更高。沃尔玛把卡车装得非常满,产品从车厢的底部一直装到最高,这样非常有助于节约成本。

(2)沃尔玛的运输车辆都是自有的,司机也是沃尔玛的员工。沃尔玛的车队大约有5 000名非司机员工,还有3 700多名司机,车队每周每一次运输可以达到7 000千米～8 000千米。沃尔玛知道,卡车运输是比较危险的,有可能会出交通事故,因此,对于运输车队来说,保证安全是节约成本最重要的环节。沃尔玛的口号是"安全第一,礼貌第一",而不是"速度第一"。在运输过程中,卡车司机们都非常遵守交通规则。沃尔玛定期在公路上对运输车队进行调查,卡车上都带有公司的号码,如果看到司机违章驾驶,调查人员就可以根据车上的号码对违章的司机进行惩处。沃尔玛认为,卡车不出事故,就是节省公司的费用,就是最大限度地降低物流成本,由于狠抓安全驾驶,沃尔玛的运输车队已经创造了300万千米无事故的纪录。

(3)沃尔玛采用全球定位系统对车辆进行定位,因此在任何时候,调度中心都可以知道这些车辆在什么地方,离商店有多远,还需要多长时间才能把商品运到商店,这种估算可以精确到小时。沃尔玛知道卡车在哪里、产品在哪里,就可以提高整个物流系统的效率,有助于降低成本。

(4)沃尔玛的连锁商场的物流部门24小时工作,无论白天或晚上,都能为卡车及时卸货。另外,沃尔玛的运输车队利用夜间进行从出发地到目的地的运输,从而做到了当日下午进行集货,夜间进行异地运输,次日上午即可送货上门,保证在15～18个小时内完成整个运输过程,这是沃尔玛在速度上取得优势的重要措施。

沃尔玛的集中配送中心把上述措施有机地组合在一起,做出了一个最经济合理的安排,从而使沃尔玛的运输车队能以最低的成本高效率地运行。

二、货物运输成本核算

(一)公路货物运输成本核算

公路货物运输价格按照国家《汽车货物运输规则》执行。

▶ 1. 公路货物运输运价单位

(1)整车(批)运输:(元/吨·千米)。

(2)零担运输:(元/千克·千米)。

（3）包车运输：（元/吨·小时）。

（4）集装箱运输：（元/箱·千米）。

▶ **2. 公路货物运输计费重量**

（1）计量单位：①整车（批）货物以吨为单位；②零担货物以千克为单位；③集装箱运输以标准箱（1TEU）为单位。

（2）重量确定：①一般货物，无论整批或零担货物计费重量以货物的毛重计算。②轻泡货物：每立方米重量不足333千克的货物，整批货物按车辆核定载重量计算重量；零担以货物的实际体积按每立方米折合333千克计算重量，或按货物体积计费。③包车运输按车辆核定载重量计算重量或按车辆的容积计费。

▶ **3. 公路货物运输计费里程**

（1）里程单位：计费里程以千米为单位，不足1千米的四舍五入。

（2）里程确定：①货物运输里程按交通运输部颁布的《中国公路营运里程图集》确定。②货物运输里程按装货地到卸货地的营运里程计算。③城市市区里程按实际里程计算；国际公路货物运输属国内部分的按交通部门核定里程计算，属国外部分按有关国家交通部门规定执行。

▶ **4. 公路货物运输计费类别**

（1）载货汽车按用途可分为普通货车、专用货车两种。

（2）货物按性质可分为普通货物、特殊货物（危险货物、鲜活易腐货物、贵重货物、超限货物）两种。

（3）集装箱按箱型可分为国内标准箱（1吨、6吨、10吨三种）、国际标准箱（20英尺箱、40英尺箱两种）和非标准箱三种。

▶ **5. 公路货物运输计费规定**

（1）整批货物运价是指整批货物在等级公路上运输的每吨·千米的运价。

（2）零担货物运价是指整批货物在等级公路上运输的每千克·千米的运价。

（3）集装箱货物运价是指标准箱重在等级公路上运输的每箱·千米的运价。

▶ **6. 公路货物运输运费计算**

整批货物运费＝整批货物运价×计费重量×计费里程＋车辆通行费＋其他法定收费

零担货物运费＝零担货物运价×计费重量×计费里程＋车辆通行费＋其他法定收费

包车运费＝包车运价×车辆吨位×计费时间＋车辆通行费＋其他法定收费

重（空）集装箱运费＝重（空）集装箱运价×计费箱数×计费里程＋车辆通行费＋其他法定收费

▶ **7. 公路货物运输运杂费计算**

（1）运费以元为单位，运费尾数不足1元的四舍五入。

（2）国际公路货物运输运价及运费按双边运输协定由经授权的运输部门协商确定。

（3）货物运杂费在货物装运时一次计算，也可按合同规定随运随结或运完结清。托运人或收货人不支付运杂费时，承运人对相应运输货物享有留置权。

(二)铁路货物运输成本核算

▶ **1. 普通运价分类**

(1)整车货物运价:按货物类别每吨发到基价和每吨·千米的运行基价组成。

(2)零担货物运价:按货物类别每10千克的发到基价和每10千克·千米的运行基价组成。

(3)集装箱货运价:按每箱货物的发到基价和每箱千米的运行基价组成。

▶ **2. 普通运价里程**

运价里程按《铁路货物运价里程表》查阅计算。

▶ **3. 查定货物运价率(见表1-6)**

表1-6　铁路货物运价表

办理类别	运价号	收到基价		运行基价	
		单　位	标　准	单　位	标　准
整车	1	元/吨	4.60	元/吨·千米	0.021 0
	2	元/吨	5.20	元/吨·千米	0.023 9
	3	元/吨	6.00	元/吨·千米	0.027 3
	4	元/吨	6.80	元/吨·千米	0.031 1
	5	元/吨	7.60	元/吨·千米	0.034 8
	6	元/吨	8.50	元/吨·千米	0.039 0
	7	元/吨	9.60	元/吨·千米	0.043 7
	8	元/吨	10.70	元/吨·千米	0.049 0
	9			元/轴·千米	0.150 0
	冰保	元/吨	8.30	元/吨·千米	0.045 5
	机保	元/吨	9.80	元/吨·千米	0.067 5
零担	21	元/10千克	0.085	元/10千克·千米	0.000 350
	22	元/10千克	0.101	元/10千克·千米	0.000 420
	23	元/10千克	0.122	元/10千克·千米	0.000 504
	24	元/10千克	0.146	元/10千克·千米	0.000 605
集装箱	1吨箱	元/箱	7.00	元/箱·千米	0.031 8
	5/6吨箱	元/箱	55.20	元/箱·千米	0.243 8
	10吨箱	元/箱	85.30	元/箱·千米	0.376 8
	20英尺箱	元/箱	149.50	元/箱·千米	0.660 3
	40英尺箱	元/箱	292.30	元/箱·千米	1.290 9

注:整车货物每吨运价=运行基价×运价里程

零担货物每10千克运价=发到基价×运价里程

▶ **4. 运费计算**

整车货物每吨运价＝基价1＋基价2×计费里程

整车货物每10千克运价＝基价1＋基价2×计费里程

集装箱货物每箱运价＝基价1＋基价2×计费里程

（三）水路货物运输成本核算

▶ **1. 班轮运费**

班轮运费由基本运费和附加运费组成。首先根据船运公司的运价表查货物分级表中的运费计算标准和等级，再查公司指定的附加费用表。

运费计算标准通常根据货物的重量、尺码或体积，选择其中运费最高者计算运费。

运费计算公式如下：

班轮运费＝班轮运费＋附加费

＝（班轮运费率×货物计费重量）＋（各项附加费×货物计费重量）

▶ **2. 租船运费**

（1）航次租船运费。航次租船运费根据租船合同规定费率按货物每吨重量或体积计算。

（2）定期租船运费。定期租船运费根据承租和出租双方的租船合同规定。

▶ **3. 集装箱海运运费**

（1）散货（件杂货）运价＝基本费率×计费重量＋附加费。

（2）包箱费率：①FAK包箱运费不分箱内货物等级统一收费；②FCS包箱运费采用混合运费；③FCB包箱运费按照货物等级计算标准计算。

（四）航空货物运输成本核算

▶ **1. 计费重量**

（1）实际重量。实际重量是指一批货物的毛重，凡是量大而体积相对小的货物则按实际重量计算运费。

（2）体积重量。体积重量是对体积大、重量相对小的轻泡货物，根据货物的长宽高尺寸相乘的体积折算成千克数。一般国际航空货运以7000立方厘米体积折算1千克重量。国内航空货运以6000立方厘米体积折算1千克重量。

▶ **2. 普通货物运价**

一般普通货物运价以45千克作为重量划分，45千克以上分为300千克、500千克、1000千克这三个重量档次，越重费率越低，45千克以下的费率比45千克以上的高。

三、货物运输质量管理

运输质量管理是指运输企业为了保证和提高产品质量，为用户提供满意的产品而进行的一系列管理活动，包括计划、组织、协调、控制、检查、处理、信息反馈等活动。

(一) 运输质量管理概述

▶ **1. 运输产品质量(运输质量)的含义**

所谓货物运输质量就是衡量运输生产服务水平高低的尺度,是运输生产质量的核心,也是运输服务水平的决定因素,它关系到运输企业的整体绩效。

货物运输生产不同于工农业生产,运输业是隶属服务行业的第三产业。它的产品——运输劳务是一种特殊产品,运输产品的使用价值就是实现货物的空间位置移动。计算单位是"吨·千米"和装卸吨。运输生产和产品的特殊性,决定了运输产品质量的特征。

▶ **2. 运输产品质量的特征**

(1) 服务性。运输是面对全社会,并服务于全社会的经济建设和人民生产生活的,所以具有强烈的社会服务性质。服务性是运输质量特性的综合体现。它要求一切从货主的需求出发,尽最大可能为货主提供便利条件,进行热情周到的服务。如提供良好的服务设施、运输设备和齐全的服务项目,从办理托运手续,到运输时间、运输地点直至货物交付后,提供种种便利条件,进行全程服务,并帮助用户解决运输过程中的困难,满足用户在运输过程中的服务需求。

(2) 安全性。运输产品的形成要借助于营运车辆的运动,即在混合公路交通条件下通过运动来实现货物的位移。因此保证车辆运行安全,使货物完好无损地到达目的地,是货主的基本要求,也是道路运输企业的基本职责。包括货主从办理托运开始到交付结账为止全过程的安全工作,如防止偷、盗、扒、窃、损,查禁危险品、禁运品,货物行包的装卸安全等。

(3) 及时性。货物位移是有时间性的,满足货主对时间和运输速度的要求,就是运输质量的及时性。及时性的基本要求指按照运输合同、协议规定的或企业对社会宣布的发车、运行和到达时间,将货物及时送达目的地,提供及时的运输服务。同时,在保证安全的前提下,最大限度地在运送速度上达到货主满意的程度,缩短商品流通时间。

(4) 经济性,即运输质量的经济特性。运输劳务和有形产品一样,也具有商品性。运输企业要依据价值规律,通过市场形式有偿地提供运输服务。货物运输质量的经济特性,是指包括装卸、中转换装、运输、仓储、包装等在内的运输费用及支出要尽可能减少。因此,要千方百计地降低运输成本和运输费用,以最合理、最经济的运输方式和较低的运价完成运输任务,减轻货主的经济负担,在保证社会效益的前提下谋取企业合理的利益。

(5) 完整性。运输质量的完整性,是指运输过程只使货物(包括客运中的行包)产生位移,而不造成货物数量减少、质量(包括物理、化学性质)变化的特性等货差货损情况发生,完整性是运输质量的基本特性。

(二) 货物运输质量的作用和提高货物运输质量的意义

▶ **1. 货物运输质量在货物运输管理中的重要作用**

(1) 运输质量就是衡量运输服务水平高低的尺度,它是运输服务质量的核心,是运输服务水平的决定因素。运输质量关系到运输企业的整体绩效，是运输管理的重要内容。运输企业要提高物流效率，完善物流功能，提高经济效益，必须加强运输质量管理。

（2）运输质量是实现运输目标的关键因素，只有加强运输质量管理，实现运输各环节的标准化作业，才能达到以最低的运输成本满足用户服务的目的。

（3）高的运输质量是企业提高竞争力的手段之一，并构成运输企业的核心竞争力。特别是在全球经济一体化的经济时代，企业要进入国际化经济，就必须重视运输企业的服务质量。

（4）货运质量是货运企业的生命。货物运输企业是服务性企业，因此货运企业的服务质量决定着货运企业的经济效益和货运企业能否在市场中生存和发展。

（5）货运质量是人民健康生产和生活的保障。

货物运输服务质量与生产建设和人们的工作、生活息息相关，一旦运输质量出现问题，轻则造成经济损失，重则造成伤亡事故。货物运输企业为了对人们的生产、生活高度负责，就必须认真对待运输质量和服务问题。

▶ **2. 提高货物运输质量的重要意义**

不断提高货物运输质量，保证货物运输的安全、及时、经济，提供优质运输服务，是货物运输企业的一项根本性任务。提高货物运输质量的意义表现在以下几点。

（1）提高货物运输质量，直接关系到社会政治经济生活，是社会主义现代化建设的迫切需要。

现代社会生产和政治经济生活，都和交通运输息息相关。良好的运输质量，可以使货畅其流，人便于行，保持良好的社会秩序和生活秩序，促进社会经济繁荣；反之，如果运输质量低劣，事故频繁，货损货差严重，不但使用户的生产和生活受到影响，而且使整个社会秩序和国民经济受到影响。特别是行车事故的发生，不但使已经形成的社会物质财富毁于一旦，也给人民的生命财产带来巨大损失，并造成严重的社会后果。

交通运输是国民经济重要的基础结构和先行部门。国民经济的现代化有赖于交通运输业的现代化，提高运输质量是交通运输现代化的重要条件和手段。

（2）提高货物运输质量，是改善人民物质文化生活的迫切需要。

运输行业涉及千家万户，关系到人民的衣、食、住、行、用各个方面。运输质量差，不仅增加了人民群众的经济负担，而且给群众生活造成了莫大的困难和损失。相反，如果运输质量好，不仅方便了人民的物质文化生活，同时也加快了商品流转，降低了商品追加费用和价格，节约了社会的人力、财力及时间，减轻了人民群众的负担，实际上提高了物质文化生活水平。

（3）提高货物运输质量，能促使企业提高运输生产技术和经营管理水平。

要提高运输质量，必定要提高运输生产技术水平、经营管理水平和企业素质，以先进的运输设备，代替落后老旧的设备，加强站场设施的配套建设和技术改造工作，提高职工的思想道德风貌和业务技术水平。这就意味着企业技术和管理现代化的发展。

（4）提高货物运输质量，增强企业竞争能力，是企业生存和发展的需要。

良好的运输质量，优质的运输服务，不仅可以减少质量事故造成损失，给企业带来直接经济效益。同时，也提高了企业的信誉和声望，从而争取更多的货源，使企业在竞争中得到发展。否则，企业就会失去市场，在竞争中被淘汰。因此，提高运输质量是企业生存和发展的重要条件。交通运输是社会主义精神文明的窗口，优质的运输服务对加强企业和整个社会的精神文明建设具有重大意义。

（三）提高货物运输质量的措施

▶ 1. 运输质量的控制方法

（1）因果分析图的应用。

把运输质量问题产生的所有原因进行分类，并在图上用箭头把因果关系表示出来，通过图示制作因果分析图，作为质量改善和控制的依据，因图的形状如"鱼骨"和"树枝"，故又称为"鱼刺图"或"树枝图"。

运输质量控制中因果分析图的主要内容包括：运输作业服务的质量特征（如运输中的实载率、事故率）和影响质量的各种原因。

（2）因果分析图在运输质量控制中可分为三种类型。

① 质量结果分解型是指按照作业人员、设备、方法、对象、管理与环境等因素逐一查找。

② 运输作业分类型是指按照物流作业环节、流程逐一查找。

③ 质量原因罗列型是指先把可能影响质量的因素都找出来，然后按照因果关系层次查找。

在制作质量因果分析图时要注意所得结果的合理针对性、实用价值，明确达到什么目的，尽量多列质量影响原因，对质量产生因素进行多角度分析、发散发性思维，以求把产生质量问题的原因都找出来。

如运输中出现质量安全问题，用因果分析图法可得出形成运输安全问题的主要原因，如图 1-5 所示。

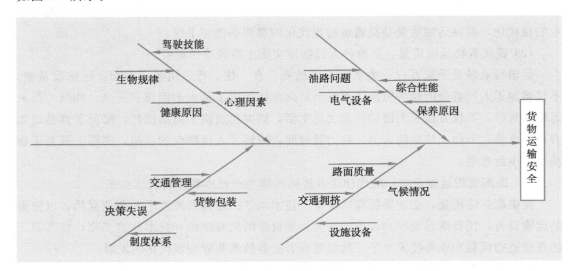

图 1-5 因果分析图

（3）过程方法及 PDCA 循环的应用。

① 过程方法就是组织运输企业内部系统的应用，即这些过程的识别相互作用及管理。ISO9000 系列质量标准鼓励在制定实施质量管理体系及改进体系有效形式时采用"过程方法"，满足客户需求，提高客户满意度。"过程方法"的特点是对过程系统中单个过程之间的联系，以及过程的组合和相互作用进行持续地控制。

② PDCA 循环可适合所有运输运作过程，PDCA 循环包括策划、实施、检查和处理四个过程。

过程一，策划（plan）：结合市场所需和运输企业经营状况，制定企业发展战略、运输服务标准，确定经营目标和实施过程，确定计划并保证该计划的有效执行。

过程二，实施（do）：按照上述标准进行运输运作的实施过程，在实施阶段，企业各部门要按照企业的总体目标及标准制定本部门的分目标和标准，并加以严格执行。

过程三，检查（check）：根据企业目标和运输服务质量要求，对运输运作过程和服务质量进行监控和测量，检查结果是否达到计划阶段所制定的标准并要查出问题，保证运输质量的持续改进。

过程四，处理（action）：最后根据检查结果采取有效措施，对运输服务质量方面的异常情况加以分析、处理，保持有利的，消除不利的。

根据 PDCA 循环过程可知，四个环节是不断循环转动的，每经过一个循环就要解决一个运输质量问题，服务质量也同步得到提高，整个过程如图 1-6（a）所示。同时无论是供应链物流企业等相对较大的系统或是运输运作各环节乃至具体运输作业点或每个员工都存在着 PDCA 循环，因此就形成了一个大循环套小循环的状态，如图 1-6（b）所示。此外，由于 PDCA 的每一次循环都会改善运输运作过程和提高运输服务的质量，从而形成了如图 1-6（c）所示的类似"上楼梯"的循环模式，即 PDCA 是一个"问题—修正—问题—再修正"往复不断的循环过程，从而实现运输服务质量不断提高的过程。

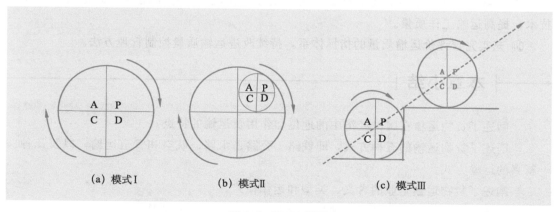

（a）模式Ⅰ　　　　（b）模式Ⅱ　　　　（c）模式Ⅲ

图 1-6　PDCA 循环

▶ **2. 货物运输质量的改进分析**

（1）运输质量的改进原则。运输质量的改进就是指为了向用户提供增值服务所采取的提高运输质量的效果与效率的措施。

运输服务质量是由用户的满意度来确定的，并取决于整个服务过程的效果及效率。而运输质量的改进是通过改进过程加以实现的。所以说，运输质量的改进是一种以追求更高的过程效果与效率为目标的持续活动。

（2）货物运输质量改进的方法。货物运输质量改进的有效方法一般有三种。

① 运输质量改进的基本方法。提出运输质量的改进方针、策略、目标、指导思想，支持、协调运输质量改进活动。

② 运输质量纵深层次的改进方法。对运输过程管理要明确各职能部门的职责、任务，并确定在工作过程进行持续质量改进，创造一个全员参与的持续质量改进环境。

③ 跨部门过程的运输质量改进方法。在企业内部部门之间建立并保持紧密联系，不断关注和追踪用户的要求，了解用户的需求期望，寻求运输过程的质量改进机会，配置质量改进所需要的相关资源，并不断督促运输质量改进的实施。

（3）提高货物运输质量的措施。

① 改变传统的分散模式，提高运输人员的质量意识，加强运输人员之间的相互协调。

② 积极开展物流标准和质量管理工作，健全责任制，完善运输质量管理工作的评价体系。

③ 运用先进的 JIT（准时制生产管理）和 TQM（全面质量管理）新思想、新理论形成运输质量管理的特色。

④ 采用现代化信息和网络技术，实现物流信息系统计算机化，建立质量管理、信息管理系统。

⑤ 采用合理的包装材料，积极推进集装化运输、储存和装卸搬运作业。

⑥ 提高运输作业标准化、机械化、自动化程度。

⑦ 根据用户需要和物流综合规划，实现运输现代化作业水平。

⑧ 通过定性分析，结合物流运作确立合理的运输，确定合理的运输流向，提高货物运输服务质量。

⑨ 在物流运输、装卸搬运、配送、用户服务等物流活动中采用科学的方法和现代化技术，提高运输工作质量。

⑩ 充实完善评价运输质量的指标体系，持续改进运输质量控制管理方法。

本章小结

阐述了货物运输在国民经济中的地位和作用及运输的特点。

阐述了货物运输的五种方式，即铁路、公路、水路、航空和管道运输，以及几种新兴的运输方式。

阐述了货物运输企业的含义、类型和运作模式。

阐述了货物运输成本的构成项目及影响运输成本的诸多因素。

阐述了从社会和企业两方面降低货物运输成本的措施。

阐述了货物运输质量管理的含义、运输质量的特征、提高货物运输质量的意义和措施。

课堂讨论

在课堂上先由学生分小组进行讨论，然后选出代表集中发言。

1. 讨论五种基本货物运输方式及它们的技术经济特征。
2. 讨论从社会和企业两方面降低货物运输成本的措施。
3. 讨论运输产品质量的特征、提高货物运输质量的意义。

思考题

1. 简述货物运输在国民经济中的地位及作用。
2. 简述货物运输的特点。
3. 简述货物运输企业的类型。
4. 简述货物运输成本的影响因素。
5. 简述提高货物运输质量的意义和措施。

拓展案例

我国多式联运的现状

当前，全球多式联运重心向我国转移，我国已经形成支撑多式联运发展的多种条件。我国制造业重心西移衍生的长距离货物运输需求，以及绿色低碳的铁路运输方式，正吸引着社会多方力量积极进入该领域。

1. 效率的提高仍存在很大空间

以全球发达国家已成熟的多式联运模式为标杆，我国物流效率的提升仍然存在很大的空间。2015 年，全国港口完成集装箱吞吐量预计超过 2 亿 TEU，连续 12 年位居世界第一，但海铁联运的总比例依然没有超过 2%，与国际大港 30%～40% 的比例仍相距甚远。

据悉，我国每 1 吨货物送送 1 千米的价格低于发达国家，陆海空运费也比美国低，然而我国物流总成本却高于美国。物流成本计算涉及人工、仓储、运输、流通、加工等方面，与欧美国家相比，我国的物流从业人员工时长、薪酬低廉，在人力成本上远低于发达国家。

2. 多种运输方式之间缺乏合理分工

虽然我国各种运输方式的货物运输价格比较低，但由于我国多种运输方式之间缺乏合理分工，综合运输费用依然较高。大量本应通过铁路和水路运输的中长距离运输由公路运输承担，抬高了综合运输成本。而且，多种运输方式之间缺乏有效衔接，短驳、搬倒、装卸、配送成本较高。调研显示，如果加上铁路两端的短驳、搬倒、装卸、配送等费用，与公路运输相比，铁路运输成本缺乏竞争力。现阶段多式联运缺乏的重要一项便是物流网络平台，这使多式联运没有有效调配的手段。在我国，无论是以航空、铁路、公路为代表的大物流还是城市生活中的小物流，都存在重复运输和资源浪费的问题，盲目性很大。

此外，由于产业结构布局不合理，导致大宗商品必须进行长距离、大规模运输，如煤炭、铁矿石由中西部地区向东部长途运输。还有，随着沿海制造业成本上升，相关产业向中西部地区梯度转移，如电子产品的生产就在从沿海向内陆转移等，因而增加了中长距离运输的需求。在中国对外贸易长期持续增长、近年来集装箱贸易增长尤为迅速的情况下，直接通到码头的铁路却非常少。这些产业结构问题，都大大抬高了社会物流成本。

3. 各方发力，多式联运蓄势待发

作为提升物流效率、降低物流成本的有效途径，多式联运近几年被国家提升到战略层面的新高度。自国家发布《物流业发展中长期规划（2014—2020 年）》以来，各地都高度重视多式联运的发展。加速推进物流大通道建设、完善综合交通运输体系已成为我国多式联运发展的首要任务。此外，国务院、发改委、交通运输部等部门也出台了多个文件，有从物流产业规划角度谈及降低物流成本的《物流业调整和振兴规划》，有研究农产品冷链物流的《农产品冷链物流发展规划》，有以节点城市推动物流成本降低的《全国流通节点城市布局规划（2015—2020 年）》，还有各省市制定的物流业产业规划、冷链物流发展规划等文件。

中国目前正在积极推进"一带一路"战略，为集装箱多式联运的发展带来了历史性的契机。2015 年 7 月，交通运输部、国家发展改革委发布了《关于开展多式联运示范工程的通知》，指出，为服务"一带一路"、京津冀协同发展、长江经济带国家战略，深入贯彻落实《物流业发展中长期规划（2014—2020 年）》，加快推进物流大通道建设，不断完善综合交通运输体系，交通运输部、国家发展改革委决定开展多式联运示范工程。与甩挂运输主要定位货车公路物流不同，多式联运的理念将视角提高到整个社会物流，打通公路、铁路及水路的运输环节，以期提高整个社会的物流效率，进而降低物流成本。

2016 年 4 月，海关总署发布的《2016 年海关落实"一带一路"建设战略规划重点工作》中也明确表示，将继续支持在国家多式联运重要物流节点设立海关多式联运监管中心，选定试点海关启动多式联运试点工作。中国多式联运的发展将加速带动周边市场的繁荣，促进国际贸易活动，助力国家"一带一路"战略。

近日，发改委下发的《关于加强物流短板建设促进有效投资和居民消费的若干意见》（以下简称《意见》）指出，要加强多式联运转运设施建设，提升货物中转效率。《意见》表示，将依托物流大通道，在重要节点规划布局和建设一批具有多式联运服务功能的物流枢纽，完善不同运输方式之间的连接和转运设施，推进公、铁、水、民航等基础设施"最后一公里"的衔接。此外，《意见》还提出，支持重要港口、枢纽机场加强集疏运体系建设，重点推动建设一批专用铁路、公路进港项目，提升港站集疏运能力和运行效率；支持公路物流园区引入铁路专用线，完善多式联运服务功能；支持铁路物流中心建设，加强与其他运输方式的衔接，提升统合运输服务能力和水平；组织开展多式联运示范工程，推广公、铁、水联运，提高多式联运比重；研究制定有关多式联运服务标准和规则，探索在重点行业领域实行"一票到底"的物流服务。

在第三届中国多式联运合作与发展大会上，中国铁路总公司相关负责人表示，中欧班列数量逐年上升，从 200 列到 800 列仅用了 4 个月，2015 年前 10 个月同比增长了两倍，目前中欧班列累积开行 1 000 多列。下一步，将继续努力扩大班列的开行数量，探索通过中转集结的方式组织国内 74 个城市的货运开往欧洲主要节点城市，扩大范围，同时，新购置铁路供应箱 12 万只，争取在 3～5 年的时间内使铁路集装箱规模达到 100 万只。今后，还将积极发展铁水联运，大力开行港内、贴近港铁航价的联动，发挥集装箱运输的优势，推进散装改集装的工作，促进多式联运发展。

4. 北美多式联运可供借鉴

从目前市场来看，中国的多式联运已经实现公路、水路和铁路之间集装箱运输的衔接，在公路与铁路之间具备挂车对接的能力。但是和欧美国家对比，我国的多式联运尚处于起步期。在这方面，北美多式联运服务的经验可提供有益借鉴。

北美地区之所以能够提供富有竞争力的点到点铁路多式联运，是因为存在一个各种专业化服务供应商既相互竞争又相互协作的产业生态系统。这种高度分工、各方专注于自己核心业务的模式，使整个供应链的生产率大为提高。由此可见，推动北美铁路货运服务创新和客户响应水平的一个关键因素是专业化，在铁路多式联运市场中尤为如此。

集装箱供应链管理具有节奏快、重视降低成本、业务复杂等特点，这些特点催生了货运中介这一全球性产业，通过专业化分工，货运中介机构已经接管了多式联运价值链上的装运发货、零售环节的业务。

2 第二章
公路货物运输

学习目标

通过学习，了解公路货物运输的概念、特点、运作业务流程、组织与管理，以及公路运输的设施与设备等。

知识要点

1. 理解公路货物运输的特点、种类和业务流程。
2. 分析公路货运的流程，熟悉各环节的工作和相关运输单证。
3. 了解公路货物运输的设施与设备。

技能要点

1. 掌握填制公路货运相关票证的方法及注意事项。
2. 会设计整车与零担货物运输的流程。

导入案例

中国公路货运业现存的问题亟待解决

中国公路货运业现存的问题亟须系统能力的提升。

(1) 需要行业资源的整合，包括对市场参与主体的整合、运力资源的整合，以及货物资源的整合，从而减少资源无谓的消耗和浪费，完善公路运输网络。

(2) 需要基础网络的完善，缺少功能齐备的公路运输枢纽网络为广大物流企业和个体货运司机及车辆提供集货、仓储、配货的平台，并为其提供相应的商务、生活及运输配套服务。

（3）需要信息流环节的优化，通过物联网技术，将信息的传感设备和互联网进行结合，形成一个便于对供应链各个环节的关键信息进行管理的巨大网络，以及借助有形的服务节点形成"信息池"，以此为基础提供线下或线上的供需匹配、车货匹配等业务，提升供应链的运作效率。信息化和网络化是我国公路货运业升级的必由之路。针对公路货运行业当前的现状，亟须运营系统能力的提升，打造一个全国性的智能公路运营系统。这一系统采用的是"线上平台＋线下公路港"模式，由线上平台（创新业务）、线下平台（基础业务）和智能信息系统三大板块链接而成，实际上属于"第四方物流"（4PL）的形式

第一节　公路货物运输概述

一、公路货物运输的概念

物流运输中的公路货物运输专指汽车货物运输。公路运输主要承担近距离、小批量的货运；铁路运输难以到达地区的长途、大批量货运，以及铁路、水运优势难以发挥的短途货运。由于公路运输有很强的灵活性，近年来，在有铁路、水运的地区，较长途的大批量运输也开始使用公路运输。

据中国交通运输部发布的《2015 年交通运输行业发展统计公报》中的统计结果表明，2015 年，我国全社会完成公路货运量 410.00 亿吨，在综合运输体系中所占比重为 78.32％，货运量在五种运输方式中占有绝对优势。2008 年，我国公路通车里程为 140 万千米，位居世界第四位。2015 年，我国公路通车里程已达 457 万千米，位居世界第二位。7 年时间增加 315 万千米，年均增加 45 万千米。全国高速公路里程 12.35 万千米，位居世界第一位。这在世界公路建设史上也是十分罕见的。由于目前我国运输业瓶颈效尚未消除，而陆上运输方式中铁路运力增长有限，因此公路货物运输是全社会物流量大幅增长的最大受益者。

我国公路运输得以迅速发展的主要原因是：①公路尤其是高速公路通车里程增速加快；②汽车越来越普及，可以直接开展"门到门"服务；③具有价格竞争优势；④汽车性能不断提高；⑤大吨位货车增多。

二、公路货物运输的特点

（一）公路运输的优点

公路运输的主要优点是灵活性强，公路建设期短，投资较低，易于因地制宜，对收到站设施要求不高，可以采取"门到门"运输形式，即从发货者门口直到收货者门口，而不需转运或反复装卸搬运。此外，公路运输也可作为其他运输方式的衔接手段。所以说，公路运输是一种能够满足多种运输需求的运输方式，公路运输一般具有以下优点。

（1）机动、灵活，可实现"门到门"运输。汽车不仅是其他运输方式的接运工具，还可进行直达运输，减少中转环节及装卸次数，可以深入广大的城镇和农村。汽车运输在运输时间上的机动性也比较大。汽车运输还对运量、批量大小具有很强的适应性。

（2）货损货差小，安全性较高。随着人们生活水平的提高，货物结构中高价值的生活用品，如家用电器、日用百货、鲜活易腐货物比重增加，这些货物使用汽车运输能保证质量，及时送达。对于高价值的货物来说，汽车运输运价虽偏高，但在总成本中所占的比重仍较小，而且可以在减小货损、货差，及时供应市场中得到补偿。随着公路运输网的建设和发展，公路的等级不断提高，混合行驶的车道将会越来越少。科学技术的发展，也使汽车的技术性能不断改善。因此，公路运输的安全性也有较大的改善。

（3）送达速度快。由于汽车运输灵活方便，可以实行门到门的直达运输，不需中途倒载换装，因而在中、短途运输中送达速度快，可以加速资金的周转，有利于保持货物的质量和提高运输的时间价值。

（4）原始投资少，资金周转快，回收期短。与其他运输方式相比，汽车车辆购置费较低，原始投资回收期短。美国有关研究资料表明：公路货运企业每收入 1 美元，仅需投资 0.72 美元，而铁路则需投资 2.7 美元。公路运输的资本每年可周转 3 次，铁路则需 3～4 年才能周转 1 次。

（5）技术改造容易。汽车运输在载货吨位、品种、技术性能、专用车种类等方面都有了很大的改进和提高，能够较好地满足社会经济发展对运输的需要。

（二）公路运输的缺点

（1）运输能力小，每辆普通载重汽车每次只能运送 5 吨货物。

（2）运输能耗高，是铁路运输能耗的 10.6～15.1 倍，是沿海运输能耗的 11.2～15.9 倍，是内河运输的 113.5～19.1 倍，是管道运输能耗的 4.8～6.9 倍，但比民航运输能耗低，只有民航运输的 6%～87%。

（3）运输成本高，是铁路运输的 11.1～17.5 倍，是沿海运输的 27.7～43.6 倍，是管道运输的 13.7～21.5 倍，但比民航运输成本低，只有民航运输的 6.1%～9.6%。

（4）劳动生产率低，只有铁路运输的 10.6%，是沿海运输的 1.5%，是内河运输的 7.5%，但比民航运输劳动生产率高，是民航运输的 3 倍。此外，由于汽车体积小，无法运送大件物资，所以公路运输一般情况下不适合运输大宗和长距离货物。

（5）占地多，污染严重。公路建设占地多，随着人口的增长，占地多的矛盾将表现得更为突出。

（三）公路运输适用的作业

根据公路运输的上述特点，公路运输主要适用于以下作业。

（1）近距离的独立运输作业。主要是中短途运输（短途运输，通常运距为 50 千米以内；中途运输，运距为 50 千米～200 千米）。由于高速公路的兴建，汽车运输从短途逐渐发展成短、中、远途运输并举，将是一个不可逆转的趋势。长途汽车运输也很有市场。

（2）补充和衔接其他运输方式。当其他运输方式作为主要运输方式时，由汽车担负起点和终点处的短途集散运输，完成其他运输方式到达不了的地区的运输任务。

（3）独立担负长途运输。即当汽车运输的经济运距超过 200 千米以上时，或者其经济运距虽短，但基于国家或地区的政治与经济建设等方面的需要，也常由汽车担负长途运输，如对边远地区或少数民族地区的长途运输，或因救灾工作的紧急需要而组织的长途运输，以及公路超限货物的门到门长途直达运输等。

第二节 公路货物运输实务

一、公路货物运输的分类

按照不同的划分标准，公路货物运输可划分为不同的类型。

▶ **1. 按托运批量大小划分**

按托运批量大小划分，可分为整车运输、零担运输、集装箱运输和包车运输。

凡托运方一次托运货物在 3 吨及 3 吨以上的，或虽不足 3 吨但其性质、体积、形状需要一辆 3 吨以上的汽车运输的业务，为整车运输。整车运输的货物通常有煤炭、粮食、木树、钢材、矿石、建材等。这些一般都是大宗货物，货源的构成、流量、流向、装卸地点都比较稳定。整车运输一般多是单程运输，故应大力组织空程货源，提高经济效益。

凡托运方一次托运货物不足 3 吨者，为零担运输。零担运输非常适合商品流通中品种繁杂、量小批多、价高贵重、时间紧迫、到达站点分散等特殊情况下的运输，弥补了整车运输和其他运输方式在运输零星货物方面的不足。

集装箱运输是将适箱装货物集中装入标准化集装箱内，采用现代化手段进行的货物运输方式。

包车运输是指应托运人的要求，经双方协议，把车辆包给托运人使用，并按时间或里程计算运费的货运业务。

▶ **2. 按运送距离划分**

按运送距离划分，可分为长途与短途运输。

根据交通运输部规定，公路运输运距在 25 千米以上为长途运输；25 千米及 25 千米以下为短途运输，各地根据具体情况都有不同的划分标准。

长途运输是在各种类型和不同等级的公路上进行的运输，因此也称为公路货物运输。与铁路货运相比，长途公路货运具有迅速、简便、直达的特点；与短途公路货运相比，长途公路货运具有运输距离长、周转时间长、行驶线路较固定等特点。

短途公路货运的特点是：运输距离短，装卸次数多，车辆利用效率低；点多面广，时间要求紧迫；货物零星，种类复杂，数量不确定等。

▶ 3. 按货物的性质及对运输条件的要求划分

按货物的性质及对运输条件的要求划分，可分为普通货物运输与特种货物运输。

被运输的货物本身的性质普通，在装卸、运送、保管过程中没有特殊要求的，称为普通货物运输。普通货物分为一等、二等、三等这三个等级。

被运输的货物本身的性质特殊，在装卸、运送、保管过程中，需要特定条件、特殊设备来保证货物完整无损的，称为特种货物运输。特种货物运输又可分为长、大、笨重货物运输，危险货物运输，贵重货物运输和鲜活易腐货物运输。各类运输都有不同的要求和不同的运输方法。

▶ 4. 按托运的货物是否保险或保价划分

按托运的货物是否保险或保价划分，可分为不保险(不保价)运输、保险运输和保价运输。保险和保价运输均采用托运人自愿的办法，凡保险或保价的，需按规定缴纳保险金或保价费。保险运输须由托运人向保险公司投保，也可委托承运人代办。保价运输时托运人必须在货物运单的价格栏内向承运人声明货物的价格。

▶ 5. 按货物运送速度划分

按货物运送速度划分，可分为一般货物运输、快件货物运输和特快专运。

一般货物运输即普通速度运输或称慢运；快件货物运送的速度从货物受理当日 15 点钟起算，运距在 300 千米内的 24 小时运达，运距在 1 000 千米内的 48 小时运达，运距在 2 000 千米内的 72 小时运达；特快专运是指按托运人要求在约定时间内快速运达。

▶ 6. 按运输的组织特征划分

按运输的组织特征可分为集装化运输与联合运输。

集装化运输也称成组运输或规格化运输，集装化运输最主要的形式是托盘运输和集装箱运输。集装化运输促进了各种运输方式之间的联合运输，构成了直达运输集装化的运输体系，是一种有效、快速的运送形式。

联合运输是按照社会化大生产的客观要求组织两种以上运输的一种方法，用以谋求最佳经济效益。它对于充分发挥各种运输方式的优势，组织全程运输中各环节的协调配合，充分利用运输设备，加快车船周转，提高运输效率，加速港口、车站、库场周转，提高吞吐能力，缩短货物运达期限，加速资金周转，方便货主，简化托运手续，活跃城乡经济，促进国民经济发展，提高社会经济效益，都具有明显的实效。

二、公路整车货物运输业务

(一) 公路整车货物运输

▶ 1. 整车运输的概念

公路货物运输按照单次货物运输计费重量的大小，分为整车货物运输与零担货物运输。整车货物运输指一次托运货物的计费重量达到 3 吨(含 3 吨)以上，或者虽然不足 3 吨，但是货物性质、体积、形状需要 3 吨以上公路货物运输的，均为整车货物运输。

▶ 2. 整车货物运输的特点

通常情况下，单次整车运输过程对应一张货票和一个发货人。整车货物运输过程中，当一个托运人托运的整车货物重量低于车辆额定载重量时,为了合理使用车辆的载运能力,可以拼装另一托运人的货物,表现为一车二票或多票。

整车货物在多点装卸时,装运货物的载重量按照全程合计的最大载重量进行计重。当单次运输合计的最大载重量不足车辆额定载荷时,按车辆的额定载重量计算。办理整车货物的托运人选择自理装车时,未装足车辆标记载重量时,按车辆额定载重量核收运费。

▶ **3. 整车货物运输的对象**

一般而言,整车货物运输对于运输货物没有明确的要求,只要能满足单次计费重量达到3吨的货物,均可以进行整车货物运输。然而,一些特殊物品或者特殊情况下的货物运输必须采取整车运输组织方式。以下的货物必须按整车运输:

(1)鲜活货物,如冻肉、冻鱼、鲜鱼,活的牛、羊、猪、兔、蜜蜂等;

(2)需用专车运输的货物,如石油、烧碱等危险货物,粮食、粉剂的散装货等;

(3)不能与其他货物拼装运输的危险品;

(4)易于污染其他货物的不洁货物,如炭黑、皮毛、垃圾等;

(5)不易于计数的散装货物,如煤、焦炭、矿石、矿砂等。

▶ **4. 整车货物运输分类**

(1)整车货物运输按照货物种类不同,分为普通货物运输和特种货物运输。

普通货物运输是指运输过程中不需要特殊防护的货物运输,如普通包裹快件,生活用品、服装鞋帽等。

特种货物运输是指运输过程中需要进行特殊防护的货物的运输,主要包含超限笨重货物运输、鲜活易腐货物运输和危险品货物运输,如大型机械设备、危险品、蔬菜、鱼类等的运输。

(2)整车货物运输按照货物运输距离的长短,分为长途运输、短途运输与计时包车运输。长途运输指运距超过25千米以上的货物运输;短途运输指运距在25千米以内(包括25千米)的货物运输;计时包车是指因货物特性,如因体积限制不能按正常速度行驶等原因,及不易计算货物重量或营运里程时,可按计时包车办理。

▶ **5. 整车货物运输优势**

与零担货物运输相比,整车货物从始发地直达目的地的过程中,中间的装卸环节较少,货物运输速度较快,运输效率较高。整车货物运输是长途干线运输的主要形式,适用于批量货物的运输。大型制造企业或者商贸企业零部件、半成品、产品的长距离运输,城际间的长途运输,以及国际贸易货物的运输,一般采用整车货物运输。

(二)整车货物运输组织的站务工作

整车货物运输的发送站务工作包括货物在始发站的各项货运作业,主要由受理托运、组织装车和核算制票三部分组成。上述业务流程如图2-1所示。

▶ **1. 受理托运**

受理托运是整车货物运输工作的第一个环节,这一环节要做好货物包装,确定货物重量,同时要办理相关单据事务。

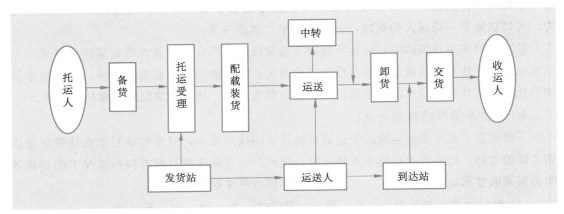

图 2-1 公路整车货运作业流程

（1）货物包装，即做好待运输货物的外包装工作，同时在运输车辆上贴上货物的运输指示标志。

（2）确定重量，运输货物质量分为实际质量和计费质量。货物重量的确定必须准确。货物重量是包含包装重量在内的毛重。

货物有实重货物和轻泡货物之分：每立方米质量不足333千克的货物为轻泡货物，否则为实重货物，实重货物的实际重量等于计费重量；轻泡货物的实际重量很小，需要按照体积折算计费重量。轻泡货物的体积按货物(有包装的按货物包装)外廓最大的长、宽、高尺寸进行计算。

（3）办理单据。托运人向起运车站办理托运手续，填写货物托运单。

▶ **2. 组织装车**

组织装车前对运输车辆进行技术检查和货运检查，确保运输安全和货物完好，同时充分利用车辆的车载重量和容积。

▶ **3. 核算制票**

发货人办理货物托运时，应按规定向车站缴纳运杂费，并领取承运凭证——货票。货票是一种财务性质的票据，是根据货物托运单填写的。在始发站，是向发货人核收运费的收费依据；在到达站，是与收货人办理货物交付的凭证之一；货票也是企业统计完成货运量，核算营业收入及计算有关货运工作指标的原始凭证。

（三）整车货物运输的途中站务工作

货物在运输途中如发生装卸、换装、保管等作业，驾驶员之间、驾驶员与站务人员之间，应认真办理交接检查手续。为了方便货主，整车货物还允许中途拼装或分卸作业，考虑到车辆周转的及时性，应对整车拼装或分卸工作进行严密组织。

（1）货物在整个运送途中发生的各项货运作业，称为途中站务工作。途中站务工作主要包括途中货物交接、货物整理或换装等内容。

① 途中货物交接。一般情况下交接双方可按货车现状及货物装载状态进行交接，必要时可按货物件数和重量交接，由交货方编制记录备案。

② 途中货物整理或换装。货物在运输途中发现有装载偏重、超重、撒漏等情况时，应对货物加以整理和换装，必要时调换车辆，同时登记备案。

（2）货物在到达站发生的各项货运作业称为到达站务工作，包括货运票据的交接，货物卸车、保管和交付等内容。

整车货物一般直接卸在收货人仓库或者货场内，并由收货人自理。收货人确认卸下货物无误并在货票上签收后，货物交付即完毕。货物在到达地向收货人办完交付手续后，完成该批货物的全部运输过程。

（四）整车货物运输的组织

▶ 1. 整车货物运输的组织过程

整车货物运输组织过程包含从准备运输到货物送达过程中的组织活动，主要由四部分构成：运输准备过程、基本运输过程、辅助运输过程和运输服务过程。

运输准备过程即运输生产技术的准备过程，主要包括运输车辆车型的选择、运输线路的选择、装卸设备的配置、运输过程的装卸工艺、方案的设计。

基本运输阶段是整车运输组织过程的主体，包括起运站装车过程、车辆运行线路设计及终点站卸货工艺。

辅助运输阶段主要包含运输车辆、装卸设施设备、承载器具及专用设施、设备的维护与维修作业，以及各种商务事故、行车事故的预防和处理工作，营业收入结算等工序。

运输服务阶段指服务于基本运输过程和辅助运输过程中的各种服务工作和活动，如各种行车材料、配件的供应，代办货物储存、包装、保险等业务。

整车货物运输组织的四个部分之间既有联系，又相互区别。基本运输过程是核心，其他环节也是必不可少的。准备、基本、辅助、服务工作贯穿于运输组织过程的运前、运中、运后的整个过程。

▶ 2. 整车货物运输组织的基本特征

整车货物运输的生产过程与工业企业的生产过程不同，主要表现在：工业企业的生产过程能够产出有形的、具体的物资产品，生产过程的有效性通过物资产品的价值可以进行衡量。而整车货物运输不能提供有形的物资产品，只是提供货物空间移动的效用。运输生产和运输消费同时发生，同时结束，既不能储存，也不能调拨。因此，整车货物运输组织的效用可以通过移动物品的重量和移动距离来实现。

（五）整车货物运输过程中涉及的单据

货运票证是托运和承运货物的凭证，也是核收运杂费的依据。整车货物运输过程中涉及的单据包括货物托运单、货票及运杂费结算单、行车路单等票据。

▶ 1. 货物托运单

货物托运单是托运人向运输单位提出运输要求，同时说明货物内容、运输条件和其他约定事项的一种原始凭证。货物托运单一般由承运方按照统一制式进行印刷，由申请运输的托运方进行填写。

托运单是发货人托运货物的原始依据，也是车站承运货物的原始凭证。单据规定了承托双方在货物运输过程中的权利、义务和责任。货物托运单载有托运货物的名称、规格、件数、包装、质量、体积、货物保险价和保价值，发货人姓名和地址，货物装卸地点，以及承托双方有关货运的事项。车站接到发货人提出的货物托运单后，应进行认真审查，确认无误后办理登记。

货物托运单由各类运输企业自行印制，虽然它们的外在表现形式各不相同，但包含的主体内容是一致的。

▶ 2. 货票

发货人办理货物托运时，应按规定向车站交纳运杂费，并领取承运凭证——货票。货票是一种财务性质的票据，是根据货物托运单填写的。在始发站是向发货人核收运费的收费依据，在到站是收货人办理货物交付的凭证之一。

整车货票是承运整车货物时使用的票证。原则上一车一票（大吨位车或拖带挂车装运两个货主以上的货物时，应一个货主开一张票）。但对于采用汇总结算方式的大批运输，可以多车汇总填发一票（免填车号和司机姓名）。

始发站在货物托运单和货票上加盖承运日期之时即算承运，承运标志着企业对发货人托运的货物开始承担运送义务和责任。

整车货物一般卸在收货人仓库或货场内，并由收货人自理。收货人确认卸下货物无误并在货票上签收后，货物交付即完毕，本次整车货物运输过程也结束。

▶ 3. 行车路单

行车路单是整车货物运输营运车辆从事运输生产的凭证，是整车货物运输生产中一项最重要的原始记录，它是企业调度机构代表企业签发给汽车驾驶员进行生产的指令。行车路单的管理采用"分工协作"的方法，即由企业的计划统计部门、业务调度部门、物资供应部门与车队、车站领导共同负责。

计划统计部门负责行车路单的印制、发放，对路单所包含的内容进行设计和规定填写要求，计算工作量及运行消耗和各项经济技术指标；调度部门主要进行行车路单的签发，车队完成任务后，车队调度员进行审核；车队的车辆驾驶员负责对行车的路线进行记录，作为整个货物运输过程的凭证；车站领导按照行车路单的记录对辆车的行驶线路进行审核。

行车路单是否能够贯彻执行，关键在于各级领导的责任心，即自企业负责人起至各级车队的负责人应严格执行企业公布的管理制度，不断听取相关的合理化建议，改革管理中的薄弱环节，切实做好路单管理工作，从而确保车辆的行驶安全与车辆的运行效率。行车路单的管理必须做到以下两点：

（1）行车路单必须严格按顺序号使用，要采取有效措施防止空白路单的丢失；

（2）行车路单的记录必须按要求填准、填全，车队调度员对交回路单的各项记录负初审责任。

三、公路零担货物运输业务

零担货物运输的组织过程包括起始站的托运作业、途中作业和到达站务工作。

（一）零担货物运输流程

零担货物运输流程包含托运受理、过磅起票、仓库保管、配载装车、车辆运行、到站卸货、货物交付等具体流程，如图 2-2 所示。

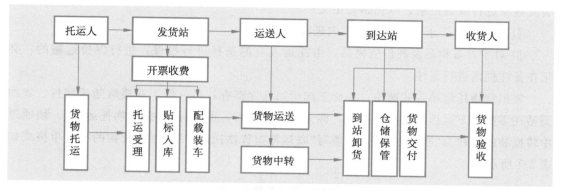

图 2-2　零担货物运输组织

▶ 1. 托运受理

零担货物承运人根据营业范围内的线路、站点，以及运营车辆的装载能力、货物性质和受运限制等规则，按照相关规定接受零担货物，办理托运手续。托运受理是零担货运作业的第一项环节。由于零担货运涉及的货品种类繁多、形状各样，因此对办理货物受理人的要求也相对较高，需要各受理人掌握营业范围内的线路、站点、中转的范围、车辆及站点的装卸及装载能力，货物的理化性能及受运限制等一系列相关规定。

（1）受理托运的基本工作。

① 承运人应明确公布办理零担的线路、站点班期及收费标准；

② 张贴托运须知、包装要求和限运规定。

（2）受理托运的方法。零担货物运输由于线路较多，每一条零担货运线路较为确定，因此在托运货物前，需要对每一条线路上的货物进行有效的收集，以确保线路上货源的稳定。货物受理的方式包含随时受理制、预先审批制和日历承运制。

① 随时受理制：对托运日期没有具体的要求，发货人可随时将货物送到托运站办理托运手续。这种方式对货主来讲最为方便，然而由于货源信息随时产生，缺乏对每一次货运量信息的计划性，导致货物运输中车辆的利用率低。

② 预先审批制：发货人事先向货运站提出申请，车站根据各个发货方向及站点的运量，结合车辆的运量等情况进行货物的分装与配载，组成不同的零担班车。

③ 日历承运制：货运站结合以往各运输线路的流量和流向的规律，编制承运日期表并且事先公布，发货人根据规定的日期办理托运手续。采用日历承运制，承运人可以有计划地组织货物的运输。

（3）托运单的填写。零担货物托运人办理托运手续时必须办理托运单。托运单作为发货方与承运人之间货物交接的有效凭证，原则上由托运人填写之后经承运人审核无误才可进行货物交接。

填写托运单的注意事项：

① 托运单的填写必须干净整齐，不得涂改；

② 审核到达站是否与收货人地址相一致，以免误运；

③ 对货物的种类及性质进行核查，不得运输违禁超限货物，同时对同一批货物的包装及数量进行准确记录，以免错提错交；

④ 如有特殊要求，应在备注栏内进行标注；

⑤ 对于贵重物品及高价值物品，由托运人自愿选择进行投保，进行保价运输的，必须在备注栏内进行备注。

零担货物托运单一式两份，一份于起运站仓库存查；另一份于开票后随货同行。货物到站在零担班车运行线路范围内的，称为"直达零担"，可填写"零担货物托运单"；须通过中转换装的，称为"联运零担"，可填写"联运零担货物托运单"。零担货物的托运单格式如表 2-1 所示。

表 2-1　零担货物托运单

托运日期　　年　月　日									
起运站			到达站						
托运单位			详细地址				电话		
收货单位(人)			详细地址				电话		
货名	性质	包装	件数	重量/吨	计费里程/千米		计费重量/吨	体积/立方米	运费/元
合计									
发货人记载事项			起运站记载事项						
进货仓位			仓库理货验收员						
到站交付日			发运日期			托运人(签章)			

托运人注意事项：

(1)托运单一式两份；

(2)托运货物必须包装完好，捆扎牢固；

(3)不得瞒报货物名称，否则在运输过程中发生的一切损失，均由托运人负责赔偿；

(4)托运货物不得夹带易燃危险品；

(5)以上各栏，由托运人详细填写。

▶ **2. 验货司磅**

验货司磅即托运人在收到托运单后，审核托运单填写内容与货物实际情况是否相符，检查包装，过磅量方，进行扣、贴标签、标志等活动。

(1)核对运单。承运人按照承运线路、站点、车辆装载能力等，核对托运单上的信息填写是否完整，同时核对托运路线是否与本次运输线路一致，填写的货物名称、数量、包装标识等信息是否与实际接收的货物相一致。

（2）检查货物。货物包装是货物运输、中转、仓储等过程安全的基本保障，包装的好坏直接关系到运输质量和货物自身的安全。对货物外包装进行检查，确保货物在运输过程中的安全性。检查包装可采用以下方法：

① 看。检查外包装是否符合相关规定和要求，有无破损、缝隙等现象。特殊物品及贵重物品需要查看物品是否采取了适当防护措施及进行保价。

② 听。听有无异响。

③ 闻。闻有无不正常气味。

④ 摇。检查包装内衬垫是否充实，货物在包装内是否晃动。

（3）过磅量方。零担货物运输中，按照所到站点分别进行过磅计算，不同站点的计费标准会有所不同。零担货物一般按照毛重进行计费，计费重量起步为 1 千克。对于实重货物而言，计费重量为实际重量；对于轻泡货物（指每立方米体积重量不足 333 千克的货物）而言，计费重量需要根据货物体积进行折算。根据货物外部的最大长、宽、高尺寸计算货物体积，按每 1 立方米折合 333 千克确定货物的计费重量。

（4）扣、贴标签、标志。货物标签是货物本身与运输货票之间的联系，是运输过程中进行理货、装卸、中转、交付的重要凭证。标签的各栏目需要认真填写，并且在每件货物的正面与侧面各贴一张。

▶ 3. 验收入库

零担仓库需要有良好的通风、防潮、防火、灯光设备和安全保卫能力，安全设施要到位，库房内应严禁烟火。露天堆放货物时，要有安全防护措施。仓库应适当划分货位，一般可划分为进仓待运货位、急运货位、到达待交货位，以便分别堆放。零担货物验收入库是车站对货物履行责任运输、保管的开始，在经复点无误之后在托运单上注明货位，于经办人盖章后生效。

（1）入库必须做到以下几点：

① 凡未办理托运手续的货物，一律不准进入仓库；

② 认真核对运单、货物，坚持照单验收入库；

③ 货物必须按流向堆码在指定的货位上；

④ 一批货物不要堆放两处，库内要做到层次分明，留有通道，互不搭肩，标签向外，箭头向上；

⑤ 露天堆放的货物要注意下垫上盖。

（2）经常检查仓库四周，可将有碍货物安全的物品堆放在仓库周围，保持仓库内外整洁。

（3）货物在仓库待运期间，要经常进行检视核对，做到以票对货、票票不漏。

▶ 4. 开票收费

托运人根据托运单上货物的数量及重量等信息，核算货物的运费及相关杂费项目。零担货物运费包含实际运输费用与各项杂费。实际运输费用计算公式为

$$F = WLP$$

式中，F 为实际运输费用；W 为货物重量；L 为运输距离；P 为货运单价。

（1）零担货运的杂费项目包括：①渡费，零担运输车辆如果需要过渡运行，由起始站代收渡费；②标签费；③标志费；④联运服务费；⑤中转包干费，联运中转换装产生的装卸、搬运、仓储、整理包装劳务等费用，全程包干，汽运站一次核收；⑥退票费；⑦保管费；⑧快件费；⑨保价（保险）费。

（2）营收报解与营收审核。收费人员每日将所收款项的数目与开出的票据进行核对。

▶ 5．配载装车

（1）装车前的准备工作。

① 根据随货通行的单据，按照中转、直达将货物进行分类；

② 根据车辆的吨位、箱体容积等确定需要装载的货物，同时编制货物的交接清单。

（2）装车组织。根据货物的特性、种类及到达的先后顺序，进行货物装车，包含备货、交代装车、监装等步骤。监装是由仓库保管员发货，随车理货员或者驾驶员随即装车的活动。

（3）配载原则。

① 坚持中转先运、急件先运、先托先运、合同先运的原则。对一张托运单和一次中转的货物，须一次运清，不得分批运送。

② 凡是可以直达运送的货物，必须直达运送；必须中转的货物，应按合理流向配载，不得任意增加中转环节。

③ 同一批货物应堆置在一起，货件的货签应向外，以便工作人员识别；运距较短的货物，应堆放在车厢的上部或后面，以便卸货作业顺利进行。

④ 充分利用车辆的载重量和容积，进行轻重配装，巧装、满装。根据车辆容积和货物情况，均衡地将货物重量分布于车底板上；紧密地堆放货物，以便充分利用车辆的载重量和容积，防止在车辆运行中因发生震动而造成货物倒塌和破损；认真执行货物混装限制规定，确保运输安全。

⑤ 加强预报中途各站的待运量，并尽可能使同站装卸的货物在吨位和容积上相适应。

（4）站车交接。起运站与承运车辆，依据"零担货物交接清单"办理交接手续，按交接清单有关栏目，在监装时逐批点交，逐批接收。交接完毕后，由随车理货员或驾驶员在交接清单上签收。交接清单应一站一单，以利运杂费结算，同时填写公路汽车零担货物交接及运费和杂费结算清单。

▶ 6．货物中转

中转站主要是将来自各不同方向仍需继续运输的零担货物卸车后重新集结待运，继续运至终点站。中转作业一般有三种方法：落地法、坐车法和过车法。

（1）落地法。将到达车辆上的全部零担货物卸下入库，按方向或到达站在货位上重新集结，再重新装配。这种方法简单易行，车辆载货利用较好，但装卸量大，行车速度慢，仓库和场地的占用面积大。

（2）坐车法。将到达车辆上运往前面同一到达站，且中转数量较多或卸车困难的核心货物留在车上，将其余货物卸下后再加装到同一到达站的其他货物。核心货物不用卸车，减少了装卸作业量，加快了中转作业速度。

（3）过车法。当几辆零担车同时到站进行中转时，将车内的部分中转货物由一辆车直接换装到另一辆车上。组织过车时，可以向空车上过，也可以向留有核心货物的重车上过。

▶ 7. 到达作业

（1）到站卸货。零担班车到站后，对普通货物和中转联运零担货物分别卸货。办理仓储和中转作业应注意以下几点：

① 办理好承运车和车站的交接工作。车站货运人员应向随车理货员索阅货物交接清单及随附的有关单证，两者要注意核对，如有不符，应在交接清单上注明不符情况。

② 认真检查，确认货物在运送过程中的状态和完整性，以便在发生货损货差时划清责任并防止误卸。

（2）到货通知。零担到货卸理验收完毕后，到达本站的货物应登入零担货物到货登记表，以到货通知单和到货布告或电话发出通知，催促收货人提货。

（3）收票交货。货物交付完毕，收回货票提货联，公路汽车的责任结束。货物交付包括内交付(随货同行单证交付)和外交付(现货交付)。

（二）影响公路零担货物运输效率的因素

公路零担货物运输作为服务于大众消费者及个人客户的一种运输组织方式，在国民经济的发展中发挥着重大作用，而且公路零担货物运输具有灵活、便利、单次批量小等特征，具有整车运输组织所无法比拟的优势。但同时，零担货物运输组织方式服务于多数不确定客户，所以它的运输组织效率受到以下因素的影响。

▶ 1. 基础设施

作为运输组织运行的先决条件，基础设施的完善程度直接决定零担运输的运送范围及运行效率。近年来，我国高速公路网络体系的不断完善，以及国省县乡等干线网络的不断健全，也极大地便利了公路运输，提高了公路运输的效率。

▶ 2. 运输线路

零担货运效率的高低和运行的线路有关。在货源来往频繁的城市之间的线路上进行零担货物运输，由于货源量大，车辆可以有选择地进行配载，同时可以根据具体情况进行站点的设置，有利于提高运输线路上的运输效率。

▶ 3. 装卸效率

在某一条零担运输线路上，由于涉及在多个站点上货物的装卸，因此站点装卸设备的装卸效率将极大地影响货物运输的效率。

▶ 4. 货物配载

零担货物运输涉及多个发货人的不同货物，货物的性质及包装等各不相同，货物的合理配载可以有效提高车厢内部的有效装载率，提高车厢的有效利用率，从而间接达到提高单次运输效率的目的。

第三节 公路货物运输设施与设备

公路货物运输的设施与设备主要由公路、公路货物运输场站和公路运输车辆三部分组成。

一、公路

(一) 公路的构成

为行驶汽车而按照一定技术规范修建的道路（包括城市道路）称为公路。

公路是一种线形工程构造物，主要由路基、路面、桥梁、隧道、涵洞等基本构造物和其他辅助构造物及设施组成，如图 2-3 所示。

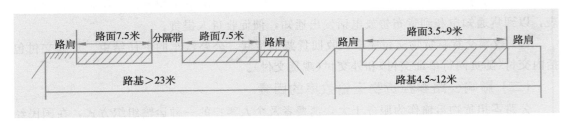

图 2-3 公路横断面一般布置图

双车道适用于高等公路和一级公路，单车道适用于二级以下等级公路。

(1) 公路路基。路基是路面的基础，与路面共同承受车辆荷载，同时抵御地表各种自然因素的危害。路基宽度与公路横向的路幅宽度相同，而路幅宽度为中间的路面宽度与两侧的路肩宽度之和。路基根据横断面的不同可分为路堤、路堑和半填、半挖三种基本形式。为了满足车辆和行人的通行要求，公路路基必须坚固和稳定。因此在公路选线时应考虑路基的坚固度，合理地设计路基的形状和尺寸，施工时应注意分层填筑、压实，特别要处理好路基排水问题。

(2) 公路路面。公路路面是在路基上用坚硬材料铺筑、供汽车行驶的层状结构物，直接承受车辆的行驶作用力。公路路面一般分为面层、基层、垫层和土基。路面按面层材料的不同，可分为沥青路面、水泥混凝土路面、块料路面和粒料路面。按技术条件及面层类型不同，又分为高级、次高级、中级和低级路面。合理地选用和设计路面能显著地降低公路的造价。

(3) 桥隧与涵洞。当公路跨越河流、沟谷，或与铁路、其他公路立体交叉时，需要修建桥梁或涵洞；当线路翻越山岭时，则需修筑隧道。按照有关技术规定，凡单孔跨径小于5 米或多孔跨径之和小于 8 米的称为涵洞，大于这一规定值则称为桥梁。桥梁有梁式桥、拱桥、吊桥、钢构桥和斜拉桥之分。公路的隧道一般设置在公路线形的平坡和直线部分，也可设置在不设超高的大半径平曲线上。隧道内纵坡度应不小于 0.3%，不大于 3%，以利于隧道排水和行车安全。较长的公路隧道，还需设有照明、通风、消防设施及报警等其他应急设施。

（二）公路等级

公路根据使用任务、功能和适应的交通量分为高速公路、一级公路、二级公路、三级公路、四级公路五个等级，如表 2-2 所示。

表 2-2 各级公路主要技术指标

公路等级	高速公路		一级公路		二级公路		三级公路		四级公路	
地形	平原微丘	山岭重丘	平原微丘	山岭重丘	平原微丘	山岭重丘	平原微丘	山岭重丘	平原微丘	山岭重丘
计算行车速度/千米·小时)	120	80	100	60	80	40	60	30	40	20
行车道宽度/米	2×7.5	2×7.5	2×7.5	2×7.5	9	7	7	6	3.5	
路基宽度/米	26	23	23	19	12	8.5	8.5	7.5	6.5	
最大纵坡/%	3	5	4	6	5	7	6	8	6	9
平曲线最小半径/米	650	250	400	125	250	60	125	30	60	15
停车视距/米	210	110	160	75	110	40	75	30	40	20

高速公路为专供汽车分向、分车道行驶，并全部控制出入的干线公路。四车道高速公路一般能适应按各种汽车折合成小客车的年平均日交通量为 2.5 万～5.5 万辆；六车道高速公路一般能适应按各种汽车折合成小客车的年平均日交通量为 4.5 万～8 万辆；八车道高速公路一般能适应按各种汽车折合成小客车的平均日交通量为 6 万～10 万辆。

一级公路为供汽车分向分车道行驶并可根据需要控制出入的多车道公路。四车道一级公路应能适应将各种汽车折合成小客车的年平均日交通量 3 万～3.5 万辆。六车道一级公路应能适应将各种汽车折合成小客车的年平均日交通量 2.5 万～5.5 万辆。

二级公路为供汽车行驶的双车道公路，一般能适应每昼夜 0.3 万～0.75 万辆中型载重汽车交通量。

三级公路为主要供汽车行驶的双车道公路，一般能适应每昼夜 0.1 万～0.4 万辆中型载重汽车交通量。

四级公路为主要供汽车行驶的双车道或单车道公路。双车道四级公路能适应每昼夜中型载重汽车交通量 0.15 万辆以下，单车道四级公路能适应每昼夜中型载重汽车交通量 0.02 万辆以下。

知识链接

公路等级应根据《国家公路网规划（2013—2030 年）》，从全局出发，按照公路的使用任务、功能和年平均日交通量综合确定。一条公路可根据交通量等情况，分段采用不同的车疲乏数或不同的公路等级。各级公路远景设计年限为：高速公路和一级公路为 20 年、二级公路为 15 年、三级公路和四级公路为 10 年，也可根据实际情况适当调整。对于不符合标准规定的已有公路，应根据需要与可能的原则，有计划地进行改建，提高通行能力及使用质量，以达到相关等级公路标准的规定。分期修建的公路，必须进行总体设计，使前期工程在后期仍能充分利用。

（三）交通控制设备

交通控制设备包括交通标志、路面标线和交通信号。交通控制设备的功能主要是对车辆、驾驶员和行人起限制、警告和引导作用。

二、公路货物运输场站

货运站是专门办理货物运输业务的汽车站，一般设在公路货物集散点。货运站可按功能的不同分为集运站（或集送站）、分装站和中继站等类别。

（1）货运站的任务与职能。货运站的主要工作是组织货源、受理托运、理货、编制货车运行作业计划，以及车辆的调度、检查、加油、维修等。

（2）汽车货运站的分类。货运站可分为整车货运站、零担货运站和集装箱货运站三类。

① 整车货运站，主要经办大批货物运输，有的整车货运站也兼营小批货物运输。整车货运站的作业包括托运、承运、受理业务、结算运费等。

② 零担货运站，专门办理零担货物运输业务，是进行零担货物作业、中转换装、仓储保管的营业场所。零担货运站的作业内容及程序是：受理托运、检货司磅、验收入库、开票收费、装车与卸车、货物交接、货物中转、到达与交付等。

③ 集装箱货运站，主要承担集装箱的中转运输任务，所以又称集装箱中转站。集装箱货运站的主要业务是：集装箱"门到门"运输与中转运输；集装箱适箱货物的拆箱、装箱、仓储和接取送达；集装箱的装卸、堆放和检查、清洗、消毒、维修；车辆、设备的检查、清洗、维修和存放；为货主代办报关、报检等货运代理业务。

三、公路运输车辆

公路运输车辆是指具有独立原动机与载运装置，能自行驱动行驶，专门用于运送旅客和货物的非轨道式车辆。汽车是公路运输的最基本运输工具，按用途一般可分为载客汽车、载货汽车、专用运输车辆、特种车、牵引车和挂车等。

▶ 1. 载货汽车

载货汽车是指专门用于运送货物的汽车，又称载重汽车。载货汽车按载重量的不同分为轻型（3 吨以下）、中型（3～8 吨）和重型（8 吨以上）三种。

载货汽车的车身具有多种形式。敞车车身是载货汽车车身的主要形式，它适用于运送各种货物。厢式车身可以提高货物的安全性，多用于运送贵重货物。自卸汽车可以自动卸货，适用于运送散装货物，如煤炭、矿石、沙子等。

▶ 2. 专用运输车辆

专用运输车辆是按运输货物的特殊要求设计的，主要包括：①厢式车，即标准的挂车或货车，货厢封闭；②敞车，即挂车顶部敞开，可装载高低不等的货物；③平板，即挂车无顶也无侧厢板，主要用于运输钢材和集装箱货物；④罐式挂车，用于运输流体类货物；⑤冷藏车，用于运输过程中需控制温度的货物；⑥高栏板车，这种车的车厢底架凹陷或车厢栏板特别高，以增大车厢容积。

▶ **3. 特种车**

特种车通常是在普通汽车底盘上安装专用的设备或车身，专供特殊用途而制造的汽车，如大件运输车辆。

▶ **4. 牵引车和挂车**

牵引车也称拖车，一般不设载客或载货车厢，是专门用于拖挂或牵引挂车的汽车。挂车有全挂车、半挂车、厢式挂车及重载挂车等类型。全挂车由牵引车或作为牵引车使用的汽车牵引。半挂车则与半挂式牵引车一起使用。轴式挂车是一种单轴车辆，专门用于运送长度较大的货物。重载挂车是大载重量的挂车，可以是全挂车，也可以是半挂车，专门用于运送沉重的货物，载重量通常可达到 200～300 吨。挂车结构简单，保养方便，而且自重较小，因此在汽车运输中应用很广。

牵引车与挂车组合在一起，形成了汽车列车，如图 2-4 所示。

(a) 半挂汽车列车　　　　　　　　(b) 双挂汽车列车

图 2-4　汽车列车

───┤ **本章小结** ├───

　　阐述了公路货物运输的概念、公路货物运输的特点及公路货物运输主要使用的作业场合。
　　阐述了公路货物运输的分类及公路货物运输的业务流程。
　　阐述了公路货物运输的设施与设备，包括道路、场站、运输工具等。

───┤ **课堂讨论** ├───

　　在课堂上先由学生分小组进行讨论，然后选出代表集中发言。
　　讨论如何进行公路运输的发货与收货操作。

| 思考题 |

1. 公路运输有哪些优缺点？
2. 公路货物运输主要适合哪些运输作业？
3. 简述公路整车货物运输的流程。
4. 简述公路零担货物运输的流程。
5. 试填写一张公路货运的运输单据。

拓展案例

公路运输业牵手现代物流业——保定运输集团的转型

从世界范围来看，物流产业对经济发展做出了巨大的贡献，已被许多国家的实践所证实。运输作为物流的重要环节，力争实现低成本、高质量的物流服务，在整个物流过程中发挥着举足轻重的作用。

运输是物流的重要环节，公路运输更是机动灵活，可以实现"门到门"运输，在现代物流中起着重要作用。要使我国公路运输业从目前的困境中走出，公路运输业必须融入现代物流，成为真正意义上的"第三方物流"，因为公路运输业经济效益取得的最佳渠道是现代物流服务，发展现代物流就是要改变公路运输业传统的揽货方式，获取增值效益。

一、保运集团的问题

问题一：业务组织形式单一、流程传统

经调研，保运集团目前主要沿用传统的作业程序，只是对经营业务活动的各项具体操作实现了计算机的管理，在具体作业环节上实现了无纸化作业，但是计算机的应用水平低，运输信息相互交流速度慢，各部门的计算机没有实现联网，故使得车辆的可控制性很低，车辆的回程时间不能得到控制。保运集团的货物运输组织形式主要采用直线职能式，主要分为两种方式。

（1）零担运输组织形式。零担运输组织形式是指根据零担货物的特点，采取相应的车辆运行组织方式。根据零担运输的特点，汽车零担货运是按照流水线作业的一种生产方式。它的作业内容主要包括受理托运、验货司磅、起票收费、吊签入库、配货装车、货物运送、到站卸货和货物交付等。

（2）整车货运商务作业。汽车整车货运商务作业的内容包括货物托运与承运、装卸、起票、发车、运送与到达交付、运杂费结算、货运事故处理等。

目前对于零担运输而言，从承运到核对装车的时间平均为 5 天；对于整车货运而言，从承运到发车的时间平均为 4 天。这样一来，导致大部分的时间都浪费在运输公司的货场中。

就整车货运的业务组织来看，承运业务的发生需要 0.5 天，验货需要 1 天，配运及调车需要 1.5 天(有时因车辆的回程时间不能控制,车辆不能及时到位,使得调车时间更长一些),装车及起票发车需要 1 天。而货车在运行中的时间表就更无法得到及时监控,使得公路运输的准确到达率很难控制。

问题二:物流服务意识缺乏

经调研,保运集团中从事专业运输的人员物流服务意识缺乏,企业的服务水平比较低。除了体制的原因外,最主要的原因在于保运集团缺乏开放的物流服务观念,即缺乏服务意识。

服务意识缺乏集中表现在服务的被动性、波动性、短期性,以及缺乏长期战略这四个方面。缺少主动服务,这对保运集团企业来讲是相当被动的,大量的到达货物被铁路内部分流的人员和个体运输户抢走。

问题三:物流作业信息化程度低

经调研,保运集团长期以来从事专业物流的人员缺乏系统的专业培训。物流作业信息化程度低,信息交流速度慢,计算机应用水平低。保运集团主要沿用的是以大量消耗资源和粗放经营为特征的传统发展战略,重视发展的速度和数量,轻视发展的效益和质量;重视外延扩大再生产,轻视内涵扩大再生产。

问题四:工作效率低下、人浮于事

经调研,保运集团的干部人员组织结构仍按照典型的国家事业部门的人员编制,这样就使管理人员在思想行为上表现僵化,在处理业务上仍旧采用计划经济体制下的照本宣科进行管理,导致工作效率低,缺乏规范的自律机制,造成人浮于事的现状。

二、针对保运集团存在问题提出的建议

建议一:针对保运集团目前的货运业务组织状况,建议增加货运交易信息中心

实现信息沟通和中介服务功能,及时向社会通达集团对车辆、货物的需求,加快货物运输的效率。针对过去业务组织方面的缺陷,建议对保运集团进行业务流程重组,使重组后的业务流程更加精简和高效。

建议二:运输业除了要有服务的意识,还要有服务技术手段的支持

运输业要提高服务意识,与服务对象结成战略伙伴,建立协作关系,主要体现在:运输业在面对客户需求而自身资源有限时,是否能够积极地在市场上寻找其他合作伙伴,延伸供应链,整合市场资源为客户服务;是否能够主动地了解供应商和客户的活动过程及运作要求,在物流服务的渠道结构发生变化时,能否为客户设计新的物流解决方案,建立新的市场竞争共同体。显然,电子商务条件为传统运输业向现代物流业的转变提供了有效的技术支持。

传统公路运输业在重新进行市场定位的时候,必须充分认识到以下三点:一是现有服务资源通过不同形式的重新配置,价值实现方式可能完全不同;二是同样的服务资源在不同的人手中,价值实现方式也可能完全不同;三是资源的重新配置必须支付相应的成本。

针对保运集团的状况,应该从企业经营形式和经营规模方面进行调整,在经营形式上,要根据公路运输业的特点进行调整。

(1)要突出特色服务,重点发展专业化运输,形成服务特色鲜明的专业化整车运输、

零担运输、快件运输、冷藏运输、大件运输、危险品运输和液体运输业等工作流程，成为用户供应链中具有独特核心能力的专业运输业，以自己的运输服务优势为依托逐步发展和融入物流业。

（2）要向客户提供以运输为主的多元服务：从运输本业出发，争取能够提供部分或全部的物流服务；与用户建立长期合作关系，参与供应链的管理；建立实时信息系统、GPS系统、存货管理、电子数据交换等，为用户提供物流信息反馈。

（3）要实施技术创新，利用高新技术提高企业竞争力，调整发展战略。传统公路运输业应当通过信息和专业物流技术，以最低的成本向客户提供需要的物流服务。从保运集团目前的情况来看，无论是物流服务的硬件还是软件，均与提供高效率、低成本的物流服务的要求有较大的差距，信息的收集、加工、处理、运用能力，物流专业技术，以及统筹策划和精细化组织、管理等能力都显不足。

建议三：保运集团现在急需的是注入高科技和现代化管理，利用日新月异的信息技术为汽车运输业提供保证

在物流信息化方面对保运集团提出以下建议。

（1）建立公路运输货物计算机辅助管理系统，包括决策支持、车辆调度、人事管理、财务管理、内部结算等系统，可以大大减少管理人员，提高管理精度和管理效率。

（2）开发应用 GPS 车辆跟踪定位系统、GIS 车辆运行线路安排系统等技术，促进运输生产的自动化。积极引进先进技术，建立 GPS 卫星定位系统，可精确地给车辆定位与导航，提高汽车的回程率；利用地理信息系统技术、卫星定位技术、电子数据交换技术优化车辆运行调度，提高车辆效率。

（3）利用现有的集团内部网络系统与全国统一的货运电子商务系统联网，提供全国的货源信息，统一调度，统一配载，传输和自动处理道路运输相关的信息和单证票据，建立智能运输系统，提高运输效率。

建议四：针对保运集团在管理方面的问题，建议进行现代企业制度改革

在汽车运输企业建立现代企业制度，从根本上说是要转变管理机制和经营机制，依法组织运输，依法进行管理。

物流产业作为现代经济的重要组成部分和工业化进程中最为经济合理的服务模式，正在我国得以迅速发展。而我国传统公路运输业作为物流产业中的典型产业，向现代物流业转型具有十分重要的意义。

3 第三章
铁路货物运输

学习目标

通过学习，了解铁路货物运输的概念、特点、运作业务流程、组织与管理，以及铁路运输的设施与设备等。

知识要点

1. 了解铁路运输的概念、功能和特点。

2. 熟悉铁路货物运输的种类。

3. 掌握铁路货物运输的组织流程。

4. 了解铁路货物运输的设施与设备。

技能要点

1. 会设计铁路货物运输的流程。

2. 会填制铁路货运单证。

3. 掌握铁路货物运到期限的计算方法。

导入案例

青藏铁路建设为西藏高原提供了发展机遇

初到西藏的人都会有一个共同感受：物价高。据西藏有关部门调查，在拉萨，一吨煤炭 700 元，一吨水泥 800 元，100 元人民币的实际购买力相当于沿海地区的 54 元。原因主要是西藏自身生产能力相对较低，而以公路为主的运输方式又增加了进出藏物资的运输费用和进出藏人员的经济支出。旅游业、矿业、藏医药业、农畜产品加工、民族手工业等高原特色产业的发展，都因为交通而受到制约。交通的不便，越来越成为西藏改革开放和发展经济的瓶颈，修建进藏铁路是几代中国人的梦想。新中国成立以来，党中央、国务院一直非常重视进藏铁路的修建工作。1984年，青藏铁路西宁至格尔木段正式运营。2001年6月29日，全长1 142千米的青藏铁路格尔木至拉萨段正式动工，青藏铁路建设为西藏高原提供了发展机遇。

第 一 节　铁路货物运输概述

一、铁路货物运输的概念

铁路运输是指利用机车、车辆等技术设备沿铺设轨道运行的运输方式。铁路运输是现代运输的重要组成部分，也是长途运送货物的主要交通工具，具有负载量大、运输成本低等优点。目前，世界上的火车主要由内燃机车或电力机车牵引。

二、铁路货物运输的特点

▶ **1. 铁路货物运输的优点**

（1）适应性强。依靠现代科学技术，铁路几乎可以在任何需要的地方修建，可以全年全天无休地运营，受地理和气候条件的限制很少，具有较高的连续性和可靠性，而且适合长短途和各种不同品类货物的双向运输。

（2）运输能力大。铁路能够负担大量的客货运输。铁路运输能力取决于列车重量（旅客列车的标准是载运人数，货物列车的标准是载运吨数）和每昼夜线路通过的列车对数。铁路运输的运载单元，即每一辆列车载运货物和旅客的能力远比汽车和飞机大得多。

（3）安全程度高。随着先进技术的采用和发展，铁路运输的安全程度越来越高。特别是近一二十年间，许多国家的铁路广泛采用了电子计算机和自动控制等高新技术，安装了列车自动停车、列车自动控制、列车自动操纵、设备故障和道口故障报警、灾害防护报警等装置，大大减轻了行车事故的损害程度。

（4）运送速度较高。常规铁路的列车运行速度一般为60千米～80千米/小时，提速铁路可达140千米～160千米/小时。2007年铁路第6次大提速，使部分旅客列车运行速度高达200千米/小时。京哈、京沪、京广、胶济等提速干线部分区段可达到250千米/小时。

（5）能耗小。铁路运输轮轨之间的摩擦阻力小于汽车轮胎与地面之间的摩擦阻力。铁路机车车辆单位功率所能牵引的重量约比汽车高10倍，因此铁路单位运量的能耗也就比汽车运输少得多。

（6）环境污染程度小。铁路运输对生态环境影响程度较小，特别是电气化铁路对生态环境的不利影响更小。

（7）运输成本较低。铁路运输成本与运输距离的长短、运量的大小密切相关。运距越长、运量越大，单位运输成本就越低。一般来说，铁路的单位运输成本比公路运输和航空运输要低得多。

▶ 2. 铁路货物运输的缺点

（1）投资高，资本密集，设备庞大且不易转移。由于当前铁路运输体制是线路、车辆同属铁路运输企业，需自行购置机车车辆、车站设备，铺设线路，修建站场，所以投资大，同时保养、维修费用也相当高；铁路设备、设施都是沿线建设，一旦停业不能转移。铁路投资大多属于固定设备，固定资产比例较高，故铁路运输体系设备、设施十分庞大。铁路具有自然垄断性，铁路线路、信号基础设施、机车车辆具有资本密集投资的特点，沉没成本占基础设施总成本的比重很高，密度经济的特点显著。

（2）货损较高，营运缺乏弹性。铁路运输网络上的货物运输包括大量货物列车解体和编组作业，在运输过程的多次中转业务中容易造成货物遗失；铁路运输局限于线到线运输，不能根据客、货源变更营运线路，特别是与公路运输相比，灵活性较差。

三、铁路运输的应用

根据铁路运输的上述特点，铁路运输主要适用于以下作业。

（1）铁路运输适用于大宗低值货物的中、长距离运输，也较适用于运输散装货物（如煤炭、矿石、谷物等）、灌装货物（如化工产品、石油产品）。

（2）铁路运输的运费相对比较低，适用于大量货物一次高效运输。

第二节　铁路货物运输实务

一、铁路货运的分类

铁路货物运输按照一批货物的重量、体积、性质或形状等因素，可以分为整车运输、零担运输和集装箱运输三种。

（一）整车运输

一批货物的重量、体积、性质或形状需要一辆或一辆以上铁路货车装运（用集装箱装运除外）即为整车运输。

▶ 1. 整车运输的分类

（1）按运输货物的属性分类，可分为普通货物和特殊货物。

（2）按货物的重量、体积、性质、形状分类。

（3）按运输速度分类，可分为普货列车和快运列车。

知识链接

"一批"是铁路货物运输的计数单位，铁路承运货物和计算运输费用等均以批为单位。按一批托运的货物，托运人、收货人、发站、到站和装卸地点必须相同（整车分卸货物除外）。

整车货物每车为一批，跨装、爬装及使用邮车的货物，每一车组为一批。零担货物或使用集装箱运输的货物，以每张货物运单为一批。由于货物性质、运输的方法和要求不同，易腐货物和非易腐货物、危险货物与非危险货物（另有规定者除外），以及根据货物的性质不能混装运输的货物、投保运输险的货物与未投保运输险的货物、按保价运输的货物与不按保价运输的货物、运输条件不同的货物不能作为一批货物进行运输。不能按一批运输的货物，在特殊情况下，如不致影响货物安全、运输组织工作和赔偿责任的确定等，经上级承认也可按一批运输。

▶ **2. 整车运输的组织及流程**

整车运输的组织及流程如图 3-1 所示。

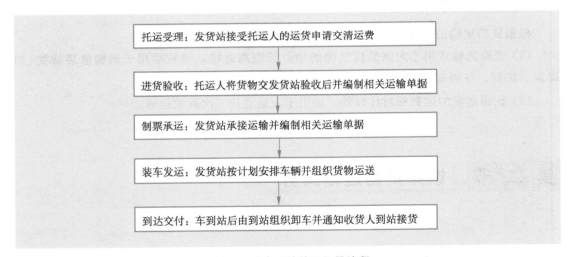

图 3-1　整车运输的组织及流程

（二）零担运输

一批货物的重量、体积、性质或形状不需要一辆铁路货车装运（用集装箱装运除外）即属于零担货物运输，简称零担运输。

▶ **1. 零担运输的条件**

凡不够整车运输条件的货物，可按零担货物托运。零担货物一件体积不得小于 0.02 立方米。但一件重量在 10 千克以上时，则不受此最小体积限制。零担货物每批件数不得超过 300 件。

下列货物不得按零担货物托运：

（1）需要冷藏加温运输的货物；

（2）规定按整车办理的货物（装入铁路批准使用爆炸品保险箱运输的除外）；

（3）易于污染其他货物的污秽品（经过卫生处理不致污秽其他货物的除外）；

（4）蜜蜂；

（5）不易计算件数的货物；

（6）未装入容器的活动物（铁路局管内零担运输办法允许者除外）；

（7）一件重量超过 2 吨、体积超过 3 立方米或长度超过 9 米的货物（发站认为不致影响中转站或到站卸车作业者除外）。

零担货物一般在公共作业场所组织运输，专用线、专用铁路内组织直达整装零担，须与铁路分局协商并签订运输协议后办理。

▶ **2. 零担货物的分类**

根据零担货物的性质和作业特点，零担货物分为以下几类：

（1）普通零担货物，简称普零货物或普零，即按零担办理的普通货物；

（2）危险零担货物，简称危零货物或危零，即按零担办理的危险货物；

（3）笨重零担货物，简称笨零货物，是指一件重量在 1 吨以上、体积在 2 立方米以上或长度在 5 米以上，需要以敞车装运的货物，或性质适宜敞车装运和吊装吊卸的货物；

（4）零担易腐货物，简称鲜零货物或鲜零，即按零担办理的鲜活易腐货物。

▶ **3. 整零车种类**

装运零担货物的车辆称为零担货物车。零包车的到站必须是两个（普零）或三个（危零或笨零）以内的零包车，称为整装零包车（简称为整零车）。危零货物只能直接运至到站，不得中转。

▶ **4. 零担运输的组织**

（1）检货司磅与起票。检货司磅与起票的作业就是零担货物受理人员在收到托运单后，审核托运单填写内容与货物实际情况是否相符，检查包装，过磅量方，扣、贴标签、标识。

（2）核对运单。核对货物品名、件数、包装标识是否与托运单相符。注意是否夹带限制运输货物或危险货物，做到逐件清点件数，防止发生差错。对长大、笨重的零担货物要区别。终点站长大件不得超过零担班车车厢的长度和高度；中途站长大件不得超过零担车后门宽度和高度；笨重零担货物不得超过发站和到站的自有或委托装卸能力。单件重量，一般在人力搬运装卸的条件下以不超过 40 千克为宜，笨重零担货物应按起运、中转、到达站的起重装卸能力受理。

（3）检查包装。货物包装是货物在运输、装卸、仓储、中转过程中保护货物质量必须具备的物质条件。货物包装的优劣直接关系到运输质量和货物自身的安全，这就必须按货物的特性和要求进行包装，且要达到零担运输的关于货物包装的规定。如发现应包装的货物没有包装或应有内包装而只有外包装的，应请货主重新包装。对包装不良或无包装但不影响装卸及行车安全的，经车站同意可予受理，但应请货主在托运单中注明包装不良状况，且损坏物不要堆放两处，库内要做到层次分明，留有通道，互不搭肩，标签向外，箭头向上。

（4）受理托运是指零担货物承运人根据营运范围内的线路、站点、运距、中转车站、各车站的装卸能力、货物的性质及受运限制等业务规则和有关规定接受零担货物，办理托运手续。受理托运时，必须由托运人认真填写托运单，承运人审核无误后方可承运。零担货物托运单一式两份，一份于起运站仓库存查；另一份于开票后随货同行。凡货物到站在零担班车运行线路范围以内的，称为"直线零担"，可填写"零担运输托运单"；须通过中转换装的，称为"联运零担"，可填写"联运零担货物托运单"。受理托运是零担货物运输作业中的首要环节。

（三）集装箱运输

用集装箱装运货物或运输空集装箱，称为集装箱运输（简称集装箱），主要用于运输精密、贵重、易损的货物。凡适合集装箱运输的货物，都应按集装箱运输集装箱适用，要求如下：

（1）应在铁路集装箱办理站办理运输业务；

（2）必须是适合集装箱装载运输的货物；

（3）必须符合一批办理的条件；

（4）由发货人、收货人负责装拆箱。

▶ **1. 托运受理**

托运人向车站提出货物运输申请，填写货物运单和运单副本，接到货物运单后，应审核整车货物的申请是否有批准的月度、旬货物运输计划和日要车计划，检查货物运单上各项内容的填写是否正确。应按有关规定逐项详细审核下列内容：

（1）托运的货物能否用集装箱运输；

（2）所到站能否受理该吨位、种类、规格的集装箱；

（3）应注明的事项是否准确、完整；

（4）有关货物重量、件数、尺码等是否按规定填写。

如确认可以承运，在运单上登记货物应进入车站的日期或装车日期，即表示受理托运。

▶ **2. 制订集装箱货物集配计划**

受理车站的集配货运员根据掌握的全部受理运单的到站去向和数量，本站可用空箱和待交箱数量，待装车、待装箱和残存箱的方向和数量，以及站外集散站的集装箱等资料，制订集配计划。集配计划完成后，及时通知托运人和承运货运员，以便托运人安排车辆组织进货、货运员做好承运准备工作。

▶ **3. 货物装箱**

（1）整箱货装箱。整箱货的装箱可在站内完成，也可在站外完成。若在站内装箱，托运人按车站指定的送货日期将货物运至车站，外勤货运员指定拨配空箱，由托运人自已组织装箱，装箱完毕后施封；若在站外装箱，一般先由托运人根据车站指定的取箱日期将空箱运到本单位组织装箱，并在施封后将重箱送到车站。无论在何处装箱，托运人接到外勤货运员拨配的空箱后，一定要检查集装箱是否有破损、装置是否完好。箱内货物的数量和质量由托运人负责，因此施封必须由托运人自己进行，承运人不得接受代为施封的委托。

（2）拼箱货。装箱拼箱货是将若干个不同发货人的货物托运到同一铁路到站的零担货物装箱运输。目前有铁路拼箱和集散站拼箱两种作业形式。

▶ **4. 承运**

托运人在指定日期将集装箱货物送至车站指定的地点，发送货运员在接受集装箱货物时必须对由发货人装载的集装箱货物逐箱进行检查，符合运输要求的才能接受承运。接受集装箱货物后，车站在货物运单上加盖站名、承运日期戳记，即为承运。铁路向托运人核收运费。在接受所托运的集装箱货物时，发送货运员应做到：

（1）对由发货人装载的集装箱货物，应逐批次、按箱检查箱门是否已关好、锁舌是否落槽，合格后在运单上批注货位号码。对"门—门"运输的集装箱货物还要核对是否卸入指定货位，然后在《集装箱"门—门"运输作业单》上签字，返还给发货人一份。

（2）以运单为依据，检查标签是否与运单记载一致、集装箱号码是否与运单记载相符、铅封号码是否正确。

（3）检查铅封的加封是否符合技术要求。

（4）检查箱体是否受损，如有损坏，应编制集装箱破损记录，如损坏系发货人过失所致，则要求发货人在破损记录上签字盖章，以划分责任。检查时，如发生铅印失效、丢失、无法辨认站名、未按加封技术要求进行铅封等情况，均应由发货人负责恢复至正常状态。

（5）检查确认无误后，车站便在货运单上签字，交发货人交款发票。

（6）对进行"门—门"运输的集装箱，还应补填集装箱"门—门"运输登记簿有关事项。

▶ **5. 装车运输**

（1）集装箱不得与笨重货物、散堆货物装入一辆货车内，1吨箱主要使用篷车装运，可以和普通零担货物混装，但不得与其他货物混装。

（2）1吨箱使用篷车装运时，靠近车门处最外层的集装箱应箱门朝里码放，要防止集装箱倒塌，保证到站从两侧车门都便于卸车。使用敞车装运1吨箱时，应征得到站的同意，且使用敞车的侧板高度不应低于1.6米。为了保证货物安全，应装满车容，不足时用空箱配足，并且只能装直达集装箱车。

（3）5吨及以上集装箱使用敞车装运时，集装箱门应朝向相邻集装箱，箱间距离不大于150厘米。使用集装箱专用车装运时，5吨箱和20英尺箱箱门应朝向相邻集装箱。两站集装箱车中第N站的集装箱应装于货车两端，且使第一到站卸后外层集装箱箱门朝向相邻集装箱。

（4）20英尺、40英尺集装箱使用普通平车装运时，应进行加固。

知 识 链 接

铁路货运单据

货物指定于　　月　日搬入　　　　　　××铁路局

货位：

货物运单计划号码或运输号码：

运到期限　　日　　　　托运人→发站→到站→收货人　　　　货票第　　号

托 运 人 填 写				承 运 人 填 写			
发站		到站(局)		车种车号		货车标重	
到站所属省(市)自治区				施封号码			
托运人	名称		邮编	经由		铁路货车篷布号码	
	住址		电话				
收货人	名称		邮编	运价里程		集装箱号码	
	住址		电话				

货物名称	件数	包装	货物价格	托运人确定重量(千克)	承运人确定重量(千克)	计费重量	运价号	运价率	运费
合计									
托运人记载事项		保险		承运人记载事项					

承运人/托运人装车

承运人/托运人施封

▶ **6. 到达交付**

交货时，交箱的货运员在接到转来的卸货卡片和有关单据后，认真做好与车号、封号、标签的核对工作，核对无误后通知装卸工组交货。集装箱货物运抵到站后，应不迟于集装箱卸车后的次日用电话等方式向收货人发出催领通知。通知完毕后，货运员在货票上记载通知的时间和方法。到站的催领通知仅是通知收货人收货的辅助手段，货物承运后，托运人应将领货凭证及时寄交收货人，收货人应主动向到站联系领取货物，这是到货通知的主要手段。

收货人在到站领取货物时，须出示本人的身份证明和领货凭证。到站核对无误后，向收货人交付货物。收货人在货票上盖章或签字，到站将收货人的身份证明文件号码记载在货票上。

对于到达的货物，收货人有义务及时将货物搬出，铁路有义务提供一定的免费留置期限，以便收货人安排搬运工具、办理仓储手续等。留置期限一般为两天，超过这个期限，收货人应向铁路支付延期使用费和货物暂存费。若货物在站内掏箱，收货人应于领取的当日内掏完；在站外掏箱时，收货人应于领取的次日内将空箱送回。

二、铁路货运的组织

按货物在铁路货物运输中所处阶段的不同，可以将铁路货物运输的基本作业流程分为货物发送作业、货物运输途中作业、货物到达作业三部分。

（1）货物发送作业。货物发送作业又称货物在发站的货运作业，包括托运人向作为承运人的发站申报运输要求，提交货物运单、进货、缴费，与发站共同完成承运手续；发站受理托运人的运输要求，审查货物运单，验收货物及运输包装、收费，与托运人共同完成承运手续。承运手续认定因运输种类不同而异。铁路货物运输按照重量、体积、性质等可分为整车运输、零担运输和集装箱运输。整车货物是先装车后承运，零担和集装箱货物则是先承运后装车。

（2）货物运输途中作业。运输途中指途经区间和途经车站。途中作业包括重车运行及途中的货物常规交接与检查及特殊作业。货物常规交接与检查是指货物运输途中车站人员同列车乘务员或列车乘务员相互间在规定地点和时间内办理的货车或货物的交接检查工作。特殊作业包括零担货物在中转站的作业、整车分卸货物在分卸站的作业、托运人或收货人提出的货物运输变更的办理等。

（3）货物到达作业。货物到达作业又称货物在到站的货运作业，包括：收货人向作为承运人的到站查询、缴费、领货、接受货物运单，与承运人共同完成交付手续；到站作为承运人向收货人发出货物催领通知，接受到货查询、收费、交货、交单，与收货人共同完成交付手续。由铁路组织卸车，或发站由承运人装车，到站由收货人卸车的货物，到站在向收货人点交货物或办理交接手续后，即交付完毕；发站由托运人组织装车，到站由收货人组织卸车的货物，到站在货车交接地点交接完毕，即交付完毕。

知识链接

货物的到达与发运时间计算

货物运到期限是指铁路在现有技术设备条件和运输工作组织水平的基础上，根据货物运输种类和运输条件将货物由发站运至到站而规定的最长运输限定天数。货物运到期限按日计算。起码日数为3日，即计算出的运到期限不足3日时，按3日计算。运到期限由货物发送期间、货物运输期间、特殊作业时间三部分组成。货物发送期间是指车站完成货物发送作业的时间，它包括发站从货物承运到挂出的时间，为1日。货物运输期间是货物在途中的运输日数，每250运价千米或其未满为1日；按快运办理的整车货物每500运价千

米或其未满为1日。特殊作业时间是为某些货物在运输途中进行作业所规定的时间,具体规定为:

(1) 需要中途加冰的货物,每加冰1次,另加1日;

(2) 运价里程超过250千米的零担货物和1吨型集装箱另加2日,超过1000千米加3日;

(3) 一件货物重量超过2吨、体积超过3立方米或长度超过9米的零担货物,另加2日;

(4) 整车分卸货物,每增加一个分卸站,另加1日;

(5) 准、米轨间直通运输的货物,另加1日。

对于上述五项特殊作业时间应分别计算,当一批货物同时具备几项时,应累加计算。

货物运到逾期是指货物的实际运到天数超过规定的运到期限时,即为运到逾期。货物的实际运输天数是指从起算时间到终止时间的这段时间。

起算时间是从承运人承运货物的次日(指定装车日期的,为指定装车日的次日)起算。终止时间是到站由承运人组织卸车的货物,到卸车完毕时止;由收货人组织卸车的货物,货车调到卸车地点或货车交接地点时止。

三、铁路货物运费计算

铁路货物运费是铁路货物运输企业所提供的各项生产服务消耗的补偿,包括运行费用、车站费用、服务费用和额外占用铁路设备的费用等。铁路货物运费由铁路货物运输企业按照货票和运杂费收据核算。

(一) 铁路货物运输运价体系

计算铁路货物运输费用的依据是《铁路货物运价规则》(以下简称《价规》)及附件,它规定了计算货物运输费用的基本条件,各种货物应用的运价号、运价率,各种杂费的核算办法、费率及运价里程等。

▶ **1. 铁路运输货物运价分类**

(1) 按适用范围分类。

① 普通运价。凡在路网上办理正式营业的铁路运输线上都适用统一运价(优待运价、国际联运运价及地方运价等除外)。现行铁路的整车货物、零担货物、集装箱货物、保温车货物运价都属于普通运价。普通运价是计算运费的基本依据。

② 优待运价。优待运价是对一定机关或企业运输的一切货物或对于不同的托运人运送给一定机关或企业的货物而规定的低于普通运价的一种运价。

③ 国际联运运价。国际联运运价是指经铁路国际联运的货物所规定的运价,凡国际铁路联运货物国内段的运输费用按《价规》的规定办理。

④ 地方运价。地方运价是铁路局经铁道部批准对某些管内支线或地方铁路所规定的运价。

(2) 按货物运输种类分类。

① 整车货物运价。整车运价是《价规》中规定的按整车运送的货物的运价,由按货种

别每吨的发到基价和每吨·千米或每轴·千米的运行基价组成。

② 零担货物运价。零担货物运价是铁路对按零担运送的货物所规定的运价，由按货种别每 10 千克的发到基价和每 10 千克·千米的运行基价组成。

③ 集装箱货物运价。集装箱货物运价是铁路对按集装箱运送的货物所规定的运价，由每箱的发到基价和每箱·千米的运行基价组成。

▶ **2. 铁路货物运价核收依据**

铁路货物运输费用根据《价规》核收。《价规》是计算铁路货物运输费用的依据，承运人和托运人、收货人必须遵守《价规》的规定。

铁路营业线的货物运输，除军事运输、水陆联运、国际铁路联运、过境运输及其他另有规定者外，均按《价规》计算货物的运输费用。《价规》以外的货物运输费用，按铁道部的有关规定计算核收。

(二) 铁路货运运费的计算程序和方法

托运人应在发站承运货物当日支付费用。当托运人或收货人迟交运输费用时，应收取运费迟交金。铁路货物运输运费的计算程序如图 3-2 所示。

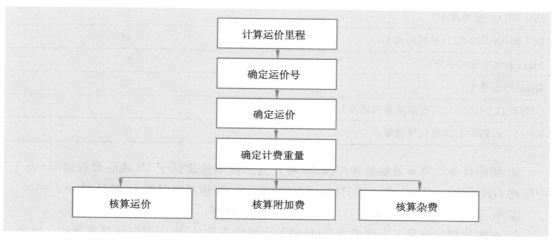

图 3-2 铁路运费核算流程图

▶ **1. 计算运价里程**

根据运单上填写的发站栏和到站栏，按《铁路货物运价里程表》计算出发站至到站的运价里程。计算货物运费的起码里程为 100 千米。

▶ **2. 确定货物运价等级和运价率**

根据运单上填写的货物名称查找《铁路货物运输品分类与代码表》，确定适用的运价号。整车零担货按照货物适用的运价号、集装箱货物根据箱型、冷藏车货物根据车种分别在《铁路货物运价率表》中查到适用的发到基价和运行基价。

▶ **3. 确定计费重量**

计费重量是根据运输种别、货物名称、货物重量与体积确定的。

（1）整车货物运输计费重量的确定。

整车货物除下列情况外，均按货车标记载重量计算运费。以吨为单位，吨以下四舍五入。货物重量超过标记载重量时，按货物重量计费。

① 使用矿石车、平车、砂行车，经铁路局批准装运《铁路货物运输品名分类与代码表》中 01、0310、04、06、081 和 14 类货物按 40 吨计费，超过时按货物重量计费。

② 表 3-1 所列货车装运货物时，计费重量按表中规定计算；货物重量超过规定计费重量的，按货物重量计费；加冰冷藏车不加冰运输时，按冷藏车标重计费。冷藏车的计费重量见表 3-1。

表 3-1 冷藏车的计费重量表

车 种 车 型	计费重量/吨
B6 B6N B6A B7（加冰冷藏车）	38
BSY（冷板冷藏车）	40
B18（机械冷藏车）	32
B19（机械冷藏车）	38
B20 B21（机械冷藏车）	42
B10 B10A B22 B23（机械冷藏车）	48
SQ1（小汽车专用平车）	85
QD3（凹底平车）	70
GH95/22、GY95/22（石油液化气罐车）	65
GH40、GY40（石油液化气罐车）	65

③ 使用自备冷藏车装运货物时按 60 吨计费。使用标重低于 50 吨的自备罐车（表 3-1 中所列 GH95/22、GY95/22、GH40、GY40 型除外）装运货物时按 50 吨计费。

④ 标重不足 30 吨的家畜车，计费重量按 30 吨计算。

⑤ 车辆长超过计划 1.5 倍的货车（D 型长大货物车除外）而未明定计费重量的，按超过部分以每米（不足 1 米的部分不计）折合 5 吨与 60 吨相加之和计费。

（2）零担货物运输计费重量的计算。

按一批办理的零担货物，起码计费重量为 100 千克。零担货物的计费单位是 10 千克，不足 10 千克进为 10 千克。每项运费的尾数不足 1 角时，按四舍五入处理；每项杂费不满 1 个计算单位，均按 1 个计算单位计算。

▶ 4. 计算运价

货物适用的发到基价，加上运行基价与货物的运价里程相乘之积，算出运价，再与确定的计费重量（集装箱为箱数）相乘，得出运费。

整车货物每吨运价＝发到基价＋运行基价×运价千米

零担货物每 10 千克运价＝发到基价＋运行基价×运价千米

集装箱货物每箱运价＝发到基价＋运行基价×运价千米

▶ **5. 计算附加费用**

根据要求分别计算货物的电气化附加费、新路新价均摊运费、铁路建设基金三项费用，再与运费相加即为货物的运输费用。

（1）电气化附加费的计算。货物运输通过电气化铁路区段的要增加电气化附加费。电气化附加费费率如表3-2所示。计算公式为

电气化附加费＝费率×计费重量(箱数或轴数)×电气化里程

表3-2 电气化附加费费率表

种类	项目		计费单位	费率
整车货物			元/吨·千米	0.01
零担货物			元/10千克·千米	0.000 1
自轮运转货物			元/轴·千米	0.03
集装箱		1吨箱	元/箱·千米	0.006
		5/6吨箱	元/箱·千米	0.05
		10吨箱	元/箱·千米	0.084
		20英尺箱	元/箱·千米	0.16
		40英尺箱	元/箱·千米	0.34
	空自备箱	1吨箱	元/箱·千米	0.003
		5/6吨箱	元/箱·千米	0.025
		10吨箱	元/箱·千米	0.042
		20英尺箱	元/箱·千米	0.08
		40英尺箱	元/箱·千米	0.17

（2）新路新价均摊运费的计算。

货物运输通过铁路新路区段的要增加新路新价均摊运费。计算公式为

新路新价均摊运费＝均摊运价率×计费重量(箱数或轴数)×运价里程

新路新价均摊运费费率如表3-3所示。

表3-3 新路新价均摊运费费率表

种类	项目	计费单位	费率
整车货物		元/吨·千米	0.011
零担货物		元/10千克·千米	0.000 011

（3）铁路建设基金的计算。

计算公式为

铁路建设基金＝费率×计费重量(箱数或轴数)×运价里程

铁路建设基金的费率如表 3-4 所示。

表 3-4 铁路建设基金费率表

项目 种类	计费单位	农　药	磷矿石、棉花	其他货物
整车货物	元/吨·千米	0.019	0.028	0.033
零担货物	元/10 千克·千米	0.000 19	0.000 33	

▶ 6. 杂费的计算

铁路货运杂费是铁路运输的货物自承运到交付的全过程中，铁路运输企业向托运人、收货人提供的辅助作业、劳务，以及托运人或收货人额外占用铁路设备、使用用具、备品所发生的费用。铁路货运杂费分为货运营运杂费，延期使用运输设备、违约及委托服务杂费和租金，占用运输设备杂费三大类。

铁路货物装卸搬运作业收费项目分整车、零担、集装箱、杂项作业四种。各地区、各车站按实际发生的项目和铁道部规定的费率标准核收，铁路货运营运杂费费率见相关规定。

第 三 节　铁路货物运输设施与设备

一、铁路运输线路与场站

▶ 1. 铁路线路

铁路线路是由路基、桥隧建筑物与轨道组成的。

(1) 路基是轨道的基础，它直接承受轨道传递来的压力。

(2) 桥隧建筑物是指桥梁、隧道建筑物。桥梁是铁路跨越江河、干谷、道路与铁路的架空建筑物。隧道是修建在地层内的建筑物。一般在山区修建铁路时，为避免开深路堑或修过长的迂回线，所以要开凿隧道。

(3) 轨道是由钢轨、轨枕、联结零件、道床、道岔及防爬设备等组成的整体工程结构。它引导机车车辆的运行方向，并将列车的巨大压力通过车轮首先作用在钢轨顶面，再依次传到轨枕、道床和路基或桥梁建筑物，使单位面积受力逐渐减小，直到能适应路基或桥梁建筑物的承载力。

铁路线路按轨距(两股钢轨头部顶面下 16 毫米范围内两作用边之间最小的距离)不同可分为准轨铁路(轨距 1 435 毫米)、宽轨铁路(轨距大于准轨的铁路)、窄轨铁路(轨距小于准轨的铁路)。轨距 1 000 毫米的窄轨铁路又称米轨铁路。

▶ 2. 铁路信号设备

铁路信号设备是信号、联锁设备（主要用于保证行车、调车安全的设备）与闭塞设备（用于保证区间行车安全和提高通过能力的设备）的总称。

信号设备是向有关人员指示行车和调车工作命令的设备。铁路信号按信号形式分为视觉信号和听觉信号两大类。我国规定用红色、黄色与绿色作为信号的基本颜色，红色表示停车；黄色表示注意或减速运行；绿色表示按规定速度运行。听觉信号是指号角、口笛、响墩发出的音响和机车、轨道车的鸣笛声。按设备形式分为固定信号、移动信号与手信号三大类。在固定地点安装的信号设备叫固定信号，固定信号是铁路信号的主要信号；临时设置的信号牌、信号灯等叫移动信号；用手拿信号灯、信号旗或用手势显示的信号叫手信号。信号标志表示线路所在地点或状态，使司机和作业人员能够及时、正确地作业。

▶ 3. 铁路车站

铁路车站是铁路系统的基层生产单位，是办理客、货运输的场所。在车站上，除了办理旅客与货物运输的各项作业外，还要办理与列车运行有关的各项作业，如列车的接发、会让与越行、车站列车解体与编组、机车的换挂与车辆的检修等，以提高铁路运输效率和运输能力。

（1）铁路车站按业务性质不同分为客运站、货运站与客货站。客运站是专门办理旅客运输业务的车站，主要任务就是保证安全、正点地接发旅客列车，迅速、有序地组织旅客上下车及行包邮件的装卸与搬运，便利旅客办理旅行手续和候车，保证铁路与城市交通有良好的衔接，使旅客能够迅速集散。货运站是主要办理货物的承运、交付、装卸作业、货物联运或换装作业的车站，有的货运站还办理货物换装、车辆的洗刷除污、上水、加冰等作业。

（2）铁路车站按技术作业的不同分为技术站与中间站。①技术站又可分为编组站与区段站。技术站主要办理货物列车的解体、编组、更换机车等作业。货物运输途中，托运人或收货人办理货物变更到站，多在技术站进行。编组站是铁路网上办理货物列车解体与编组作业，并为此设有比较完善的调车设备的车站，主要任务是根据列车编组计划的要求，大量办理各种货物列车的解体和编组作业，并且按照运行图规定的时刻正点发车。②中间站主要办理列车的接发、会让与越行作业。中间站多数都办理货运作业。

▶ 4. 调车设备

铁路上的调车设备，有平回牵出线、特殊断面牵出线、调车驼峰等。调车驼峰又可分成非机械化驼峰、机械化驼峰与自动化驼峰。平面牵出线与特殊断面牵出线均属于平面调车范畴，它的缺点是调车效率不高、改编能力较低、安全性较差、劳动强度较大、车辆溜放是以机车动力为主的。而驼峰调车则以利用车辆重力为主，以机车推力为辅。

二、铁路运输工具

铁路运输工具主要由铁路机车和车辆构成。

（一）铁路机车

铁路机车即火车头，是牵引铁路列车的动力。根据动力源的不同，机车可以分为蒸汽机车、内燃机车和电力机车，如图3-3所示。

（a）蒸汽机车　　　　　　　（b）内燃机车　　　　　　　（c）电力机车

图3-3　铁路机车类型

▶ 1. 蒸汽机车

蒸汽机车是早期的铁路机车类型，主要由锅炉、汽机、走行部、车架、煤水车、车钩缓冲装置及制动装置等部分组成。

蒸汽机车的构造比较简单，制造和维修比较容易，成本比较低，因此最早被世界各国铁路采用。但是，蒸汽机车牵引力不够大，热效率太低，总效率一般只有5%～9%；煤水消耗量很大，需要大量的装煤、给水设备，而且会污染环境。因此，在现代铁路运输中，蒸汽机车已逐渐被其他新型机车所取代。

▶ 2. 内燃机车

内燃机车以柴油作为燃料，以内燃机运转发电机产生的电流作为动力来源，再由电流牵引马达带动车轮转动。

内燃机车一般以柴油为燃料，热效率高，可达30%左右，内燃机车的热效率是各类机车中效率较高的一种。内燃机车机动灵活，机车的整备时间短，持续工作的时间长，上足一次油后能运行较长距离，适用于长途路，用水量少，初期投资比电力机车少。

▶ 3. 电力机车

电力机车本身不带原动机，靠接受接触网送来的电流作为能源，由牵引电动机驱动机车的车轮。电力机车具有功率大、热效率高、速度快、过载能力强和运行可靠等主要优点，而且不污染环境，特别适用于运输繁忙的铁路干线和隧道多、坡度大的山区铁路。

电力机车由于速度快、爬坡能力强、牵引力大、不污染空气，因此发展很快。地下铁路也随着电车的出现而得以发展。

（二）铁路车辆

铁路上用于装运货物的车辆称为铁路货车。一般铁路货车按用途可分为通用货车、专用货车及特种货车三类。通用货车装运的货物种类多不固定，一般有敞车、棚车、平车等。专用货车一般只装运一种或几种货物，如罐车、冷藏车、集装箱车、矿石车、长大货物车、毒品车、家畜车、水泥车、粮食车等。特种货车是装运特殊货物的车型，使用不多。铁路货车的车种、用途及特点如表 3-5 所示。

表 3-5　铁路货车的车种、用途及特点

货车分类	车种名称	车种编码	用　途　及　特　点
通用	敞车	C	车体无顶棚，有固定的车墙，墙高一般在 0.8 米以上。可装运不怕日晒雨淋的货物；如装货后加盖篷布，也可装运怕日晒雨淋的货物
货车	棚车	P	车体有顶棚、车墙及门窗，可装运贵重及怕日晒雨淋的货物。有的车内设有安装火炉、烟囱等设备的装置，必要时可以运送人员或马匹
货车	平车	N	车体为一平板或设有可翻下的活动低侧、端墙板。可装运大型钢梁、混凝土梁、大型机械以及带轮自行货物，或装运矿石、砂石等块、粒状货物
专用货车	罐车	G	车体呈罐形的车辆，用来装运汽油、原油、粘油、植物油、液氨、酒精、水、酸碱类等液体，以及水泥、氧化铅粉等粉末状货物
专用货车	冷藏车	B	车体装有隔热材料，车内设有冷却、加温等装置，具有制冷、保温和加温三种性能，用来装运鱼、肉、鲜果、蔬菜等易腐货物
专用货车	集装箱车	X	供运送 TBJ$_{10}$ 10 吨箱以及 GB 1413—85 系列集装箱使用。无车地板和车墙板，车底架上表面设固定式、翻转式锁闭装置和门止挡，以便锁闭集装箱
专用货车	矿石车	K	供运送矿石、煤炭等货物使用。有的车体下部呈漏斗形并设底、侧开门卸货(称为漏斗车)，有的车体能向一侧倾斜，由侧门卸货(称为自翻车)
专用货车	长大货物车	D	供运送长大货物使用。一般载重量为 90 吨以上，长度在 19 米以上，只有底架而无墙板
专用货车	毒品车	W	供运送农药等有毒货物使用，空闲时可装运化肥。车体为黄色，有墙板、车顶，在车顶外部增设遮阳板，在车内地板四角处各设一个排水口，以便车内洗刷时排水
专用货车	家畜车	J	供运送猪羊等家畜及家禽使用。车体内部有一层至三层，有车墙，木条间有空隙可以通风，有的还设有饲料槽
专用货车	水泥车	U	供运送散装水泥使用；车内有密封式罐形车体，车顶有装货口，设气卸式卸货装置，利用空气压力卸货
专用货车	粮食车	L	供运送散装粮食使用。车顶有六个装货口，车体下部倾斜，车底有三个漏斗，每个漏斗底部设一个卸货口，漏斗下部两侧各设一个拉板式卸货口
特种货车	特种车	T	按特种用途设计制造的货车，结构和用途与上述车种不同，如检衡车、救援车、除雪车等

知识链接

中国铁路之最

1. 唐山—胥各庄铁路：中国人自己修筑的，真正成功并保存下来加以实际应用的第一条铁路。

2. 淞沪铁路：中国土地上的第一条铁路，1876 年英商怡和洋行在上海修建，此铁路全长 30 千米。

3. 上海浦东高速磁浮铁路：中国第一条高速磁浮铁路。全长 30 千米，平均运行速度达到每秒 60～70 米。

4. 成渝铁路：新中国自行设计施工的第一条铁路，完全采用国产材料修建的第一条铁路。

5. 粤海铁路：中国第一条跨海铁路，2003 年 1 月 7 日正式开通。总投资 45 亿元，由"两线一渡"工程组成，即广东境内的湛江—海安铁路 139 千米、琼州海峡铁路轮渡 24 千米、海南境内的海口—叉河西环铁路 182 千米。

6. 包兰铁路：穿越茫茫腾格里沙漠的第一条沙漠铁路。经过当地人民防沙治沙，在铁路沿线建起绿色屏障，至今已安全畅通 41 年。这一治沙工程被誉为"世界奇迹"，并荣获联合国"全球 500 佳环境保护奖"。

7. 宝成铁路：四川与全国沟通的第一条铁路，又是中国第一条电气化铁路。北起陕西宝鸡，过洛阳、阳平关入四川，再经广元到达成都，全长 669 千米，四川境内 374 千米。

8. 京九铁路：我国铁路建设史规模最大、投资最多、一次建成里程最长、工期最短的纵贯南北、跨越九省市的铁路大干线。全线正线长 2 397 千米。

9. 成昆铁路：在禁区建成的铁路。成昆铁路所在的路线，曾经是外国专家断言根本不能修建铁路的"禁区"。这条铁路贯穿成都—昆明，全长 1 085 千米，1/3 的路段落在地震地区。沿线山高谷深，地质复杂，气候多变，凿穿大山数百座，修建隧道 427 座，架设桥梁 653 座，桥梁隧道总长 400 多千米，平均每 1.7 千米一座桥梁，每 2.5 千米一座隧道，这项工程之艰巨，为世界铁路建设所罕见。

10. 南疆铁路：一半是"火焰"、一半是"冰山"的铁路。南疆铁路经过最低的陆地之一——吐鲁番盆地，进入天山山区，一处奇热，一处奇冷。铁路全长 476 千米，全线除戈壁荒漠和盐渍地外，一半以上是深山峡谷，曲线占 80%。

11. 南昆铁路：风景最美、最险峻的干线。南昆铁路东起南宁，西至昆明，北接红果，全长 899.7 千米，是连接广西、贵州、云南的国家一级电气化铁路干线。沿途高峡深谷，山水奇秀。这条干线上创造出来很多的世界第一和亚洲第一。其中包括世界铁路第一高桥——清水河大桥、亚洲第一险隧道——家竹菁隧道、亚洲第一墙——石头寨车站拉氏椿板墙、单线最长电气化隧道——米花岭隧道。

12. 青藏铁路：世界海拔最高又让人期待的一条干线。修建在"世界屋脊"的青藏高原的青藏铁路，沿线海拔在 3 000 米左右，最高达 5 000 米，是中国第一条高原铁路，也是目前世界上海拔最高的铁路。该条铁路工程量虽然比不上成昆铁路，但高原的气候、自然条件十分恶劣，地质十分复杂，修建难度非常大。

本章小结

阐述了铁路货物运输的概念、主要特点及主要使用的作业场合。

阐述了铁路货物运输的分类及铁路运输的业务流程。

阐述了铁路货物运输的设施与设备，包括线路、场站、运输工具等。

阐述了铁路货物运输运费的计收。

课堂讨论

在课堂上先由学生分小组进行讨论，然后选出代表集中发言。

讨论如何操作铁路运输的发货与收货。

思考题

1. 简述铁路货运的优缺点。
2. 简述铁路运输主要适用的作业。
3. 简述铁路整车货物运输及分类。
4. 简述铁路货物整车货物运输的流程。
5. 简述铁路货物运输运费计算流程及方法。

拓展案例

中远集团的大陆桥运输业务

在铁路大陆桥运输的利用方面，中远集团作为跨国运输公司，除已充分利用北美大陆桥实现国际集装箱运输的多式联运以外，国内也已通过全国八个最大的口岸站，即天津、大连、广州、上海、青岛、满洲里、二连浩特、深圳等城市接运国际集装箱业务。为了促进新亚欧大陆桥集装箱运输的沟通，已试运过天津港经二连浩特至蒙古，以及从阿拉山口出境的陆桥集装箱运输，收到了一定的效果。

1. 北美大陆桥运输业务

北美大陆桥全长 4 500 多千米，跨越美、加东西部，有数条铁路线从太平洋岸到大西洋岸。美国柏灵顿铁路公司每日从西雅图港开出八列双层列车，能连接美国其他铁路，妥善地回转集装箱，年运量达 30 余万 TEU。铁路公司可以帮助组织回头货源，整个大陆桥运输快捷，跨越美国西东两岸，从西雅图至纽约或孟菲斯运行时间仅 100 小时，从西雅图至芝加哥为 62 小时。北美另一家铁路公司，加拿大太平洋铁路公司(CP Rail System)也经营北美陆桥运输，经营铁路线里程达 11 850 千米，采用双层平板车运输进出口集装箱。服务的线路有温可华港至多仑多、蒙特利尔，温哥华至芝加哥等。列车运行时间分别为 110 小时和 70 小时，年运量达 20 余万 TEU。

中远集团已开辟中国至长滩、奥克兰，中国至西雅图、温哥华，以及中国美东航线，均为每周一班，采用大型集装箱干线班轮，3 500TEU 大型集装箱船已投入营运，世界最大的 5 250TEU 集装箱船在年内也将投入该航线营运，年运量达数十万 TEU。中远集团运输货物大多为运往北美内陆的消费品，并利用北美大桥进行转运，开展"门—门"的国际集装箱多式联运。

2. 新亚欧大陆桥运输业务

新亚欧大陆桥东起连云港，西至荷兰鹿特丹，全长 10 900 千米。大陆桥在中国境内全长约 4 131 千米，贯穿中国十省区、40 多个城市，是横跨亚欧两大洲、连接太平洋和大西洋、实现海—陆—海统一运输的国际大通道。其中，最具有现实意义的是东起日照港、连云港、上海港，南连广州港、深圳港，经陇海线和兰新线横穿我国大陆，由新疆阿拉山口进入中亚地区，最终与黑海、地中海及大西洋东岸的各港相衔接的新亚欧大陆桥。该大陆桥运输线的贯通，将进一步缩短亚欧之间的运输距离，运费将更低，时间将更短，以快速、安全的运输方式来满足各国对过境集装箱运输的需要。特别是在俄罗斯西伯利亚铁路能力不足和东部港口冰冻期间，将对世界各国集装箱运输起到可靠的保证作用。因此，新亚欧大陆桥的沟通，对国际贸易和我国外贸事业的发展具有重大的意义。为进一步扩大我国与东亚、中亚、西亚和欧洲的经济技术合作与交流，加快我国东、中、西部的经济发展，进一步寻求和开辟亚洲与欧洲之间的新大陆桥已成为当今世界各国交通运输业和客商所共同注目的重大问题之一。中远集团为了推进新亚欧大陆桥的进程，在连云港成立了中远连云港远洋公司，并积极组织新亚欧大陆桥过境国际集装箱货物运输，累计运输近 10 万标箱。

通过学习，了解水路货物运输的概念、特点，水路货物运输(包括内河运输、沿河运输和远洋运输)的运作业务流程、组织与管理，以及水路运输的设施与设备。

1. 了解水路货物运输特点和作用。
2. 了解远洋货物运输的业务内容和组织形式。
3. 了解各种水路货物运输的设施与设备。

1. 重点掌握远洋货物运输业务、班轮货物运输业务、租船货物运输业务、江河货物运输流程。
2. 能够填写各类水路货物运输单据。

导入案例

马士基航运在中国

总部位于丹麦哥本哈根的 A. P. 穆勒-马士基集团为世界最大的航运巨头，是占中国市场份额最大的外资巨头和中国港口的主力投资者之一。

2007 年，马士基在天津港先后开通了一条南美航线和一条欧洲航线。马士基开通的这条南美航线是天津港至南美洲的首条航线，航线沿途主要挂靠日本的横滨，中国的青岛、宁波、上海，韩国的光泽，巴拿马巴尔博亚、巴拿马城，多米尼加的曼萨尼约，牙买加的金斯敦等国内外著名港口。马士基新开通的欧洲航线沿途主要挂靠西班牙的马拉加和阿尔格萨拉斯港口、苏伊士运河和中国的厦门、天津、大连、青岛、上海、香港等港口。2008年年初，马士基又率先推出针对小宗业务的网上在线航运服务，该公司的小型发货商与货运代理商可以在线享受17条由中国香港、鹿特丹和安特卫普三个港口出发的贸易航线上快捷和透明的航运服务。

第 一 节　水路货物运输概述

水路货物运输是指利用船舶等运输工具，在沿海、江河、湖泊、海洋等水道载运货物的一种运输方式。

一、水路货物运输对国民经济的影响

（1）水路货物运输是利用天然水道进行运输的一种方式。天然的江、河、湖、海不占用土地和森林等宝贵资源，具有节省能源的优点，符合环保和可持续发展的趋势。水路四通八达，通航能力大，开发水道的投资远低于铁路和公路。

（2）我国的城市常分布于沿海、沿江、环湖一带，这为水路货物运输提供了货源保证。水路货物运输可以满足工业、城市和人口对大量物资的需要。

（3）随着世界工业中心从大西洋向太平洋的转移，海运逐渐成为国际贸易的重要通道。我国加入WTO以后，国际贸易增幅很快，而国际贸易主要依赖于国际海运和远洋运输，海运占我国国际贸易运输量90%以上。

（4）随着科技的发展，水路货物运输越来越能满足安全和便利的要求。由于受自然、航道条件及造船水平和航行技术等因素影响，以往水路运输中的安全性往往没有保障。但现在随着船舶设备和技术水平的提高，卫星定位、雷达等设备的使用，航道设施现代化程度的提高，水路货物运输的安全性有了可靠的保证。

二、水路货物运输的基本条件及现状

我国水路货物运输可以分为内河货物运输、沿海货物运输和远洋货物运输三类。

（1）内河主要指"四江两河"水系，即长江、珠江、黑龙江、闽江、京杭大运河、淮河水运，截至2015年年底，我国内河航道的通航总里程已经达到12.7万千米，位居世界内河第一，其中，长江水系6.48万千米；珠江水系1.65万千米；淮河水系1.75万千米；珠江水系1.65万千米；黑龙江水系0.82万千米；闽江水系0.2万千米；京杭大运河水系0.14千米。港口拥有生产用码头泊位31 260多个（其中，万吨级泊位2 221个，沿海1 807个，内河414个），拥有水上运输船舶16.6万艘（其中，内河15.3万艘，沿海1.1万艘，远洋0.3万艘）。

（2）沿海航运分别以广州、上海和大连为中心，形成南、北方航区，连通和辐射沿海主要港口。

（3）远洋货物运输以沿海港口为起点，分为东、西、南、北四个方向，东行可达北美、南美和拉丁美洲诸国，西行可至西亚和地中海，南行可通东南亚、澳洲各国，北行可到日本、朝鲜和俄罗斯东部港口，构成了四通八达的独特水路运输网络。

随着市场经济的完善和交通运输的进一步发展，我国水路货物运输的通航里程、港口码头泊位、运输装备总量大幅增加，运输能力显著增强，客货运量和港口吞吐量实现了历史最高水平。中投顾问发布的《2016—2020 年中国港口码头行业投资分析及前景预测报告》显示：2015 年，全球 10 大集装箱港口排序依次为上海港、新加坡港、深圳港、宁波舟山港、香港港、釜山港、青岛港、广州港、迪拜港、天津港，其中，中国大陆港口达到 6个，上海港继续保持世界第一集装箱港口地位。上海港、宁波港、广州港、天津港、青岛港、秦皇岛港、大连港和深圳港年货物吞吐量均超亿吨，已发展成为综合性大型枢纽港，为当地和全国的经济建设发挥着越来越重要的作用。

三、水路货物运输的特点

▶ 1. 水路货物运输的优点

（1）运量大。船舶货舱比例比其他运输工具都大，因此，可以作为货物运输的舱位及载重量均比陆上运输或空运庞大。世界上最大的石油船装载量达 55 万吨；巨型客轮已达 8万吨；集装箱船已达 7 万吨，每次可装载集装箱 4 000TEU。内河运输中，美国最大顶推船队运载能力超过 5 万～6 万吨。

（2）运费低。虽然水运的站场费用高，但由于船舶的载运能力大，运输距离比较远，路途费用低，所以总体来说运输成本低。

（3）通过能力强。航道四通八达，通过能力一般不受自然条件限制，尤其是海上航道的通过能力几乎不受限制。

（4）占地少，投资小。水路运输利用天然航道，投资较少，节省土地资源。

（5）劳动生产率高。船舶的载运能力大，所需要的劳动力与载运量并不成比例增加，所以劳动生产率相对较高。

（6）利于开展国际贸易。海洋运输是实现国际进出口贸易的主要运输方式。

▶ 2. 水路货物运输的缺点

（1）速度慢。轮船在水中行驶，阻力较大，提高速度比较困难。

（2）受自然因素影响大。内河运输受自然条件的限制很大，如航道水深、航道走向、通航质量、季节性缺水，冬季冰冻等问题均会限制内河运输。海洋运输也受到港湾的水深、风浪等气候和水文条件的限制。

（3）直达性较差。如果托运人或收货人不在航道上，就要依靠公路或铁路运输进行转运。

（4）其他。大型船舶投资巨大且回收期长，面临国际化经营的激烈竞争，海运市场受经济的影响较大等。

四、水路货物运输的分类

按照不同的标准，水路货物运输可以有多种分类方法，如表 4-1 所示。

表 4-1　水路货物运输的分类

分 类 标 准	运输方式	含 义
按照贸易种类分类	外贸运输	本国同其他国家和地区间的贸易运输
	内贸运输	本国内部各地区间的贸易运输
按照航行区域分类	远洋运输	国际间的运输，主要是外贸运输，又分远洋运输和近洋运输
	沿海运输	几个邻近海区间或本海区内的运输，主要是内贸运输
	内河运输	一条河流（包括运河）上或通过几条河流的运输，一般为国内运输
	湖泊运输	一个湖区内的运输，一般为国内运输
按照运输工具分类	船舶运输	选配适合具体营运条件的船舶，在规定航线上定期停靠固定港口的运输
	排筏运输	
	班轮运输	
按照船舶营运组织方式分类	租船运输	按照运输任务或租船合同所组织的运输，没有固定航线
	专用船运输	企业自置或租赁船舶从事本企业自有物资的运输

我国水运布局十分理想，南北方向由四大沿海组成南北海上航线，东西方向由长江、珠江、黑龙江、淮河、钱塘江、闽江等几大水系组成内河运输体系，有多处天然良港。运输部门主要按形态和性质对货物进行分类。

（1）按货物形态分类，水运货物可分为件杂货和散装货。件杂货物包括包装货物、裸装货物、成组成捆货物和集装箱货物；散装货物包括干质散装货和液体散装货。

（2）按货物的性质分类，可分为普通货物和特殊货物。普通货物包括清洁货物（清洁干燥的货物）、液体货物、粗劣货物（具有油污、水湿、扬尘和散发异味等特性的货物）；特殊货物包括危险货物、易腐性冷藏货物、贵重货物、活的动植物、长大笨重货物和邮件货物。

第二节　内河（沿海）货物运输实务

一、内河（沿海）货物运输概述

（一）内河货物运输的含义

内河货物运输指利用船舶和江河、湖泊等通航水域进行国内货物运输的方式，又称内河运输，是水路运输的重要组成部分，载运量大、投资少、能耗少、成本较低。一般办理整船、整舱的租船业务。

我国内河通航里程已达 12.7 万千米，居世界第一。其中，长江的年航运输量占全国内河运输量的 80% 以上。我国有长江、珠江、淮河、黑龙江及闽江五大主要水系，还有可贯通海河、淮河、长江、钱塘江等水系的南北向大运河。西南边境的澜沧江—湄公河水系是连接我国和柬埔寨、老挝、缅甸、泰国、越南的自然纽带。

（二）沿海货物运输的含义

沿海货物运输主要指在国内各个沿海港口之间进行货运业务的船舶运输。

我国沿海货物运输的船舶约 20 万艘，港口泊位 4 万个，通航里程达 13 万千米。全国沿海运输布局在区域分布上将形成环渤海、长江三角洲、东南沿海、珠江三角洲、西南沿海五个规模化、集约化、现代化的沿海运输港口群体。港口群内起重要作用的综合性、大型港口的主体地位将更加突出，增强为腹地经济服务的能力。港口群内部和港口群之间分工合理，优势互补，相互协作，竞争有序。

（1）环渤海地区沿海运输群体主要包括大连、秦皇岛、天津、烟台、威海等港口。

（2）长江三角洲地区沿海运输群体主要包括连云港、青岛、上海、宁波等港口。

（3）东南沿海地区沿海运输群体主要包括厦门、福州等港口。

（4）珠江三角洲地区沿海运输群体主要包括广州、深圳等港口。

（5）西南沿海地区沿海运输群体主要包括湛江、防城、北部湾等港口。

（三）内河（沿海）货运分类

按照不同的分类标准，江河货运有不同的分类。

（1）按货物运输合同承租期限，分为航次租船运输、定期租船运输和包运租船运输。

（2）按运输货物的性质和特点，分为普通大宗货物运输（如煤、砂、矿石等）和特种货物运输（如活植物、活动物、危险品货物、笨重、长大货物、易腐货物等）。

（3）按货物的包装状况，分为散装货物（无包装）、件杂货、集装箱和单元滚装运输等。

（4）按货物运输组织形式，分为直达运输、中转运输和多式联运等。

二、内河（沿海）货物运输的操作

（一）内河（沿海）货物的托运

江河货物的托运主要有三项工作，即填写货物运单、提交货物和支付费用。

▶ 1. 填写货物运单

水路货物运单一般为六联。第一联为起运港存查；第二联为解缴联，起运港航运公司留存；第三联为货运收据联，起运港交托运人留存；第四联为船舶存查联，承运船舶留存；第五联为收货人存查联；第六联为货物运单联，是提货凭证，收货人交款、提货、签收后交到达港留存。

运单应当按照下列要求填制：

（1）一份运单，填写一个托运人、收货人、起运港、到达港。

（2）货物名称填写具体品名，名称过繁的，可以填写概括名称。

（3）规定按重量和体积计费的货物，应当填写货物的重量和体积（长、宽、高）。

（4）填写的各项内容应当准确、完整、清晰。

（5）危险货物应填制专门的危险货物运单（红色运单）。

▶ 2. 提交货物

填制运单后即应向承运人提交货物，托运人应按下述规则和要求办理。

（1）托运人应当按双方约定的时间、地点将托运货物运抵指定港口暂存或直接装船，及时办理港口、海关、检验、检疫、公安和其他货物运输所需的各项手续，并将已办理各项手续的单证送交承运人。

（2）托运人托运货物的名称、件数、重量、体积、包装方式、识别标志等应当与运输合同的约定相符。

（3）需要具备运输包装的货物，应根据货物的性质、运输距离及中转等条件做好货物的包装。托运人应当保证货物的包装符合国家规定的包装标准；没有包装标准的，货物的包装应当保证运输安全和货物质量。

（4）需要随附备用包装的货物，托运人应当提供足够数量的备用包装，交承运人随货免费运输。

（5）托运危险货物，托运人应当按照有关危险货物运输的规定，妥善包装，制作危险品标志和标签，并将货物正式名称和危险性质，以及必要时应当采取的预防措施书面通知承运人。

（6）托运人应当在货物的外包装或者表面正确制作识别标志和储运指示标志。识别标志的内容包括发货符号、货物名称、起运港、中转港、到达港、收货人、货物总件数。

（7）除另有约定外，运输过程中需要饲养、照料的活动物、有生植物，以及尖端保密物品、稀有珍贵物品和文物、有价证券、货币等，托运人应当向承运人申报并随船押运。

（8）托运人托运易腐货物和活动物、有生植物时，应当与承运人约定运到期限和运输要求；使用冷藏船（舱）装运易腐货物的，应当在订立运输合同时确定冷藏温度。

（9）托运笨重、长大货物，应当在运单内载明总件数、重量和体积（长、宽、高），并随附清单标明每件货物的重量、长度和体积（长、宽、高）。单件货物重量或者长度超过标准的（沿海：重量 5 吨，长度 12 米；长江、黑龙江干线：重量 3 吨，长度 10 米），应当按照笨重、长大货物托运，在运单内载明总件数、重量和体积。

（10）散装液体货物只限于整船、整舱运输，由托运人在装船前验舱认可后才能托运装载。对整船散装的货物，如果托运人在确定重量时有困难，则须要求承运人提供船舶水尺计量数作为确定重量的依据。

▶ 3. 支付费用

托运人按照约定向承运人支付运费。如果约定装运港船上交货，运费由收货人支付，则应当在运输单证中载明，并在货物交付时向收货人收取。如果收货人约定指定目的地交货，托运人应缴纳货物运输保险费、装运港口作业费等费用。

(二)内河(沿海)货物的到达与接收

▶ **1. 货物的到达**

运送货物的准备和执行过程中，承运人应当做到以下几点。

(1)承运人应当按照运输合同约定的时间、地点、方式和数量接收货物，应使船舶处于适航状态，妥善配备船员、装备船舶和配备供应品，并使干货舱、冷藏舱、冷气舱和其他载货处所能安全收受、载运和保管货物。

(2)承运人应当妥善地装载、搬移、积载、运输、保管和卸载所运货物。

(3)承运人应当按照约定的航线将货物运送到约定的到达港。

(4)承运人应当在约定期间，或者在没有这种约定时在合理期间内将货物安全运送到约定地点。

(5)承运人应当保证航行中，运输的活动物和有生植物能得到需要的淡水。

▶ **2. 货物的接收**

(1)承运人应做的工作。承运人交付货物的过程也就是收货人接收提取货物的过程，这时承运人应做到以下几点。

① 承运人将货物运抵到达港后，应当在24小时内向收货人发出到货通知。到货通知的时间，若是信函通知的，应以发出邮戳为准；若是电传、电报、传真通知的，应以发出时间为准；采用数据电文形式通知的，收件人指定特定系统接收数据电文的，以该数据电文进入该特定系统的时间为通知时间；未指定特定系统的，则以该数据电文进入收件人的任何系统的首次时间为通知时间。承运人发出到货通知后，应当每10天催提一次，满30天收货人不提取或者找不到收货人，承运人应当通知托运人，托运人在承运人发出通知后30天内负责处理该批货物。托运人未在规定期限内处理货物的，承运人可以将该批货物作为无法交付货物处理。

② 根据运输合同的约定应当由收货人委托港口作业的，货物运抵到达港后由港口作业；收货人没有委托时，承运人可以委托港口经营人进行作业，由此产生的费用和风险由收货人承担。

③ 应当向承运人支付的运费、保管费、滞期费、共同海损的分摊和承运人为货物垫付的必要费用，以及应当向承运人支付的其他运输费用没有付清，又没有提供适当担保的，承运人可以留置相应的运输货物，但另有约定的除外。

④ 承运人对收集的地脚货，应当做到物归原主；不能确定货主的，应当按照无法交付货物处理。

⑤ 承运人交付货物时，应当核对证明收货人单位或者身份，以及经办人身份的有关证件。

(2)收货人应做的工作。收货人接到到货通知后办理提货手续，主要有三项工作，即提交取货单证、检查验收货物和支付费用。

① 提交取货单证。收货人接到到货通知后，应当及时提货，不得因对货物进行检验

而滞留船舶。接到到货通知后满 60 天，收货人不提取或托运人也未来人处理货物时，承运人可将该批货物作为无法交付货物处理。

· 收货人应向承运人提交证明收货人单位或者经办人身份的有关证件及由托运人转寄的运单提货联或有效提货凭证，供承运人审核。

· 如果货物先到，提货单未到或单证丢失的，收货人还需提供银行的保函。

② 检查验收货物。收货人在到达港提取货物前或者承运人在到达港交付货物前，可以要求检验机构对货物状况进行检验；要求检验的一方应当支付检验费用，但是有权向造成货物损失的责任方追偿。收货人提取货物时，应当按照运输单证核对货物是否相符，检查包装是否受损、货物有无灭失等情况。

· 发现货物损坏、灭失时，交接双方应当编制货运记录，确认不是承运人责任的，应编制普通记录。

· 发生的运输事故按《国内水路货物运输规则》的规定分清责任，各方根据责任承担相应的后果。

· 收货人在提取货物时没有提出货物的数量和质量异议时，视为承运人已经按照运单的记载交付货物，除非收货人提出相反的证明。

③ 支付费用。按照约定，在提货时要支付运费，并须付清滞期费、包装整修费、加固费用及其他中途垫款等。因货物损坏、灭失或者迟延交付所造成的损害，收货人有权向承运人索赔，承运人可依据有关法规、规定进行抗辩。托运人或者收货人不支付运费、保管费及其他费用时，承运人对相应的运输货物享有留置权，但另有约定的除外。

查验货物无误并交清所有费用后，收货人在运单提货联上签收，取走货物。

第三节 远洋货物运输实务

一、远洋货物运输的方式

远洋货物运输是指利用海路及远洋船舶将进出口货物运送至目的港的一种运输方式，主要针对对外出口和国内进口货物的运输，在运输设备、运输要求和运输组织等方面与内河（沿海）货运有较大的区别。最重要的远洋货物运输营运方式是班轮运输和租船运输。

（一）班轮运输业务

▶ 1. 班轮货物运输程序

班轮运输程序是指远洋班轮运输从组货到运货，直至交货的一系列有顺序的基本工作环节，包括揽货与订舱、接受托运申请、接货、换取提单、装船、海上运输、卸船、交付货物八个部分。

（1）揽货与订舱。揽货就是揽集货载，即从货主那里争取货源的行为。船公司为使自己所经营的班轮运输船舶能在载重和舱容上得到充分利用，以期获得最好的经济效益，通常都会采取一些措施来招揽顾客。揽货工作的好坏直接影响班轮船公司的经营效益。订舱是指货物托运人或货物代理人向承运人（即船公司或船公司的代理）申请货物运输，承运人对这种申请给予承诺的行为。承运人与托运人之间以口头或传真的形式进行预约，不需要签订运输合同。只要承运人对这种预约给予承诺并做出舱位安排，即表明承托双方已建立了有关货物运输的关系。

（2）接受托运申请。货主或货主的代理人向船公司提出订舱申请后，船公司首先考虑公司的航线、港口、船舶、运输条件等能否满足发货人的要求，然后再决定是否接受托运申请。

（3）接货。为提高装船效率，加速船舶周转，减少货损，在杂货班轮运输中，对于普通货物的交接装船，通常采用由船公司在各装货港指定装船代理人，由装船代理人在各装货港的指定地点（通常是码头仓库）接受托运人送来的货物。办理交接手续后，装船代理人将货物集中整理，并按货物的性质、包装、目的港及卸货次序进行适当的分类后进行装船，即"仓库收货，集中装船"。对于特殊货物如危险品、冷冻货、贵重货及重大件货等，通常采取由托运人将货物直接送至船边交接装船的方式，即采取现装或直接装船的方式。

仓库在收到托运人的货物后，应注意认真检查货物的包装和质量，核对货物的数量，无误后即可签署场站收据给托运人。至此，承运人与托运人之间的货物交接即已结束。

（4）换取提单。托运人可凭经过签署的场站收据，向船公司或船公司的代理人换取提单，然后去银行结汇。

（5）装船。船舶到港前，船公司和码头计划室对本航次需要装运的货物制作装船计划，待船舶到港后将货物从仓库运至船边，按照装船计划装船。如果船舶靠在浮筒或锚地作业，船公司或船公司的代理人则用驳船将货物从仓库驳运至船边再装船。

（6）海上运输。海上承运人对装船的货物负有安全运输、保管的责任，并依据货物运输提单条款划分与托运人之间的责任、权利和义务。

（7）卸船。船公司在卸货港的代理人根据船舶发来的到港电报，一方面编制有关单证，约定装卸公司，等待船舶进港后卸货；另一方面还要把船舶预定到港的时间通知收货人，以便收货人做好接收货物的准备工作。

与装船时一样，如果各个收货人都同时到船边接收货物，同样会使卸货现场十分混乱，所以卸货一般也采用"集中卸货，仓库交付"的方式。

（8）交付货物。在实际业务中，交付货物的过程是，收货人将已签章的提单交给船公司在卸货港的代理人，代理人审核无误后，签发提货单交给收货人，收货人凭提货单前往码头仓库提取货物，并与卸货代理人办理交接手续。

▶ 2. 班轮货物运输的主要单证

（1）装货港使用的单证。

① 托运单（B/N）。托运单是承运人或承运人的代理人在接受发货人或货物托运人的订舱时，根据发货人的口头或书面申请货物托运的情况，据以安排货物运输而制定的单证。托运单一经承运人确认，便作为承托双方订舱的凭证。

② 装货单（M/R）。装货单是由托运人按照订舱单的内容填制，交船公司或船公司的代理人签章后，据以要求船公司将承运货物装船的凭证。

装货单是国际航运中通用的单证，一般由三联组成，第一联为留底联，用于缮制其他货运单证；第二联是装货单；第三联是收货单，是船方接受货物装船后签发给托运人的收据。

③ 装货清单（L/L）。装货清单是本航次船舶待装货物的汇总，由船公司或船公司的代理人根据装货单的留底联制作，制作要求是将待装货物按目的港和货物性质归类，按照挂靠港顺序排列，编制出一张总表。装货清单是船舶大副编制船舶积载图的主要依据，它的内容是否正确，对积载的正确、合理具有十分重要的影响。

④ 载货清单（M/F）。载货清单是本航次全船实际载运货物的汇总清单，它反映船舶实际载货情况，由船公司的代理人根据大副收据或提单编制，编好后再送交船长签字确认，编制要求是将所装货物按照卸货港顺序分票列明。

⑤ 装箱单（P/L）。装箱单是在载运集装箱货物时使用的单证，上面详细记载集装箱和货物的名称、数量等内容。每个载货的集装箱都要制作这样的单据，它是根据已装进集装箱内的货物制作的，是记载每个集装箱内所装货物情况的唯一单据。

⑥ 码头收据[场站收据、港站收据（D/R）]。码头收据一般都由发货人或发货人的代理人根据公司已指定的格式填制，并跟随货物一起送至某装箱码头用场或码头仓库，由接受货物的人在收据上签字后交还给发货人，证明已收到托运的货物。

⑦ 提单（B/L）。传统件杂货运输的货运提单是在货物实际装船完毕后经船方在收货单上签署，表明货物已装船，发货人凭经船方签署的收货单（大副收据）去船公司或船公司的代理公司换取已装船提单。

⑧ 货物残损单（O/S）和货物溢短单（B/D）。货物残损单是在卸货完毕后，由理货长根据现场理货人员在卸货过程中发现货物的各种残损情况，包括货物的破损、水湿、水渍、汗湿、油渍、污染等情况的记录汇总编制成的，是货物残损情况的证明。货物溢短单是在卸货时，对每票货物所卸下的数量与载货清单上所记载的数量进行核对，如有不相符（发生溢卸或短卸）的情况，待船舶卸货完毕、理清数字后，由理货组长汇总编制，表明货物溢出或短缺的情况。

⑨ 舱单（M/F）。舱单是按照货物逐票罗列全船载运货物的汇总清单。它是在货物装船完毕之后，由船公司根据收货单或提单编制的。舱单的主要内容包括货物详细情况、装卸港、提单号、船名、托运人和收货人姓名、标记号码等，此单作为船舶运载所列货物的证明。

⑩ 货物积载图（C/P）。货物积载图是按货物实际装舱情况编制的舱图。它是船方进行

货物运输、保管和卸货工作的参考资料，也是卸港据以理货、安排泊位、货物进舱的文件。

（2）卸货港使用的单证。

① 过驳清单（B/N）。卸货时采用驳船作业，作为证明货物交接和货物现状的单证。是根据卸货时的理货单证编制的，内容包括驳船名、货名、号码、包装、件数、卸货港及时间、舱口号等。过驳清单上对于所卸货物的残损情况和程度的记载称为过驳清单批注，以此划分交接货物时各方的责任。过驳清单需由装卸公司、收货人等接收货物方和作为船方责任者的大副共同签认才有效。过驳清单和收货单一样，也是证明船方责任起止的重要证据。

② 货物残损单（O/S）和货物溢短单（B/D），详见装货港使用单证中的货物破损单和货物溢短单。

③ 提货单（D/O）。提货单是收货人凭正本提单或副本提单随同有效的担保向承运人或承运人的代理人换取的、可向港口装卸部门提取货物的凭证。提货单的性质不同于提单，它是船公司指示码头仓库向收货人交付货物的凭证。

▶ 3. 货运单证流转程序（见图 4-1）

（1）托运人向船公司在装运港的代理人（也可直接向船公司或船公司的营业所）提出货物装运申请，递交托运单，填写装货单。

（2）船公司同意承运后，船公司的代理人指定船名，核对装货单与托运单上有关内容无误后，签发装货单，将底联留下后退还给托运人，要求托运人将货物及时送至指定的码头仓库。

（3）托运人持装货单及有关单证向海关办理货物出口报关、验货放行手续，海关在装货单上加盖放行章后，货物准予装船出口。

（4）船公司在装货港的代理人根据留底联编制装货清单，送船舶及理货公司、装卸公司。

（5）大副根据装货清单编制货物积载计划交代理人分送理货、装卸公司等按计划装船。

（6）托运人将经过检验和检量的货物送至指定的码头仓库，准备装船。

（7）货物装船后，理货长将装货单交大副，大副核实无误后留下装货单并签发收货单。

（8）理货长将大副签发的收货单转交给托运人。

（9）托运人持收货单到船公司在装货港的代理人处付清运费（预付运费情况下）换取正本已装船提单。

（10）船公司在装货港的代理人审核无误后，留下收货单，签发提单给托运人。

（11）托运人持提单及有关单证到议付银行结汇（在信用证支付方式下），取得货款，议付行将提单及有关单证邮寄开证银行。

（12）货物装船完毕后，船公司在港口的代理人编妥舱单，送船长签字后向海关办理船舶出口手续，并将舱单交船随带，船舶开航。

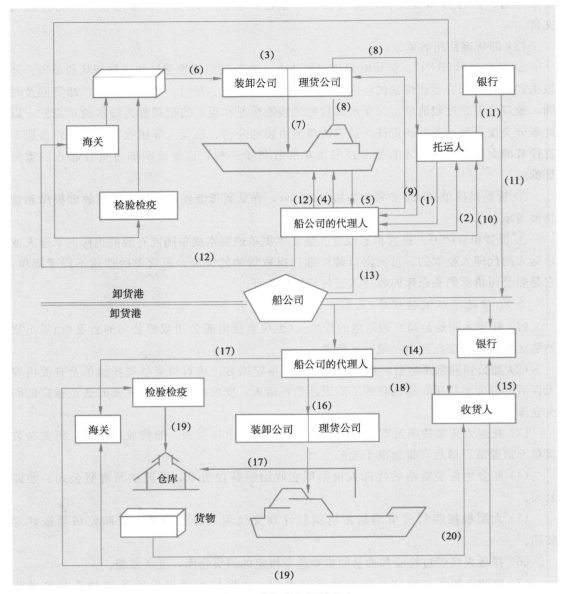

图 4-1　货运单证流转程序

（13）装货港代理公司根据提单副本编制出口载货运费清单，连同提单副本、收货单送交船公司结算代收运费，并将卸船港所需的单证邮寄卸货港的代理公司。

（14）卸货港的代理公司接到船舶抵港电报后，通知收货人船舶到港日期，做好提货准备。

（15）收货人到银行付清货款，取回提单。

（16）卸货港代理公司根据装货港代理公司寄来的货运单证，编制进口载货清单等卸货单据，约定装卸公司，联系泊位，做好卸货准备工作。

（17）卸货港泊船代理公司办理船舶进口报关手续。

（18）收货人向卸货港代理公司付清应付费用后，以正本提单换取提货单。

（19）收货人持送海关办理进口报关手续，支付进口关税，海关核准后放行。

（20）收货人持到码头仓库提取货物。

（二）租船运输业务

船舶所有人是市场上的供给方，租船人则是市场上的需求方，供需双方间的租船业务一般通过租船经纪人进行。租船经纪人熟悉租船市场行情和租船业务，具有较丰富的租船知识和经验，在整个租船过程中起桥梁和中介作用，对顺利开展租船业务至关重要。

▶ **1. 租船运输的方式**

租船运输按照船舶所有人与承租人之间签订的租船合同组织运输。根据承租人的不同要求，又分为航次租船、定期租船、包运租船和光船租船等不同的租船形式。

（1）航次租船。航次租船又称定程租船，是一种由船舶所有人向租船人提供特定的船舶，在特定的两港或数港之间从事一个特定的航次或几个航次承运特定货物的方式。简单来讲，这种方式可用四个"特定"来概括，即特定的船舶、特定的货物、特定的航次和特定的港口。

根据租船人实际业务的需要，航次租船方式又可分为以下几种：

① 单航次租船形式，即船舶所有人将船舶出租给租船人进行一个单程航次运输货物的形式。

② 来回航次租船形式，即由船舶所有人出租给租船人一艘特定的船舶，在完成了从装货港运输货物至卸货港的一个单航次后，继续在该航次结束时的卸货港或附近地点重新装货运回原装货港或其他附近地点。

③ 连续航次租船形式，即由船舶所有人出租的同一艘船舶，在租船人指定的几个相同港之间进行重复航次运输货物的形式。

（2）定期租船。定期租船是一种以时间为基础，由船舶所有人将一艘特定的船舶租给租船人使用一个特定期限的方式。

（3）包运租船。包运租船是指船舶所有人提供给租船人一定吨位（指运力）的船舶，在确定的港口之间，以事先约定的年数、航次周期和每航次较均等的货运量完成运输合同规定总运量的方式。

（4）光船租船。与前述几种租船方式不同，光船租船是一种财产租赁，而不是运输承揽方式。在这种方式下，船舶所有人向租船人提供一艘特定的"裸船"，租船人在合同规定的租期内，按所确定的租金率支付租金并负责配备船员、管理和经营船舶。从船舶交给租船人处置时起，租船人负责船舶营运的全部责任。

上述四种租船运输主要从事大宗物品的运输，如谷物、油类、矿石、煤炭、木材、砂糖、化肥、水泥等，并且经常以整船或整舱方式装运。

▶ **2. 租船运输的基本特点**

（1）租船运输的营运组织取决于各种租船合同。船舶经营人和承租人首先要签订合同才能安排运输，合同中除了规定航线、停靠港口和货物外，还需明确双方的权利和义务。

（2）租船运费或租金水平的高低受租船合同签订时的航运市场行情影响。

（3）租船运输中有关船舶营运费等开支，取决于不同的租船方式。

▶ 3. 租船运输程序

租船业务按时间顺序分询价、报价、还价、接受和签订租船合同五个环节进行。租船人和船东按此程序，通过租船经纪人互通情况，讨价还价，最后达成一致，签订合同，实现租船运输。

（1）询价。询价又称询盘，通常是由承租人以自己期望的租赁条件，直接或通过租船经纪人寻求租用所需船舶的行为，即货求船。承租人发出的询价内容包括需要承租的船舶类型和装运货物种类、数量、装运港、装运期限、租船方式及租船租金等事项。

询价也可以由船舶所有人为承揽货载而先通过租船经纪人向航运交易市场发出求货载信息，即为船求货。船舶所有人发出的询价内容一般包括出租船舶的船名、国际、船型、船舶的散装和包装溶剂，以及可供租用的时间和希望承揽的货物种类等。

（2）报价。报价也称报盘或发盘，是船舶出租人对承租人询价的回应。若是船舶所有人先提出询价，则报价由承租人提出。报价的主要内容是关于租金的水平、选用的租船合同范本，以及范本条款的修订和补充等。

报盘又分实盘和虚盘。实盘为报盘条件不可改变并附加时效的硬性报价；虚盘则是可磋商、修改的报价。

（3）还价。还价是询价双方通过平等谈判、协商、讨价还价的过程。还价意味着询价人对报价人报价的拒绝和新的询价开始，因此，报价人收到还价后还需要对是否同意还价条件做出答复，或再次做出新的报价。这种对还价条件做出答复或再次做出新的报价称为反还价或称反还盘。

（4）接受。接受又称受盘，船舶所有人和承租人经过反复多次还盘后，最后达成一致意见即可成交。根据国际通常的做法，成交后交易双方当事人应签署一份"订租确认书"，就商谈租船过程中双方承诺的主要条件予以确认，对于细节问题还可进一步商讨。

（5）签订租船合同。签订确认书只是一种意向合同，正式签订租船合同才意味着最终成交。租船合同要明确租船双方当事人的权利和义务，双方当事人签署后即可生效。

二、远洋货物运输的到达与交货

▶ 1. 船边交付货物

船边交货又称现提，是指收货人以提单在船公司卸货港的代理人处换取提货单后，凭提货单直接到码头船边提取货物并办理交接手续的方式。收货人要求船边提货必须事先征得船公司或船公司代理人的同意。船边交货适用于贵重货物、危险货物、冷冻货物、长大件货物，以及其他批量较大的货物。

▶ 2. 选港交货

选港货物是指货物在装船时尚未确定卸货港，待船舶开航后再由货主选定对自己最方便或最有利的卸货港，并在这个港口卸货和交付货物。在这种情况下，提单上的卸货港一栏内必须记明两个或两个以上的卸货港的名称，如"选择神户/横滨"或"选择伦敦/鹿特丹"，货物的卸货港只能在提单上所写明的港口中选择。

▶ 3. 变更卸货港交付货物

变更卸货港交付货物是指在提单上所记载的卸货港以外的其他港口卸货和交付货物。如果收货人认为将货物改在提单上所载明的卸货港以外的其他港口卸货并交付对他更为方便有利，则可以向船公司提出变更卸货港的申请。船公司接到收货人提出变更卸货港的申请后，必须根据船舶的积载情况，考虑在装卸上能否实现这种变更，比如是否会发生严重的舱费、倒载情况，在变更的卸货港所规定的停泊时间能否来得及将货物卸下，是否会延误船舶的开航时间等，之后才能决定是否同意收货人的卸货变更申请。

因变更卸货港而发生的翻舱费、倒载费、装卸费，以及因变更卸货港的运费差额和有关手续费等均由收货人负担。收货人在办理提货手续时，必须向船公司或变更后的卸货港的船公司代理人交出全套正本提单之后，才能办理提货手续。

▶ 4. 凭保证书交付货物

班轮运输中，有时会出现因提单延误导致提单到达的时间迟于船舶到港的时间（特别是装货港与卸货港间距离较短时）的情况。此时，收货人无法交出提单来换取提货单提取货物，这时由收货人开具保证书，以保证书交换提货单，然后持提货单提取货物。保证书的内容一般包括：收货人保证在收到提单后立即向船公司或船公司的代理人交回这一提单，承担应由收货人支付的运费及其他费用的责任；对因未提交提单而提取货物所产生的一切损失，收货人均承担责任，并表明对于上述保证内容由有关银行与收货人一起负连带责任。

如果提单已经遗失，致使这种解除保证无法实现时，则应根据港口所在国家的法律规定，经过公告的形式宣布该提单失效，或经法院的免除效力的判决才能做到解除保证。

知识链接

中国主要海运航线

一、近洋航线

1. 港澳线：到我国香港、澳门地区。

2. 新马线：到新加坡、马来西亚的巴生港（PORTKELANG）、槟城（PENANG）和马六甲（MALACEA）等港。

3. 暹罗湾线，又可称为越南、柬埔寨、泰国线：到越南海防，柬埔寨的磅逊和泰国的曼谷等港。

4. 科伦坡、孟加拉湾线：到斯里兰卡的科伦坡和缅甸的仰光、孟加拉的吉大港和印度东海岸的加尔各答等港。

5. 菲律宾线：到菲律宾的马尼拉港。

6. 印度尼西亚线：到爪哇岛的雅加达、三宝垄等。

7. 澳大利亚新西兰线：到澳大利亚的悉尼、墨尔本、布里斯班和新西兰的奥克兰、惠灵顿。

8. 巴布亚新几内亚线：到巴布亚新几内亚的莱城、莫尔兹比港等。

9. 日本线：到日本九州岛的门司和本州岛神户、大阪、名古屋、横滨和川崎等港口。

10. 韩国线：到釜山、仁川等港口。

11. 波斯湾线，又称阿拉伯湾线：到巴基斯坦的卡拉奇，伊朗的阿巴斯、霍拉姆沙赫尔，伊拉克的巴士拉，科威特的科威特港，沙特阿拉伯的达曼。

二、远洋航线

1. 地中海线：到地中海东部黎巴嫩的贝鲁特、的黎波里，以色列的海法、阿什杜德，叙利亚的拉塔基亚，地中海南部埃及的塞得港、亚历山大，突尼斯的突尼斯，阿尔及利亚的阿尔及尔、奥兰，地中海北部意大利的热那亚，法国的马赛，西班牙的巴塞罗那和塞浦路斯的利马索尔等港口。

2. 西北欧线：到比利时的安特卫普，荷兰的鹿特丹，德国的汉堡、不来梅，法国的勒阿弗尔，英国的伦敦、利物浦，丹麦的哥本哈根，挪威的奥斯陆，瑞典的斯德哥尔摩和哥德堡，芬兰的赫尔辛基等。

3. 美国加拿大线：到加拿大西海岸港口温哥华，美国西岸港口西雅图、波特兰、旧金山、洛杉矶，加拿大东岸港口蒙特利尔、多伦多，美国东岸港口纽约、波士敦、费城、巴尔的摩、波特兰和美国墨西哥湾港口的莫比尔、新奥尔良、休斯敦等港口。美国墨西哥湾各港也属美国东海岸航线。

4. 南美洲西岸线：到秘鲁的卡亚俄，智利的阿里卡，伊基克、瓦尔帕莱索、安托法加斯塔等港口。

第四节 水路货物运输设备与设施

一、航道与港口

（一）航道

▶ **1. 航道的含义及分类**

航道是船舶进出港通道，是指沿海、江河、湖泊、运河、水库内船舶、排筏可以通航的水域，是以水上运输为目的所规定或建造的船舶航行通道。航道的宽度可根据船舶通航的频繁程度分别采用单向航道和双向航道。航道可分为海上航道、内河航道和人工航道。

（1）海上航道。海上航道属自然水道，它的通过能力几乎不受限制。每一海区的地理、水文情况都反映在该区的海图上。船舶每次的运行都是根据海图，并结合当时的气候条件、海况和船舶本身的技术性能进行计算并在海图上标出的。

（2）内河航道。内河航道大部分是利用天然水道加上引航的航标设施构成的，与海上航道相比，它的通行条件差别很大，反映在不同的通航水深（如各航区水深不同）、不同的通行时间（如有的区段不能夜行）和不同的通行方式（如单向或双向过船）等方面，因此，在进行综合规划时，还应考虑航道分级和航道标准化。

（3）人工航道。人工航道是指由人工开凿、主要用于船舶通航的河流，又称运河。人工航道可使船舶缩短航行路程，降低运费，方便生产和生活，扩大船舶航行的范围，进而形成一定规模的水运网络。著名的国际通航运河主要有苏伊士运河、巴拿马运河和基尔运河。我国有世界上最古老、最长的人工运河——京杭大运河。

▶ **2. 航道的等级**

根据《内河航道标准》，我国的内河航道分为七级：

（1）一级航道，可通航 3 000 吨内河船舶的航道；

（2）二级航道，可通航 2 000 吨内河船舶的航道；

（3）三级航道，可通航 1 000 吨内河船舶的航道；

（4）四级航道，可通航 500 吨内河船舶的航道；

（5）五级航道，可通航 300 吨内河船舶的航道；

（6）六级航道，可通航 100 吨内河船舶的航道；

（7）七级航道，可通航 50 吨内河船舶的航道。

目前，我国四级以上的高等级航道仅占总里程的 11.3%，航道的通过能力、整治标准、渠化程度还需要提高。同时，我国的航道运力分布也极不均衡，长江三角洲、珠江三角洲占了我国航道运力的 80% 以上。2015 年，长江干线航道的年运输量已经超过 21.8 亿吨，相当于全国铁路货运量的 65%。

▶ **3. 航道的航行条件**

为保证船舶正常安全航行和获得一定的运输效益，航道必须具备一定的航行条件。

（1）有足够的航道深度。航道水深是限制船舶吨位和通过能力的主要因素。航道深度是指全航线中所具有的最小通航保证深度，它取决于航道上关键性的区段和浅滩上的水深。航道深浅是选用船舶吃水量和载重量的主要因素。航道深度增加，可以航行吃水深、载重量大的船舶，同时会增加整治和维护航道的费用。

（2）有足够的航道宽度。航道宽度视航道等级而定。通常单线航行的情况极少，双线航行最普遍，在运输繁忙的航道上还应考虑三线航行。

（3）有适宜的航道转弯半径。航道转弯半径是指航道中心线上的最小曲率半径。一般航道转弯半径不得小于最大航行船舶长度的4～5倍，最低不得小于船舶长度的3倍。

（4）有合理的航道许可流速。航道许可流速是指航线上的最大流速。船舶航行时，上水行驶和下水行驶的航线往往不同，下水就流速大的主流行驶，上水则尽量避开流速大的水区而在缓流区内行驶。航道上的流速不宜过大，否则不经济，比较经济的船舶静水速度一般在9～13千米/小时，即2.5～3.5米/秒之间。

（5）有符合规定的水上外廓。水上外廓是保证船舶水面以上部分通过所需要的高度和宽度。水上外廓的尺度按航道等级来确定，通常一、二、三、四级航道上的桥梁等建筑物的净空高度，取20年一遇的洪水期最高水位来确定，五、六级航道则取10年一遇的洪水期最高水位来确定。

知识链接

影响航道通行能力的主要因素：①航道的深度、宽度和弯曲半径；②水流速度；③潮汐及季节性水位变化；④过船建筑物尺度；⑤航道的气象条件及地理环境。

航标：航标是以特定的形状、颜色、灯光、声响或无线电信号等，供船舶识别以确定船位、航向、指示航道、避开危险等安全航行的助航标志。航标的主要功能是：①定位，为航行船舶提供定位信息；②警告，提供碍航物及其他航行的警告信息；③交通指示，根据交通规则指示航行方向；④指示特殊区域，如锚地、测量作业区、禁区等。

航标的分类方法有多种：①按照设置地点分类，航标可分为海区航标与内河航标。②按照工作原理分类，有视觉航标、音响航标与无线电航标。③按照结构形状分类，有灯塔、灯桩、立标、灯船、浮标和灯浮标等。

（二）港口

▶ 1. 港口的含义

港口是指位于江、河、湖、海或水库沿岸，具有一定设备等条件，能提供船舶停靠、上下旅客、装卸货物，办理客、货运输或其他专门业务的场所。港口的任务是为船舶提供能安全停靠的设施，及时完成货物和旅客由船到岸或由岸到船，以及由船到船的转运，并为船舶提供补给、修理等技术服务和生活服务。

现代港口不仅是交通运输的枢纽、水陆运输的衔接点、贸易往来的门户和窗口，在发展国内外贸易、促进国际友好往来、科学技术与文化的交流中也起着重要的作用，同时还是物流加工、仓储、运输、船舶维修、口岸服务、金融服务、劳动服务等多种功能的"经济场所"。

▶ 2. 港口的分类

港口的分类多种多样，如表4-2所示。

表 4-2 港口的分类

分类标准	港 口	含 义
按用途分类	商港（贸易港）	以一般商船和客货运输为服务对象的港口，如我国的上海港、大连港、天津港、广州港，国外的鹿特丹港、安特卫普港、伦敦港
	渔港	为渔船停泊、鱼货装卸、鱼货保鲜、冷藏加工、修补渔网和渔船生产及生活物资补给的港口，如我国舟山的定海港
	工业港	供大型企业输入原材料及输出制成品而设置的港口，如大连地区的甘井子化工码头、上海市的吴泾焦化厂煤码头及宝山钢铁总厂码头
	避风港	供船舶在航行途中或海上作业过程中躲避风浪的港口
	旅游港	为进行休憩活动的海上游艇设置的港口
	军港	供舰船停泊并取得供给的港口，如我国的旅顺港
按地理位置分类	海港	在自然地理条件和水文气象方面具有海洋性质的港口
	河港	位于河流沿岸且有河流水文特征的港口，如我国的南京港、武汉港
	运河港	位于运河上的港口，如我国的徐州港
按地位分类	国际性港	供来自世界各国港口的船舶停泊的港口，如我国的上海港和大连港，以及国外的鹿特丹港和伦敦港等
	国家性港	供往来于国内港口的船舶停泊的港口
	地区性港	供往来于国内某一地区港口的船舶停泊的港口
按潮汐的影响分类	开敞港	港内水位潮汐变化与港外相同的港口
	闭合港	在港口入口处设闸，将港内水域与外海隔开，保证在低潮时港内仍有足够水深的港口，如英国的伦敦港
	混合港	兼有开敞港和闭合港功能的港口，如比利时的安特卫普港

▶ 3. 港口的构成

港口的主要功能是集散旅客与货物，从平面布置来看，现代港口由水域和陆域两大部分组成。因此对港口的基本要求是：一要有良好的水域，保证进出港船舶航行安全；二要有功能齐全的陆上设施与机制健全、运行灵活的管理机构，以保证高效、安全地集散旅客与货物。

（1）港口水域。港口水域是供船舶进出港，以及在港口运转、锚泊和装卸作业使用的，因此要求它有足够的深度和面积，水面基本平静，流速和缓，以便船舶安全停泊和技术操作。港口的水域包括港池、航道与锚地。

（2）港口陆域。港口陆域是供旅客上下船，以及货物的装卸、堆存和转运使用的。因此陆域必须有适当的高程、岸线长度和纵深，以便安置装卸设备、仓库和堆场、铁路、道路，以及各种必要的生产、生活设施。

▶ **4. 港口的水工建筑物**

水工建筑物指的是大部分处于水中或经常与水接触，特别是遭受海水侵蚀等的一类建筑物，因此要求其结构和材质异常坚固且经久耐用。根据各种不同的用途，港口的水工建筑物大体可分成防护建筑物、码头建筑物和护岸建筑物三大种类。

（1）防护建筑物。防护建筑物多数用于海港，以防止波浪对港内的冲击，也有的用于防止泥沙、流冰进入港内。这种建筑物常建在水域外围的深海中，要经受巨大的波浪振动和冲力，因此要建造得既稳重又坚固，规模往往很大，以便阻挡深水波浪的侵袭。

（2）码头建筑物。码头是港口的主要组成部分，码头上的建筑物也是港口的主要水工建筑物。

（3）护岸建筑物。港口陆域和水域的交界地带除停靠船舶的码头岸线外，其他未被利用的天然岸坡因经常遭受潮汐、水流和波浪的作用，造成边坡土质比较松软，非常容易被冲刷而引起坍塌，这会影响陆域及陆上建筑物的安全，同时也会影响水域的深度。护岸建筑物的作用就是要对这种岸边进行加固。

▶ **5. 港口的起重运输设备**

港口的起重运输设备主要是指用于装卸货物的起重机械和用于搬运货物的运输机械。现代港口装卸工作基本上都由机械来完成，它们在港口承担代运货物的起重，如对船舶及对火车、汽车等车辆实施装卸作业，在船舱内进行各种搬运，承担堆码和拆垛等工作，以及在库场上进行起重、搬运、堆码、拆垛等工作。

港口机械分成四大类，即起重机械、输送机械、装卸搬运机械、专用机械。

（1）起重机械有门座起重机、轮胎起重机、履带起重机、浮式起重机（浮吊）、龙门式起重机和装卸桥等。

（2）输送机械有带式输送机、斗式提升机、气力输送机和螺旋输送机等。

（3）装卸搬运机械有叉式装卸车、单斗车、跨运车、牵引车和底盘车等。

（4）专用机械有装船机、卸船机、装车机和卸车机等。

知识链接

港口现代化与船舶现代化一样离不开经济贸易的发展和科学技术的进步。作为全球综合运输系统节点的港口，效率、服务质量及水平是港口得以生存和发展的关键因素。

港口现代化主要表现在以下方面：①泊位深水化：当前世界各国有条件、有能力的港口先后加强了港口建设，扩大港口生产规模，建造深水泊位。据预测，至 2020 年，世界上将有 20% 的国际集装箱班轮需要水深在 13.5 米以上的深水泊位和航道。②码头专业化：随着船舶运输的专业化，港口必须建设适应专业化船舶运输的专业化码头。③装卸机械自动化。④信息网络化。

港口通过能力是指在一定的时期和条件下，利用现有的工人、装卸机械与工艺所能装卸货物的最大数量。港口通过能力是港口生产能力的综合性评价指标，它是港口规划布局和建设的基础，也是编制港口生产计划、优化装卸工艺流程、改进劳动组织和港口设备利用率、降低装卸费用的重要依据。

影响港口通过能力的主要因素：①港口的总体布置；②港口的自然条件；③货类结构及货类在流向和时间上的分布特征；④港口设施和设备的数量和规模、性能和技术状态；⑤装卸工人和机械司机的技术水平、数量及劳动组织形式；⑥港口的经营管理水平及港口系统和外部环境之间的协调发展程度。

二、水路货物运输工具

水路货物运输最基本的工具是船舶，船舶是能航行或停泊于水域内，用以执行作战、运输、作业等各类船、舰、舢板、筏及水上作业平台的总称。

船舶是水上运输和工程作业的主要工具，种类繁多，数目庞大。船舶的分类方式是多种多样的，如表4-3所示。

表4-3 船舶的分类

分类标准	船舶类型
按用途分类	民用船、军用船
按船体材料分类	木船、铜船、水泥船、玻璃钢船等
按动力装置分类	蒸汽机船、内燃机船、汽轮机船、电动船、核动力船等
按航行区域分类	远洋船、近洋船、沿海船、内河船等
按航行状态分类	排水量船、滑行艇、水翼船、气垫船、冲翼艇等
按推进器形式分类	螺旋桨船、平旋推进器船、喷水推进器船、喷气推进器船、明轮船等

运输船舶通常又称为商船，是指载运旅客与货物的船舶。一般可简单分为客船和货船两大类。

客船是用于运送旅客及行李和邮件的运输船舶，因客船多为定期定线航行，故又称客班船。《国际海上人命安全公约》中规定，凡载客超过12人的船舶均称为客船。

目前，物流中广泛使用的水上运输工具是货船。货船是运送货物的船舶的统称，一般不载旅客，分为干货船、液货船、驳船、拖船和推船。

▶ 1. 干货船

干货船是用于装载干货的船舶，常见的干货船包括以下六种。

（1）杂货船，又称普通货船，也是目前最基本的一种货船，主要装运各种成捆、成包、成箱和桶装的杂货件。

（2）载驳船，又称子母船、载货驳船，是指专门以载货驳船为运输单元的船舶。主要特点是载驳船在到达中转港时，由母船起重设备卸下驳船，然后用拖船或推船将载货的载驳船拉到目的港，不需占用码头泊位，不需货物换装倒载。

（3）滚装船，借助于轮子滚上滚下装卸作业的船舶。

（4）集装箱船，以载运集装箱或以集装箱为主的混装运输船舶。

（5）冷藏船，具有冷藏设备，用来装运易腐货物或低温货物的专用船舶。冷藏船温度范围为$-25\sim-15℃$，要根据货种不同选择适宜的温度。

（6）散货船，专门用于载运粉末状、颗粒状、块状等散堆货物，如谷物、矿砂、煤炭、化肥、水泥等的船舶，有普通散货船、专用散货船、兼用散货船及特种散货船等。

▶ **2. 液货船**

液货船是指用于载运液态货物的船舶，运量在现代商船队中占有重要的比例（约44.7%），主要有油船、液化气船、液体化学品船等。

（1）油船，装运散装石油和成品油的液货船，一般分为原油船和成品油船。

（2）液化气船，专门装运液化气的液货船。

（3）液体化学品船，专门装运各种散装液体化学品（如甲醇、硫酸等）的液货船。

▶ **3. 驳船、拖船和推船**

驳船是内河运输货物的主要运载工具，本身一般无自航能力，需拖船或推船等机动船带动形成船队进行运输，特点为设备简单、吃水浅、载货量大，并可根据货物运输要求而随时编组，适合各港口之间货物运输。少数增设了机动装置的驳船称为机动驳船。驳船按载货用途不同分为干杂货舱口驳船、散货甲板驳船、油驳船、滚装驳船等。

（1）拖船是用于拖带其他船只或浮动建筑物的船舶。船身较小，功率较大，自身并不载运货物。拖船有海洋拖船、内河拖船和港口拖船。

（2）推船是专门用于顶推非自航货船的机动船舶。与拖船相比，顶推航行时，驳船在前，推船在后，整个船队有较好的机动性。

知识链接

船舶的航行性能

1. 浮性

浮性是指船舶在各种装载情况下，保持一定浮态、漂浮于水面的一定位置的能力。浮性是船舶最基本的性能。

2. 稳性

船舶受到外力作用，离开原来平衡位置而发生倾斜，当外力消除后能自行恢复到原来平衡位置的能力，称为稳性。

3. 抗沉性

船舶在一个舱或几个舱破损进水的情况下，仍能漂浮于水面，并保持一定浮性和稳性（不至于沉没和倾覆）的能力称为抗沉性。抗沉性的实质是研究船舶破损后的浮性和稳性问题，是关系到船舶安全的一个重要性能。

4．快速性

船舶的快速性就是指对一定排水量的船舶，主机以较小的功率消耗达到较高航速的性能，是船舶的一项重要技术性能，对船舶的经济性影响很大。

5．适航性

船舶在多变的海况中的运动性能称为适航性，也称耐波性，通常是指船舶在风浪中的摇摆性能。

6．操纵性

船舶在航行时能够保持原来方向或按照驾驶员意图改变到所需航向的性能称为操纵性。其中，船舶保持航向不变的能力，称为航向稳定性；船舶改变航向的能力，称为回转性或灵敏性。

本章小结

　　本章阐述了水路货物运输的基本理论知识，包括水路运输的概念及分类；阐述了江河货物的托运、到达与接收，远洋货运的方式及货物的到达与接收；阐述了水路货物运输的工具和设施设备。

课堂讨论

　　在课堂上先由学生分小组进行讨论，然后选出代表集中发言。
　　讨论内河（沿海）货物运输和远洋货物运输如何发货与接货。

思考题

　　1．简述水路货物运输的优点。
　　2．简述水路货物运输的缺点。
　　3．简述水路货物运输的分类。
　　4．简述远洋班轮货物运输的流程。
　　5．简述远洋班轮货物运输到达与交货的方式。

拓展案例

水运物流领域中的多式联运

　　当前，全球贸易的90％基本依赖水运物流完成，近年来，水运物流领域的多式联运越来越受到重视。

一、多式联运的发展现状

2007年，中国海运集团开通了从连云港到莫斯科的海铁联运通道，这使得从日本、韩国运到莫斯科的货物节省了30多天的时间。

"此前，日本、韩国运来的货物在经中国港口后，必须先运到德国的汉堡港，再经过陆路运输到达莫斯科，需要40～50天时间。"中海集装箱运输股份有限公司唐伟说，"海铁联运通道开通以后，可以在连云港直接通过铁路运到莫斯科，仅仅需要十几天的时间。"

"不仅如此，我们在东北及天津、山东、上海等沿海重要港口都早已开通了海铁联运。"唐伟称，"单通过一种运输方式会增加这种交通运输的压力，成本也会相应上升，联运能够有效地解决这样的困境。"

进入21世纪以后，继中远集团、中外运集团之后，中海集团也在不断延伸产业链，所提供的服务已从传统的航运主业延伸至物流产业。海铁联运作为一种航运企业延伸自身产业链条的方式，更作为在简化的中转环节获取利润的方式，成为这些航运"巨头"目前关注的焦点之一。

二、多式联运发展的制约因素

尽管联运能够减轻单一运输方式的压力和提高运输效率，但目前海铁联运的发展情况并不理想。"目前，海铁联运在我国还处于一种比较低的水平，主要是因为调运成本太高了。"唐伟称。

在我国的很多口岸，货轮将货物运到港口后，并不能直接装载至火车，必须通过汽车中转，然后再通过铁路运输至目的地。汽车的中转无疑增加了成本，而在发达国家的很多港口，联运能够实现"无缝"对接，可以由货轮直接装载至火车。在美国港口，货物可以直接由货轮装载至火车，这些双层集装箱快运班列在货轮尚在卸货时便可开出，既节约了资源，也确保了时效。

唐伟认为，除调运成本外，港口货物的进出口不平衡也是限制联运发展的一个重要因素。"有的港口有大量的出口货物，而进口货物却很少。这就会导致用箱不平衡，在一定程度上限制了联运。"

总而言之，联运发展最缺的就是良好的设施环境，各种运输方式转换、衔接不畅是制约联运发展最重要的因素。如果能改变这种现状，联运就能够迅速发展起来。

三、多式联运的发展对策

2008年3月11日，国务院公布了交通运输领域的机构改革方案，将组建交通运输部。大交通运输部囊括了原交通部、中国民用航空总局、国家邮政局的职能，同时也将建设部指导城市客运的职能归纳其中。由于种种原因，铁道部并未划入交通运输部。

国家发改委综合运输研究所副所长汪鸣对记者说，随着经济的发展，需要各种运输方式的衔接和服务质量的提升，而政策协调是解决问题的根本，这也是我国设立交通运输部的初衷。但大部委的成立只是为政策协调创造了一个相对宽松的体制环境，并不能从根本上解决所遇到的协调问题。

汪鸣认为，多式联运主要还是市场行为，最终还得依靠企业自身去完成。以前，水路、公路、空运等由不同的部门管理，可能在设施建设方面存在衔接不畅或者重复建设等问题。大交通运输部的成立可以为综合交通运输的发展提供更好的设施环境，使各种交通运输方式之间的衔接变得更加便利。从交通设施方面来看，它将为多式联运创造更好的条件。

5 | 第五章
航空货物运输

学习目标

通过学习，了解航空货物运输的概念、特点、运营方式，航空货物运输的作业流程、组织与管理，以及航空运输的设施与设备等。

知识要点

1. 掌握航空货物运输的优缺点。
2. 熟悉航空货物运输的组织方式及流程。
3. 了解航空货物运输的设施与设备。

技能要点

学会如何进行航空运输货物的托运。

导入案例

DHL 的航空快递运输

DHL(敦豪快递公司)是全世界专业的快递服务品牌，DHL 作为全球快递公司，是提供全世界专业快递服务的巨无霸企业之一，服务品牌堪称快递业的佼佼者。该公司在全球拥有 8 000 多个办事处及 1 250 架飞机，凭借一流的航空快速运输和定时可靠的递送服务，打造出全球货物运输网络，能够及时满足用户的快运需求。DHL 提供所有主要航线固定航班的标准空运服务及特定包机服务。作为快递市场领导者，该公司对有不同时间和成本要求的客户均能提供具有竞争力的服务。

第一节 航空货物运输概述

一、航空货物运输的概念

航空货物运输是指使用航空器运送行李、货物和邮件的一种运输方式，因其具有安全、快速的特点，成为目前国际上常用的一种货物运输方式。随着经济的高速发展、科学技术的进步，以及社会活动节奏的加快，对运费承受能力强、追求运送速度的货物运输需求越来越多，极大地推动了航空货物运输的发展。

二、航空货物运输的特点

▶ 1. 速度快

速度快是航空运输的最大特点和优势，现代喷气式客机，巡航速度为 800～900 千米/时，比汽车、火车快 5～10 倍，比轮船快 20～40 倍，而且距离越长，航空运输节约的时间越多，其快速的特点也越显著。

▶ 2. 不受地形限制，机动性大

飞机在空中飞行，受陆地、高山等因素的限制较少，受航线条件限制的程度也远比公路运输、铁路运输和水路运输小得多。它可以将地面上任何距离的两个地方连接起来，尤其对于灾区的救援、供应和边远地区的急救等紧急任务，航空运输已成为必不可少的手段。

▶ 3. 机动性强、适用范围广

飞机，尤其是直升机，不但可进行货物运输，而且还可以用于邮政、农业、渔业、林业、救济、工程、警务、气象、旅游观光和军事等。因此，航空运输用途十分广泛。

▶ 4. 基本建设周期短、投资少

要发展航空运输，从设备条件来讲，只要添置飞机和修建机场就可基本满足。这与修建铁路和公路相比，具有建设周期短、占地少、投资省、收效快的优势。据计算，在相距 1 000 千米的两个城市间建立交通线，若载客能力相同，修建铁路的投资是开辟航线的 1.6 倍。铁路修建周期为 5～7 年，而开辟一条航线只需要 2 年左右。

▶ 5. 航空货运的国际性

国际间贸易的时效性，尤其是国际交往对航空运输的要求，使得航空货运具有跨国服务的特性。

▶ 6. 航空运输载重量小

航空运输由于受飞机机舱容积和载重量都比较小的制约，因此不适合大批量货物的运输。

▶ 7. 运载成本和运价比地面运输高

受航空运输载重量的制约，其运载成本和运价比地面运输高。

▶ 8. 受飞行气象条件的限制

气象条件常影响飞机的航期和安全。

▶ 9. 噪声污染比较严重

由于航空运输具有快速、机动的特点，可以为旅客节省大量时间，为货主加速资金周转。因此，航空运输在客运和进出口贸易中，尤其是在贵重物品、精密仪器、鲜活物资等的运输方面，起着越来越大的作用。

知识链接

空运货物包装的规定

1. 空运货物包装的一般规定

(1) 货物包装应坚固、完好，在运输过程中能防止包装破裂，内物漏出、散失；防止因码放、摩擦、震荡或因气压、气温变化而引起货物损坏或变质；防止伤害操作人员或污染飞机、地面设备及其他物品。

(2) 包装除应适合货物的性质、状态和重量外，还要便于搬运、装卸和码放；包装外表面不能有突出的钉、钩、刺等；包装要整洁、干燥，没有异味和油渍。

(3) 包装内的衬垫材料(如木屑、纸屑)不能外漏。除纸袋包装的货物(如文件、资料等)外，托运货物都应使用包装带捆扎。严禁使用草袋包装或草绳捆扎货物。

(4) 捆扎货物所用的包装带应能承受该货物的全部重量，并保证提起货物时不致断开。

(5) 如果货物的包装不符合相关规定，应要求托运人改进或重新包装后方可收运。

2. 部分货物的特殊包装要求

(1) 液体货物。容器内部必须留有 5%～10% 的空隙，封盖必须平密，不得溢漏。用玻璃容器盛装的液体，每一容器的容量不得超过 500 毫升。单件货物毛重以不超过 25 千克为宜。箱内应使用衬垫和吸附材料填实，防止晃动或液体渗出。

(2) 粉状货物。用袋盛装的，最外层应使用塑料涂膜编织袋作为外包装，保证粉末不漏出，单件货物毛重不得超过 50 千克；用硬纸桶、木桶、胶合板桶盛装的，要求桶身不破、接缝严密、桶盖密封、桶箍坚固结实；用玻璃瓶装的，每瓶内装物的重量不得超过 1 千克；用铁制或木制材料作为外包装的，箱内用衬垫材料填实，单件货物毛重以不超过 25 千克为宜。

(3) 精密易损、质脆易碎货物。单件货物毛重以不超过 25 千克为宜，可以采用以下方法包装。

① 多层次包装，即货物—衬垫材料—内包装—衬垫材料—运输包装(外包装)。

② 悬吊式包装，即用几根弹簧或绳索，从箱内各个方向把货物悬置在箱子中间。

③ 防倒置包装，即底盘大、有手提把环或屋脊式箱盖的包装。不宜平放的玻璃板、挡风玻璃等必须使用此类包装。

④ 玻璃器皿的包装，应使用足够厚度的泡沫塑料及其他衬垫材料围裹严实，外加坚固的瓦楞纸箱或木箱，箱内物品不得晃动。

(4) 裸装货物、不怕碰压的货物。该类货物可以不用包装，如轮胎等；不易清点件数、形状不规则、外形与运输设备相似或容易损坏飞机的货物，应使用绳、麻布包扎或外加包装。

（5）大型货物。体积或重量较大的货物底部应有便于叉车操作的枕木或底托。

第 二 节　航空货物运输实务

一、航空货运的方式

（一）航空货运的营运方式

航空货运营运方式主要有班机运输和包机运输两种。

▶ 1. 班机运输

班机运输是指根据班期时刻表，按照规定的航线，定机型、定日期、定时刻的客、货、邮航空运输。一般的航空公司通常都使用客货混合型飞机，只有一些货源充足、规模较大的航空公司在一些航线上采用货运航班。由于航班定期、定站的特点，收货人能确切掌握起运、到达的时间，特别是对运输市场上急需的商品、鲜活易腐货物及贵重货物等，班机运输都是非常有利的。

▶ 2. 包机运输

包机运输是指包用民航飞机，在民航固定航线上或者非固定航线上飞行，用以载运货物或客货兼载的航空运输。包机运输按照租用舱位多少可以分为整机包机和部分包机。整机包机指航空公司或包机代理公司，按照与租机人事先约定的条件和费率，将整架飞机租给租机人，从一个或几个航空站装运货物运达指定目的地的运输方式。部分包机指由几家航空货运代理公司(或发货人)联合包租一架飞机，或者是由航空公司把一架飞机的舱位分别租给几家航空货运代理公司(或发货人)装载货物的运输方式。

包机运输的程序：包机人申请包机→签订包机合同→填制航空货运单→押运人办理乘机手续。包机运输必须符合国家法律法规，如果是国际航运，由包机人自行办理有关手续，包机人可以充分利用飞机吨位，但不得超载。

（二）航空货运的组织方法

航空货物采用集中托运、航空快件运输、邮件运输、联合运输等方法组织货物运输。

▶ 1. 集中托运

集中托运是指航空货运代理公司(也称集中托运商)将若干批单独发运到同一方向的货物，组成一整批，填写一份主运单，发到同一目的站，由航空货运代理公司委托目的站当地的代理人(也称分拨代理商)负责收货、报关并交付给每个实际收货人。航空货运代理公司对每一发货人分发一份代理公司签发的分运单，以便发货人转给收货人，凭此提取货物或收取货物价款。

集中托运在国际航空运输界开展比较普遍，是航空货运代理公司的主要业务之一。近年来，我国在与美国、日本、西欧的航线上都开展了集中托运业务，但贵重物品、危险物品、活动物、文物等货物不能办理集中托运。

▶ 2. 航空快件运输

航空快件运输也叫国际快递服务，一般是指航空快递公司与航空公司合作，以最快的速度在发货人与收货人之间传递物品，也有的航空快递公司拥有自己的货运航空公司，如全球最大的包裹运送服务公司之一———UPS。航空快件运输的业务性质和运输方式与普通航空货物运输基本是一样的，可以视为航空货物运输的延续。航空快件运输的业务形式主要有门到门、门到机场、专人运送三种。

▶ 3. 邮件运输

邮件运输是邮政部门与航空公司以运输合同（或协议）方式合作组织的包裹、信件等小件物品的航空运输，在全部航空货运中约占10％的比例。

▶ 4. 联合运输

由于航线不能延伸到货主所需要的每一个处所，就出现了航空运输与其他运输方式的联合运用，尤其是与陆路运输的联运。这里的联合运输方式主要是指陆空联运，主要有以下三种类型。

（1）火车—飞机—卡车的联合运输方式，简称TAT。

（2）火车—飞机的联合运输方式，简称TA。

（3）卡车—飞机的联合运输方式，简称AT。

我国空运出口货物经常采用陆空联运方式，这是因为我国开辟国际航线的航空港（即口岸）较少，主要有北京、上海、广州等。虽然省会城市和一些主要城市每天都有班机飞往北京、上海、广州，但班机所带货量有限，费用较高。如果采用国内包机运送，则费用昂贵，手续也比较复杂。因此，在货量较大的情况下，内地空运出口货物一般都采用联合运输方式，即先采用陆运至国际航空口岸，再与国际航班衔接。我国南方各省份出口的普通货物，常利用我国香港机场航班较多、普通货物运价便宜等优点，先用铁路将货物运至深圳北，卸载后装汽车运至香港，再从香港机场用班机运至目的地或中转站。鉴于陆空联运的需要，不少国家和地区在新建和扩建大型机场时，除修建对外联系的公路外，还修建了机场铁路，如我国香港就已建成了机场铁路。此外，一些大型航空公司与公路或铁路结盟，开展联运，如美国盐湖城、波特兰机场与机场铁路及公路合作。由于汽车具有机动灵活的特点，在运送时间上更可掌握主动性，因此国际贸易中的出口货物一般都采用陆空联运的方式。

另外，也有海空联运的联运方式，海空联运又叫空桥运输，这种运输方式的优越性在于运输时间比全程海运少，运输费用比全程空运便宜。因此，比较适用于对运费比较敏感而又要求快速运达的一般货物。但是，这种联运方式要求换装，同时要求机场位于海岸，设有机场码头，并已开通海上航线。

知识链接

特种货物的航空运输

凡对人体、动植物有害的菌种、带菌培养基等微生物制品，非经民航总局特殊批准不得承运。凡经人工制造、提炼，进行无菌处理的疫苗、菌苗、抗生素、血清等生物制品，如托运人提供无菌、无毒证明可按普货承运。微生物及有害生物制品的仓储、运输应当远离食品。植物和植物产品运输须凭托运人所在地县级（含）以上的植物检疫部门出具的有效"植物检疫证书"。骨灰应当装在封闭的塑料袋或其他密封容器内，外加木盒，最外层用布包装。

动物运输必须符合国家有关规定，并出具当地县级（含）以上检疫部门的免疫注射证明和检疫证明书；托运属于国家保护的动物，还需出具有关部门的准运证明；托运属于市场管理范围的动物，要有市场管理部门的证明。

托运人托运动物，应当事先与承运人联系并定妥舱位。办理托运手续时，须填写活体动物运输托运申明书。需专门护理和喂养或者大批量的动物，应当派人押运。动物的包装既要便于装卸又要适合动物特性和空运的要求，能防止动物破坏、逃逸和接触外界。此外，底部要有防止粪便外溢的措施，保证通风，防止动物窒息。动物的外包装上应当标明照料和运输的注意事项。

托运人和收货人应当在机场交运和提取动物，并负责动物在运输前和到达后的保管。有特殊要求的动物装舱，托运人应当向承运人说明注意事项或在现场进行指导。承运人应当将动物装在适合载运动物的飞机舱内。动物在运输过程中死亡，除承运人的过错外，承运人不承担责任。

托运人托运鲜活易腐物品，应当提供最长允许运输时限和运输注意事项，定妥舱位，按约定时间送达机场办理托运手续。政府规定需要进行检疫的鲜活易腐物品，应当出具有关部门的检疫证明。

包装要适合鲜活易腐物品的特性，不致污染、损坏飞机和其他货物。客运班机不得装载有不良气味的鲜活易腐物品。需要特殊照料的鲜活易腐物品，应由托运人自备必要的设施，必要时由托运人派人押运。鲜活易腐物品在运输、仓储过程中，承运人因采取防护措施所发生的费用，由托运人或收货人支付。

二、航空货物运输的组织

（一）航空货物运输流程

航空货物的托运是指航空货运公司从发货人手中接货到将货物交给航空公司承运这一过程所需通过的环节、所需办理的手续及必备的单证。它的起点是从发货人手中接货，终点是货交航空公司。航空货物运输有集中托运、航空快递、邮政运输和联合运输等货物运输组织方法，但是基本的过程是航空货物的托运、承运、出港或进港，以及到达交付或到达接收等。航空货物运输的作业流程如图 5-1 所示。

图 5-1 航空货物运输作业流程

▶ 1. 托运受理

托运人即发货人。发货人在货物出口地寻找合适的航空货运公司，为自身代理空运订舱、报关、托运业务；航空货运公司根据自己的业务范围、服务项目等接受托运人委托，并要求托运人填制航空货物托运书，以此作为委托与接受委托的依据，同时提供相应的装箱单、发票。

▶ 2. 订舱

航空货运公司根据发货人的要求及货物本身的特点（一般来说，非紧急的零散货物可以不预先订舱）填写民航部门要求的订舱单，注明货物的名称、体积、质量、件数、目的港、时间等，要求航空公司根据实际情况安排航班和舱位，也就是航空货运公司向航空公司申请运输并预订舱位。

▶ 3. 货主备货

航空公司根据航空货运公司填写的订舱单安排航班和舱位，并由航空货运公司及时通知发货人备单、备货。

▶ 4. 接单提货

航空货运公司去发货人处提货并送至机场，同时要求发货人提供相关单证，主要有报关单证，如报关单、合同副本、商检证明、出口许可证、出口收汇核销单、配额许可证、登记手册、正本的装箱单、发票等。

▶ 5. 缮制单证

航空货运公司审核托运人提供的单证，缮制报关单，报海关初审。缮制航空货运单，要注明名称、地址、联络方法、始发及目的港、货物的名称、件数、质量、体积、包装方式等，并将收货人提供的货物随行单据订在运单后面；如果是集中托运的货物，则要制作集中托运清单、航空分运单，并将单证一并装入一个信袋，订在运单后面。最后将制作好的运单标签粘贴或拴挂在每一件货物上。

▶ 6. 报关

持缮制完的航空运单、报关单、装箱单、发票等相关单证到海关报关放行。海关将在报关单、运单正本、出口收汇核销单上盖放行章，并在出口产品退税的单据上盖验讫章。

▶ 7. 货交航空公司

将盖有海关放行章的航空运单与货物一起交给航空公司，由航空公司安排航空运输，随附航空运单正本、发票、装箱单、产地证明、品质鉴定书等。航空公司验收单、货无误后，在交接单上签字。

▶ 8. 信息传递

货物发出后，航空货运公司及时通知国外代理收货。通知内容包括航班号、运单号、品名、数量、质量、收货人的有关资料等。

（二）航空货物运输的出港作业

航空货物运输出港作业是指自货方将货物交给航空公司，到货物装上飞机整个过程的操作。

▶ 1. 航空货物运输出港作业内容

（1）航空公司根据航班动态和可用载量预制货邮舱单。

（2）航空公司根据预制货邮舱单指挥装卸队把预配货物装板。

（3）制作正式的货邮舱单业务袋。

（4）在航班起飞 60 分钟前，与装卸队共同押运货物通过安检。

（5）指挥、监督外场装卸队按规定的顺序装机。

（6）检查货物包装装载状态有无异常、施封是否有效、待卸货物与运输票据是否相符，以及可能影响货物安全的因素等。如果要调整货物平衡，应在航班起飞 20 分钟前进行。及时卸下指定货物、邮件及更改货邮舱单，并通知载重平衡室卸下货物的件数和重量。

（7）在航班起飞后 15 分钟之内，货运员督促装卸队把拉卸货物押运回仓库。

（8）根据拉货情况更改货邮舱单，并报告查询室，同时填制临时拉货补运清单和货运单。

（9）统计当天货物交接和发运情况，整理业务单据装订存档。

▶ 2. 航空货物运输的出港作业流程

航空货物运输出港作业流程如图 5-2 所示。

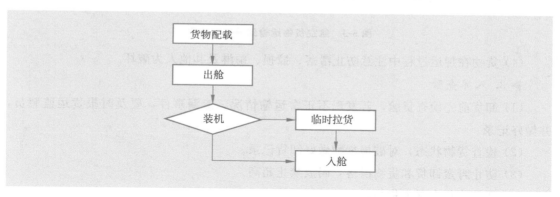

图 5-2　航空货物运输出港作业流程

（三）航空货物运输的到港作业

航空货物运输到港作业流程如图 5-3 所示。

▶ 1. 准备卸机

（1）了解每个航班的具体降落时间。

（2）提前 10 分钟到达外场等候。

（3）及时交接到达业务袋。

▶ 2. 货物押运入库

（1）检查货物的码放情况。

（2）严密监视货物的作业现场。

（3）卸机完毕检查货舱，防止漏卸。

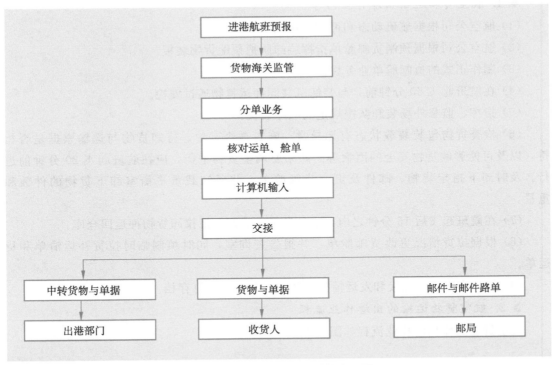

图 5-3　航空货物运输到港作业流程

（4）货物在押运过程中注意防止滑落、撞损、雨淋及其他人为破坏。

▶ **3. 入库查验**

（1）卸货前先检查货舱，若发现不正常运输情况、渗漏事件，要及时报货运监装员，并做好记录。

（2）检查货物状态，对破损货物做好卸货记录。

（3）防止野蛮卸货和货物滑落，码放禁止超高。

（4）严禁将行李混入货物。

（5）轻拿轻放，不允许野蛮装卸。

（6）入库货物码放有序，便于盘查和提取。

（四）航空货物运输的到达交付

▶ **1. 航空货物运输的到达交付作业流程**

航空货物到达交付作业流程如图 5-4 所示。

（1）负责航班货物到达的各项处理工作。

（2）热情接待收货人，回答问询准确，使用文明用语。

（3）货物到达后，按规定及时发出提货通知，急件货物应尽量采用电话通知。

（4）认真检验提货证明、证件，防止货物被冒领。发放货物时应逐件核对，确认无误后，方可交给货主，并请货主在运单上签收。

（5）准确核算，收取货物保管费及其他费用。货物提取后，及时销号，妥善保管

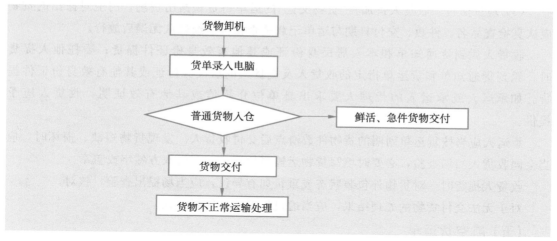

图 5-4　航空货物运输的到达交付作业流程

单证。

（6）及时核对、清点库存货物，发现问题及时报告，确保到达库内单货一致。

（7）填写值班日记，将待办事项交接清楚。

（8）查询员对货物不正常运输进行处理。

▶ 2. 单据处理

在每份货运单的正本上加盖或书写到达航班的航班号和日期；认真审核货运单，注意运单上所列目的港、代理公司、品名和运输保管注意事项；核对运单和舱单，若舱单上有分批货，则应把分批货的总件数标在货运单号之后，并注明分批标志；把舱单上列出的特种货物、联程货物圈出；根据分单情况，在整理出的舱单上标明每票运单的去向；核对运单份数与舱单份数是否一致，做好多单、少单记录，将多单运单号码加在舱单上，多单运单交查询部门；打印航班交接单。

▶ 3. 货物的领取

（1）到货通知。货物运至到达站后，除另有约定外，承运人或承运人的代理人应当及时向收货人发出到货通知。通知包括电话和书面两种形式。急件货物的到货通知应当在货物到达后 2 小时内发出，普通货物的到货通知应当在 24 小时内发出。

动物、鲜活易腐物品及其他指定日期和航班运输的货物，托运人应当负责通知收货人在到达站机场等候提取。

（2）货物的暂存。对到达的货物，收货人有义务及时将货物搬出，航空公司也有义务提供一定的免费保管期间，以便收货人安排搬运车辆，办理仓储手续。免费保管期间规定为：由承运人组织卸车的货物，收货人应于承运人发出催领通知的次日起 3 天内将货物搬出，不收取保管费。超过此期限未将货物搬出，对超过的时间核收货物暂存费。

货物被检查机关扣留或因违章等待处理存放在承运人仓库内，由收货人或托运人承担保管费和其他有关费用。

（3）现货交付。收货人持加盖"货物交讫"的运单将货物搬出货场，门卫对搬出的货物应认真检查品名、件数、交付日期与运单记载是否相符，经确认无误后放行。

收货人凭到货通知单和本人居民身份证或其他有效身份证件提货；委托他人提货时，凭到货通知单和货运单指定的收货人及提货人的居民身份证或其他有效身份证件提货。如承运人或承运人的代理人要求出具单位介绍信或其他有效证明，收货人应予提供。

承运人应当按货运单列明的货物件数清点后交付收货人。发现货物短缺、损坏时，应当会同收货人当场查验，必要时填写货物运输事故记录，并由双方签字或盖章。

收货人提货时，对货物外包装状态或重量如有异议，应当场提出查验、核对。

对于无法交付货物的处理结果，应当通过始发站通知托运人。

（五）航空货运单

▶ **1. 航空货运单的作用**

（1）航空货运单是承运人和托运人缔结运输合同的书面证据。

（2）航空货运单是承运人签发的已接收货物的证明。

（3）航空货运单是承运人据以收运费的单据。

（4）航空货运单是报关凭证。

（5）航空货运单是保险证明（如果托运人要求承运人代办保险，则航空运单可以用航空货运单作为保险证书）。

（6）航空货运单是承运人办理内部业务的依据，即路单。

（7）航空货运单是收货人核收货物的依据。

▶ **2. 航空货运单的种类**

（1）航空主运单。航空主运单（也叫总运单）是由航空公司（承运人）和航空货运代理公司（托运人）间签订的货物运输合同的初步证据，是货物运输的凭证。航空主运单一式 12 份，其中 3 份为正本（具有运输合同初步证据的效力），其余为副本（不具有运输合同初步证据的效力）。正本背面印有运输条件，正面用不同颜色纸张印制：第一份（绿色）由承运人留存，作为收取运费和记账的凭证；第二份（粉红色）交收货人，作为收货人核收货物的依据；第三份（蓝色）交托运人，作为承运人接收货物的初步证据。副本中的一份为提货收据（黄色），由收货人提货时在提货收据上签字，到站留存备查；其余副本（均为白色）分别供代理人、到站机场和第一、第二、第三承运人等使用。

（2）航空分运单。航空分运单是航空货运代理公司在办理集中托运时，签发给每一个发货人的货运单，是航空货运代理公司（作为承运人）与发货人（作为托运人）间签订的运输合同。航空分运单有正本 3 份，副本若干份。正本的第一份交发货人；第二份由航空货运代理公司留存；第三份随货物同行交收货人。副本分别作为报关、财务、结算及国外代理办理中转分拨等使用。航空分运单与航空主运单的内容基本相同。

▶ **3. 航空货运单的填写**

目前世界上各航空公司使用的航空运单基本相同，大多采用国际航空运输协会推荐的标准格式。以中国国际航空公司航空货运运单为例，具体填写说明如下。

（1）托运人名称和地址。详细填写托运人全名，地址应详细填明国家、城市、门牌号码及电话号码。

（2）托运人账号，有必要时填写。

（3）收货人名称和地址，详细填写收货人全名，地址应详细填明国家、城市、门牌号码及电话号码。此栏不得出现"To Order"字样。

（4）收货人账号，有必要时填写。

（5）始发站，填写第一承运人地址和所要求的线路，以及填写始发站城市的英文全称。

（6）路线和目的站，由民航填写经由的航空路线。

（7）货币，填写运单上所用货币代码。

（8）运费/声明价值费、其他费用。选择预付或到付，并在选择付费方式栏内进行标记。预付费用，包括预付的运费总额、声明价值附加费、税金、代理人需要产生的其他费用、承运人需要产生的其他费用。到付费用，包括需到付运费总额、声明价值附加费、税金、分别属于代理人与承运人需要产生的其他到付费用。其他费用，主要包括容器费（包括集装箱费）、中转费、地面运输费、保管费与制单费等。

（9）托运人向承运人声明的货物价值，填写托运人在运输货物时声明货物的价值总数。如托运人不需办理声明价值，则填写"NCD"。

（10）托运人向目的站海关声明的货物价值，填写托运人向海关申报的货物价值。托运人未声明价值时，必须填写"NCV"。

（11）目的站，填写目的站城市的英文全称，必要时注明机场和国家名称。

（12）航班/日期，填写已订妥的航班日期。

（13）保险金额，托运人委托航空公司代办保险时填写。

（14）处理情况。本栏填写下列内容：货物上的喷头标记、号码和包装等；通知人的名称、地址、电话号码；货物在途中需要注意的特殊事项；其他需要说明的特殊事项。

（15）件数，如各种货物运价不同时，要分别填写，总件数另行填写。

（16）毛重，重量单位（kg/lb）为"kg（千克）"，分别填写时，另行填写总重量。

（17）运价类别。45千克以下普通货物运价、45千克以上普通货物运价、指定商品运价、附减运价（低于45千克以下普通货物运价的等级运价）、附加运价（高于45千克以下普通货物运价的等级运价）。

（18）品名编号，指定商品运价则填写商品编号；按45千克以下普通货物运价的百分比收费的，则分别填写具体比例。

（19）货物品名及体积，货物体积按长、宽、高的顺序，以cm（厘米）为单位填写最大的长、宽、高度。

（20）托运人或托运人的代理人签字，表示托运人同意承运人的装运条款。

（21）运单签发日期，日期应为飞行日期，如货运单在飞行日期前签发，则应以飞行日期为货物装运期。

（22）承运人或承运人的代理人签字，有此签字，航空货运单才能生效。

知识链接

航空货物运费计算

（一）计费重量

航空公司规定，在货物体积小、重量大时，按实际重量计算；在货物体积大、重量小时，按体积计算。在集中托运时，一批货物由几件不同的货物组成，有轻泡货也有重货，计费重量则采用整批货物的总毛重或总的体积重量，按两者之中较高的一个计算。

（二）航空公司运价和费用的种类

1. 运价（RATES）：承运人为运输货物对规定的重量单位（或体积）收取的费用称为运价。运价指机场与机场间的（AIRPORT TO AIRPORT）空中费用，不包括承运人、代理人或机场收取的其他费用。

2. 运费（TRANSPORTATION CHARGES）：根据适用运价计得的发货人或收货人应当支付的每批货物的运输费用称为运费。

3. 航空公司按国际航空运输协会所制定的三个区划费率收取国际航空运费。一区主要指南北美洲、格陵兰等；二区主要指欧洲、非洲、伊朗等；三区主要指亚洲、澳大利亚等。

4. 主要的航空货物运价有四类：

（1）一般货物运价（GENERAL CARGO RATE"GCR"）；

（2）特种货物运价或指定商品运价（SPECIAL CARGO RATE；SPECIFIC COMMODITY RATE"SCR"）；

（3）货物的等级运价（CLASS RATE"CCR"）；

（4）集装箱货物运价（UNITIZED CONSIGNMENTS RATE"UCR"）。

（三）起码运费

起码运费是航空公司办理一批货物所能接受的最低运费，不论货物的重量或体积大小，在两地之间运输一批货物应收取的最低金额。不同地区有不同的起码运费。

（四）有关运价的其他规定

各种不同的航空运价和费用都有下列共同点：

（1）运价是指从一个机场到另一个机场，而且只适用于单一方向；

（2）不包括其他额外费用，如提货、报关、接交和仓储费用等；

（3）运价通常使用当地货币公布；

（4）运价一般以千克或磅为计算单位；

（5）航空运单中的运价是出具运单之日所适用的运价。

第三节 航空运输设备与设施

航空运输设备是指完成航空运输所必备的硬件总称，主要包括机场和航空器。

一、航空运输场站

机场又称航空站(航空港)，是供飞机起飞、着陆、停驻、维护、补充给养及组织飞行保障活动所用的场所，包括相应的空域及相关的建筑物、设施与装置。它是民航运输网络中的节点，是航空运输的起点、终点和停经点。机场一方面要面向空中，送走起飞的飞机，迎来着陆的飞机；另一方面要面向陆地，供客、货和邮件进出。民用运输机场的基本功能是为飞机的运行服务，为客、货、邮件的运输，以及其他方面服务。

(一)机场的分类

机场有多种分类方法。

▶ **1. 按航线性质划分，分为国际航线机场和国内航线机场**

国际机场有国际航班进出，并设有海关、边防检查(移民检查)、卫生检疫和动植物检疫等政府联检机构。

国内航线机场是专供国内航班使用的机场。我国的国内航线机场还包括地区航线机场，即我国内地城市与港澳地区之间定期或不定期航班飞行使用的机场，并设有相应的类似国际机场的联检机构。

▶ **2. 按机场在民航运输网络系统中所起作用划分，分为枢纽机场、干线机场和支线机场**

国内、国际航线密集的机场称为枢纽机场。

干线机场是指各直辖市、省会、自治区首府，以及一些重要城市或旅游城市的机场。干线机场连接枢纽机场，空运量较为集中。

支线机场空运量较少，航线多为本省区内航线或邻近省区支线。

▶ **3. 按机场所在城市的性质、地位划分，分为Ⅰ、Ⅱ、Ⅲ、Ⅳ类机场**

(1) Ⅰ类机场，即全国政治、经济、文化大城市的机场，是全国航空运输网络和国际航线的枢纽，运输业务繁忙，除承担直达客货运输外，还具有中转功能。北京、上海、广州三大城市机场均属于此类机场，也称为枢纽机场。

(2) Ⅱ类机场，即省会、自治区首府、直辖市和重要的经济特区、开放城市和旅游城市，或经济发达、人口密集城市的机场，也称为干线机场。

(3) Ⅲ类机场，即国内经济比较发达的中小城市，或一般对外开放和旅游城市的机场，也可以称为次干线机场。

(4) Ⅳ类机场，即省、自治区内经济比较发达的中小城市和旅游城市，或经济欠发达但地面交通不便城市的机场，也称为支线机场。

(二)机场的构成

机场主要由三部分构成，即飞行区、航站区及进出机场的地面交通系统。

（1）飞行区是机场内用于飞机起飞、着陆和滑行的区域，通常还包括用于飞机起降和盘旋的空域在内。飞行区由跑道系统、滑行道系统和机场净空区构成。

（2）航站区是飞行区与机场其他部分的交接部。航站区包括旅客航站楼、站坪、车道边、站前停车设施等。

（3）进出机场的地面交通系统衔接通常由机场附近的公路、铁路、地铁（或轻轨）和水运码头等设施，把机场和邻近城市连接起来，将旅客和货物及时运进或运出航站楼和货运区。机场整体布局如图5-5所示。

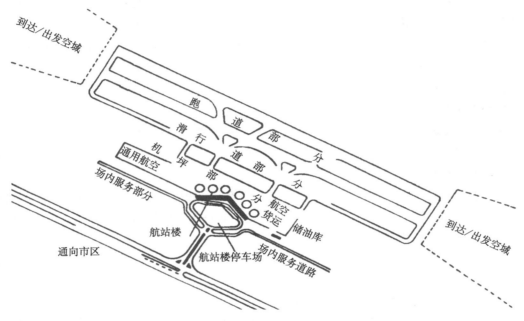

图5-5　机场整体布局

根据机场跑道的长度、宽度、灯光设备和目视助航设备等情况，以及飞机航程的远近、能起降飞机的重量等条件，可以将机场分为四个等级。跑道是一个机场的重要组成部分，它决定了机场的等级标准，跑道及其相关设施的修建、标识等是有严格规定的。跑道的性能及相应的设施决定了什么等级的飞机可以使用这个机场，机场按这种能力分类，称为飞行区等级。机场的等级一般用飞行区等级来表示。飞行区等级用两个部分组成的编码来表示，第一部分是数字，表示飞机性能所要求的跑道性能和障碍物的限制。第二部分是字母，表示飞机的尺寸所要求的跑道和滑行道的宽度。对于跑道来说，飞行区等级的第一个数字表示所需要的飞行场地长度，第二位的字母表示相应飞机的最大翼展和最大轮距宽度。

（三）机场设施设备

除机场场道、航站区的航站楼外，机场的设施还包括目视助航设施、通信导航设施、空中交通管制设施、航空气象设施、供油设施、应急救援设施、动力与电信系统、环保设施、旅客服务设施、安检设施、保安设施、货运区及航空公司区等。

▶ **1. 航站楼**

航站楼（主要指旅客航站楼，即候机楼）是航站区的主体建筑物。航站楼一侧连着机坪，另一侧又与地面交通系统相联系。旅客、行李及货邮在航站楼内办理各种手续，并进行必要的检查以实现运输方式的转换。旅客航站楼的基本功能是安排好旅客和行李的流程，为旅客及行李改变运输方式提供各种设施和服务，使航空运输安全有序。旅客航站楼的基本设施应包括车道边、公共大厅、安全检查设施、政府联检机构、候机大厅、行李处理设施（行李分拣系统和行李提取系统）、机械化代步设施（人行步道、自动扶梯等）、登机桥和旅客信息服务设施等。大型机场的旅客航站楼还设有特许商业经营和服务设施。因此，航站楼不仅是民航的营运中心，还是商业中心。旅客航站楼内还设有机场和航空公司的办公机构和特许经营部门。

▶ **2. 目视助航设施**

为了满足驾驶员的目视要求，保证飞机的安全起飞、着陆、滑行，应在跑道、滑行道、停机坪及相关区域内设置目视助航设施，包括指示标和信号设施、标志、灯光、标记牌和标志物。此外，还要设置表示障碍物及限制使用地区的目视助航设施。

▶ **3. 地面活动引导和管制等辅助系统**

地面活动引导和管制等辅助系统由地面活动引导和通信导航设施、航空气象设施、交通管制设施、供油设施、应急救援设施、动力与电信系统、环保设施、旅客服务设施、安检设施、保安设施、货运管理区等组成。该系统的主要作用是使机场能安全地解决运行中对地面后勤保障活动的需求。

▶ **4. 地面特种车辆和场务设备**

进出港的飞机都需要一系列的地面服务，这些服务往往都是由工作人员操作各种车辆（牵引车、电源车、清洗车、垃圾车、加油车、行李车、升降平台、客梯车等）或设备完成的。为了保证飞机在飞行区内正常运行，机场应配备维护、检测设备（清扫车、吹雪车、推雪车、割草机、道面摩擦系数测试车等），以及驱鸟设备等。

二、航空运输工具

飞机是航空器的一种，按照国际民航组织给出的定义："航空器是指可以从空气的反作用（但不包括空气对地球表面的反作用）中取得支撑力的机器。"飞机有四个基本组成部分，即机体、动力装置、飞机系统和机载设备，如图5-6所示。

（一）飞机的分类

▶ **1. 按构造分类**

按照飞机构造的不同，可分为以下几类。

（1）按机翼数目划分，可分为双翼机和单翼机。

（2）按发动机类型划分，可分为活塞发动机及螺旋桨式飞机和喷气式飞机。

（3）按发动机数目划分，可分为单发动机、双发动机、三发动机和四发动机飞机等。

（4）按起落方式划分，可分为滑跑起落式飞机和垂直/短距起落式飞机。

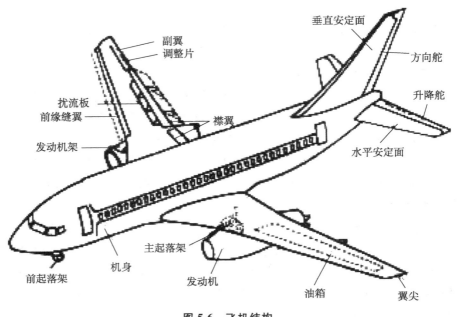

图 5-6　飞机结构

（5）按旅客过道数目划分，大多数客机的客舱内只有一个旅客通道，若客舱内有两个客舱通道，则称为宽体（或双通道）客机。

▶ 2. 按用途分类

按照用途的不同，飞机可分为民用飞机、军用机和研究机。

（1）民用飞机，翼类根据起飞重量分为大型飞机（最大起飞重量 100 吨以上）、中型飞机（最大起飞重量介于 40～100 吨）和小型（最大起飞重量 40 吨以下）飞机；根据航程分为远程飞机、中程飞机和近程飞机；根据用途分为客机和货机。客机用于运载旅客和邮件，联络国内各城市与地区或其他国家的城市。客机按航线性质可分为洲际航线上使用的远程（大型）客机、国内干线上使用的中程（中型）客机和地方支线上使用的近程（轻型）客机。目前各国使用的远程客机大都是亚音速机。货机是专用于运送货物的飞机，一般载重较大，有较大货舱和舱门，或机身可转折，便于装卸货物。

（2）军用机，包括歼击机（战斗机）、轰炸机、强击机、军用运输机、侦察机、军用教练机、早期警戒机和空中指挥机、反潜机、空中加油机、救护机、联络机、观察机等。

（3）研究机，主要包括试验机和记录机等。

（二）飞机的构造

▶ 1. 机体

飞机机体由机翼、机身、尾翼（组）、起落架等组成。现代民用飞机机体除起落架外一般都是以骨架为基础加蒙皮的薄壁结构，特点是强度高、刚度大、重量轻。机体使用的材料主要有两大类：一是金属材料，大多采用比强度和比刚度高的铝合金；二是复合材料，多为纤维增强树脂基层状结构材料。

（1）机翼：机翼是为飞机飞行提供升力的部件。亚音速飞机机翼的翼型几乎都是下表面平直而上表面凸起的，以产生升力。机翼上装有很多用于改善飞机气动特性的装置，包括副翼、襟翼、前缘缝翼、扰流板等。

（2）机身：机身是飞机的主体，左右对称并呈流线型。机身用来装载人员、货物、安装设备，并将飞机的部件连接为整体。大型客机机身一般由机头、前段、中段、后段和尾锥组成。

（3）尾翼组：尾翼组由垂直尾翼和水平尾翼组成。垂直尾翼包括垂直安定面和方向舵，提供方向（航向）稳定性和操纵性。水平尾翼包括水平安定面和升降舵，保证俯仰稳定性和操纵性。

（4）起落架：飞机起落架的主要部件有支柱、机轮、减震装置、刹车装置和收放机构等。起落架的作用主要是使飞机起降时能在地面滑跑和滑行，以及使飞机能在地面移动和停放。现代飞机的起落架都是可收放的，可以大大减小飞机的阻力，也有利于飞行姿态的控制。

▶ 2. 动力装置

航空发动机是飞机的动力装置，也称推进装置。飞机发动机有多种类型，民用飞机主要采用的是活塞式发动机和燃气涡轮发动机。

▶ 3. 飞机系统

飞机系统包括飞机操纵系统、液压系统、燃油系统、空调系统和防冰系统等。

（1）飞机操纵系统。飞机操纵系统将驾驶员在驾驶舱内发出的操纵指令传递给有关装置，驱动舵面，改变和控制飞行姿态。

（2）液压系统。液压系统的作用主要是传动并控制操纵系统和起落架系统等。

（3）燃油系统。燃油系统用于储存飞机所需的燃油，并在飞机的不同飞行状态和工作条件下按要求的压力和流量连续、可靠地向发动机供油。同时，燃油还可以冷却飞机上的有关设备和平衡飞机。

（4）空调系统。现代飞机都采用气密座舱加座舱空气调节系统以抵御飞机在高空飞行时的低压、缺氧和低温给人体带来的不适。

（5）防冰系统。飞机在高空飞行时，大气温度都在0℃以下，飞机的迎风部位，如机翼前缘、尾翼前缘、驾驶舱挡风玻璃、发动机进气道等易结冰。防冰系统用于防止结冰给飞机的飞行带来危害，有防止结冰与除冰的作用。

▶ 4. 机载设备

机载设备主要是为驾驶员提供有关飞机及飞机系统的工作情况的设备。通过机载设备，驾驶员能随时得到飞行所必需的信息，并可在飞行后向维修人员提供有关信息。现代大型运输机驾驶舱内的机载设备包括飞行和发动机仪表、导航、通信和飞行控制等辅助设备。机载设备随着飞机性能不同而有所区别。

（1）飞机的飞行仪表包括指示飞行速度、飞行高度、升降速度的全静压系统仪表，指示飞行姿态和方向的仪表，指示时间和加速度的仪表等。现代飞机上还有自动驾驶仪等。

（2）发动机仪表测量并指示发动机的工作状态，测量的参数包括不同部位的温度、压力、转速等。

（3）导航、通信及有关辅助设备为了保证飞机的安全飞行，提供定位信息和通信联络信息等。用于物流领域的航空运输设备主要有货机和客货机两类。客货机以运送旅客为主，运送货物为辅；货机专门用于运送各类货物，现役货机多由客机改装而成。目前，世界上最大的货机是 B747F，该机可载货 100 吨，拥有 56 立方米的载货容积或 29 个 20 英尺航空集装箱舱位。

知识链接

航空运输区划分

与其他运输方式不同的是，国际航空货物运输中与运费的有关各项规章制度、运费水平都是由国际航协统一协调、制定的。在充分考虑了世界上各个不同国家、地区的社会经济、贸易发展水平后，国际航协将全球分成三个区域，简称航协区（IATA Traffic Conference Areas），每个航协区内又分成几个亚区。

一区（TC1）：包括北美、中美、南美、格陵兰、百慕大和夏威夷群岛。

二区（TC2）：由整个欧洲大陆（包括俄罗斯的欧洲部分）及毗邻岛屿，冰岛、亚速尔群岛，非洲大陆和毗邻岛屿，亚洲的伊朗及伊朗以西地区组成。本区是政治地理区划差异最多的一个区，主要有三个亚区：①非洲区，含非洲大多数国家及地区，但北部非洲的摩洛哥、阿尔及利亚、突尼斯、埃及和苏丹不包括在内；②欧洲区，包括欧洲国家和摩洛哥、阿尔及利亚、突尼斯三个非洲国家和土耳其（既包括欧洲部分，也包括亚洲部分），俄罗斯仅包括其欧洲部分；③中东区，包括巴林、塞浦路斯、埃及、伊朗、伊拉克、以色列、约旦、科威特、黎巴嫩、阿曼、卡塔尔、沙特阿拉伯、苏丹、叙利亚、阿拉伯联合酋长国、也门等。

三区（TC3）：由整个亚洲大陆及毗邻岛屿（已包括在二区的部分除外），澳大利亚、新西兰及毗邻岛屿，太平洋岛屿（已包括在一区的部分除外）组成。本区有四个亚区：①南亚次大陆区，包括阿富汗、印度、巴基斯坦、斯里兰卡等南亚国家；②东南亚区，包括中国（含港、澳、台）、东南亚诸国、蒙古、俄罗斯亚洲部分及土库曼斯坦等独联体国家，以及密克罗尼西亚等群岛地区；③西南太平洋洲区，包括澳大利亚、新西兰、所罗门群岛等；④日本、朝鲜区，仅含日本和朝鲜。

本章小结

本章阐述了航空货物运输的概念、特征及发展过程；阐述了航空货物运输的经营业务及组织方式；阐述了航空货物运输的发货、托运和到达交付的业务流程；阐述了航空货物运输的工具——飞机的分类与构造；阐述了航空机场、场站等设施设备。

| 课堂讨论 |

在课堂上先由学生分小组进行讨论，然后选出代表集中发言。
讨论如何进行航空运输的发货与收货操作。

| 思考题 |

1. 简述航空货物运输的优点。
2. 简述航空货物运输的缺点。
3. 简述航空货物运输运营方式的分类。
4. 简述航空货物运输的组织流程。

拓展案例

上海航空货运公司

一、公司简介

上海航空货运公司是经中国民航总局批准，上海市工商局核准，营业范围广泛的成熟物流企业。上海航空货运公司隶属上海航空公司，在上海航空公司东航的基础上，专业从事航空货运航空物流、航空托运、宠物托运等航空运输业务和铁路快运的代运输，服务网络遍及全国 92 个大、中城市和世界 100 多个国家和地区。上海航空货运公司规模不断壮大，与山东航空、厦门航空、国际航空、四川航空、深圳航空、海南航空、南方航空、上海东方航空等各大公司有着良好的合作关系，拥有完善的空运管理系统，国内航空联运，协同作业为客户提供从文件到供应链管理的全系列空运解决方案。

二、货运办理流程

（1）托运人托运货物应向承运人填交货物运输单，并根据国家规定随附必要的有效证明文件。托运人应对运输单填写内容的真实性和正确性负责。托运人填交的货物运输单经承运人接受，并由承运人填发货物运输单后，航空货物运输合同即告成立。

（2）托运人要求包用飞机运输货物，应填交包机申请书，经承运人同意接受并签订包机运输协议书后，航空包机货物运输合同即告成立。签订协议书的每个主体，均应遵守民航主管机关有关包机运输的规定。

（3）托运人对运输的货物，应当按照国家规定的包装进行标准包装；没有统一规定包装标准的，托运人应当根据保证运输安全的原则，按货物的性质和承载飞机等条件进行包装。凡不符合包装要求的，承运人有权拒绝承运不符合规格的货物。

（4）托运人必须在托运的货物上标明发站、到站，以及托运人、收货人的单位、姓名和地址，按照国家规定标明包装储运指标标志。

（5）国家规定必须保险的货物，托运人应在托运时投保货物运输险。

（6）托运人托运货物，应按照民航主管机关规定的费率缴付运费和其他费用。除托运人和承运人另有协议外，运费及其他费用一律于承运人开具货物运单时一次付清。

（7）承运人应于货物运达到货地点后 24 小时内向收货人发出到货通知，收货人应及时凭提货证明到指定地点提取货物。货物从发出到货通知的次日起，免费保管三个月。收货人逾期提取，应按运输规则缴纳保管费。

（8）收货人在提取货物时，对货物重量无异议，并在货物运输单上签收，承运人即解除运输责任。

（9）因承运人的过失或故意造成托运人或收货人损失，托运人或收货人要求赔偿，应在填写货物运输事故记录的次日起 180 日内，以书面形式向承运人提出，并附有关证明文件。

三、上海航空货运公司的合作伙伴

上海航空货运公司自成立以来，已经与国内（国航、海航、南航、东航、川航、深航、厦航、东航、邮航）、国际（汉莎、港龙、大韩、美西北、日航）等多家航空公司签订长期合作合同。该公司已经逐步形成了较为完善的航空快递货运网络，先后在北京、上海、深圳、成都、重庆、大连、福州、广州、贵阳、海口、哈尔滨、济南、晋江、昆明、兰州、南宁、青岛、天津、汕头、沈阳、太原、武汉、西安、厦门、郑州、长沙、南昌、乌鲁木齐、珠江三角洲等大中城市及周边地区的同行代理建立了良好、长期的业务合作关系，提供全方位的空运、快递、货运"提—运—送"一站式门对门服务。全国各地 14 个直属公司为托运人的货物保驾护航，当日必达通过北京、上海、广州（香港）、厦门、珠海（澳门）、青岛、大连等国际、地区快递业务通道，以及所建立的国际、地区网络业务合作关系，将国际快件安全、准确快捷地送达世界各地，以及我国台湾、香港、澳门等地，并可通过国际互联网实施信息跟踪服务。代码共享航班是上海航空公司与国内及境外航空公司互挂航班代号，以扩大航线网络的合作方式。如果托运人预订的上航机票是代码共享航班，将由上航的伙伴航空公司为托运人提供服务（非上航实际承运），托运人可以到实际承运的航空公司机场柜台办理登机手续。

6 第六章
管道货物运输

学习目标

通过学习，了解管道货物运输的概念、特点、运营方式，管道货物运输的作业流程、组织与管理，以及管道运输的设施与设备等。

知识要点

1. 了解管道运输的概念和管道运输的发展。
2. 了解管道货物运输业务的种类和新兴的管道货物运输业务。

技能要点

1. 理解管道运输的特点及运用范围。
2. 了解管道运输的主要设施与设备。

导入案例

中国的管道运输

中国作为能源大国，目前管道运输的发展面临着千载难逢的历史机遇。管道运输公司应以经济效益为中心，以降低成本为重点，以安全生产为基础，集中精力抓好在役管道运营和新管道建设，按照现代企业制度要求，加强企业管理，加快科技进步，力争经过 3～5 年的努力，把管道运输公司建成具有较强实力的世界知名公司。结合中国的管道运输行业现状，应在"两提高、两降低、两确保"上做文章，即提高在役管道运营管理，降低运营成本，确保安全平稳；提高新建管道工程质量，降低工程造价，确保按期投产。

如今，按照国家和中国石油集团公司的总体发展规划，中国的天然气管道发展已经进入一个崭新的阶段，也为中国管道的发展壮大提供了千载难逢的机遇。管道运输经过几年努力，将建成新的 7 000 千米管道和 6 个区域性输气管网，分别是：已经开工建设并已经投产的青海涩北—西宁—兰州管道，形成覆盖甘肃的输气管网；重庆忠县—武汉的天然气管道，形成覆盖湖北湖南的输气管网；新疆塔里木—上海的"西气东输"管道，形成覆盖长江三角洲地区及沿线的输气管网；陕北—北京复线，形成覆盖京津冀的输气管网；俄罗斯—东北—华北的管道，形成纵贯南北的输气管网；引进 LNG 和利用海上油气资源的管道，形成覆盖东南沿海和珠江三角洲的输气管网。待这 6 条管道建成后，资源和市场的落实将把这 6 个区域管网连接起来，形成横穿东西纵贯南北的格局，以及产、运、储、配、销五位一体的体系，使天然气从现在占能源结构的 2% 提高到 7% 以上。这些项目的启动，对于拉动中国的国民经济增长、保护环境、改善能源结构将发挥十分重要的作用。今后，石油管道运输业将依托中国石油天然气工业的综合实力和自身专业优势，立足国际、国内两个市场，加强与国内外企业的合作，推动中国石油石化工业的发展。

第 一 节 管道货物运输概述

近几年，随着经济的发展，特别是西气东输工程的实施，管道运输也迅速发展起来。可以说，管道运输是衡量一个国家的能源与运输业是否发达的特征之一，也是国民经济综合运输的重要组成部分。

一、管道运输的概念

管道运输是利用管道输送气体、液体和粉状固体的一种运输方式，借助高压气泵的压力把货物经管道向目的地输送。管道运输不需要动力引擎，而是将运输通道和运输工具合二为一，工作原理相当于通过自来水管道将水输送到各家各户。它与其他运输方式的最明显的区别在于管道运输的工具(管道设备)是固定不动的。

二、管道运输的特点

用车、船舶、飞机等运输货物，是驱动装运货物的运输工具将货物运往目的地；用管道运输货物，管道是静止的，它通过输送设备(如泵、压缩机等)驱动货物，使之通过管道流向目的地。因此，管道运输的特性具体表现在以下方面。

▶ 1. 管道运输的优点

(1) 运输通道与运输工具合二为一。

(2) 高度专业化，适用于运输气体和液体货物。

(3) 起始点固定，单方向运输，无回空运输问题。

(4) 不受地面气候影响，可连续作业。由于深埋地下，密闭输送，能够长期稳定运行，受气候和其他交通事故的影响小；无噪声；对环境污染小。

（5）运输的货物不需包装，节省包装费用。

（6）货物在管道内移动，货损、货差率低。以管道运输石油为例，石油在装卸车过程中，大量的油、气从槽车的装卸口挥发到大气中，夏季挥发量更大，影响油品质量，污染环境。而管道运输石油，油品蒸发损耗小，能保证油品质量，同时又能减少环境污染。

（7）费用省、成本低、运量大。据有关部门统计，一条直径为 1 020 毫米的输油管道，年输油能力可达 5 000 万吨（当运距为 3 000 千米时），相当于一条双轨铁路的运输量，而铁路还需配备 1 400 多台机车、5.5 万辆油槽车。因此，管道运输不仅运量大，而且能节约大量机车和油槽车。

（8）永久性占用土地少，易选取捷径缩短运距。管道多埋于地下，埋入地下部分一般占管道总长度的 95％ 以上，永久占用土地少；管道可以从河流、湖泊乃至海洋的水下穿过，也可以翻越高山，横越沙漠，允许敷设坡度较铁路、公路大，易选取捷径缩短运距。

▶ 2. 管道运输的缺点

（1）管道运输承运的货物比较单一，无法承担复杂品种的货物运输。

（2）管道运输只能单向运输，机动灵活性差，无法根据货物数量和流向调整线路。

（3）一次性固定资产投资大。为了进行连续运输，需要在各中间站建立动力加压站等。

目前，我国的管道运输多用于运输石油和天然气。

第 二 节　管道货物运输实务

管道运输是使用管道输送流体货物的一种运输方式，所输送的货物主要是油品（原油和成品油）、天然气（包括油田伴生气）、煤浆及其他矿浆。现代管道运输随石油开发而兴起，并随着石油、天然气等流体燃料需求量的增长而发展。目前，各国主要利用管道进行国内和国际间的流体燃料运输，有不少国家在国内已建成油、气管道网。大型国际管道已横跨北美、北欧、东欧，乃至跨越地中海连接欧非两大陆，年输送原油量亿吨以上和天然气百亿立方米以上的管道相继建成，对加速流体燃料运输起着重要作用。近 20 年来，固体料浆管道的问世给大量运输煤炭等燃料开辟了途径，为管道运输开创了新领域，管道运输正在蓬勃发展。

一、管道运输货物的分类

管道运输的物品按输送货物的形态分为以下几类。

▶ 1. 液体

液体货物主要是各类油品，包括原油、成品油和液态烃（液化石油气和液化气）。

▶ 2. 气体

气体货物主要包括天然气、二氧化碳和氮气等。

▶ 3. 固体浆料、散料

固体浆料、散料货物又可分为煤浆、各类矿浆和粮食类小颗粒固体。

▶ 4. 其他

随着管道运输技术的不断发展，管道运输的货物不仅仅局限于以上货物，如邮包、信件、垃圾等货物也可以进行管道输送。

二、管道货物运输业务的种类

管道货物运输按所输送的物品不同，分为原油管道、成品油管道、天然气管道和固体料浆管道，其中，前两类常统称为油品管道或输油管道。

▶ 1. 原油管道

原油一般具有比重大、黏稠和易于凝固等特性。用管道输送时，要针对所输原油的物性，采用不同的输送工艺。原油运输不外是自油田将原油输给炼油厂，或输给转运原油的港口或铁路车站，或两者兼而有之。原油管道的运输特点是输量大、运距长、收油点和交油点少，故特别适合用管道输送。世界上的原油约有85％以上是用管道输送的。

▶ 2. 成品油管道

成品油管道输送汽油、煤油、柴油、航空煤油和燃料油，以及从油气中分离出来的液化石油气等成品油（油品）。成品油管道的任务是将炼油厂生产的大宗成品油输送到各大城镇附近的成品油库，然后用油罐汽车转运给城镇的加油站或用户。有的燃料油直接用管道输送给大型电厂，或用铁路油槽车外运。成品油管道运输的特点是批量多、交油点多。因此，管道的起点段管径大，输油量大；经多处交油分输以后，输油量减少，管径也随之变小，从而形成成品油管道多级变径的特点。

▶ 3. 天然气管道

输送天然气和油田伴生气的管道包括集气管道、输气干线和供配气管道。就长距离运输而言，输气管道指高压、大口径的输气干线。这种输气管道约占全世界管道总长的一半。

▶ 4. 固体料浆管道

固体料浆管道是20世纪50年代中期发展起来的，到20世纪70年代初已建成能输送大量煤炭料浆的管道。固体料浆的输送方法是将固体粉碎，与适量的液体配置成可泵送的浆液，再用泵按液体管道输送工艺进行输送。到达目的地后，将固体与液体分离送给用户。目前，固体料浆管道主要用于输送煤、铁矿石、磷矿石、铜矿石、铝矾土和石灰石等矿物，配置浆液主要用水，还有少数采用燃料油或甲醇等液体作为载体。

三、新兴的管道运输方式

现今管道运输货物业务常见于城市生活和工业生产的自来水输送系统、污水排放系统、煤气或天然气输送系统，以及工业石油输送系统等。新兴的管道运输主要指用管道来输送煤炭、矿石、邮件、垃圾等固体货物的运输系统。

运送固体货物的管道货物运输业务一般有以下几种方式。

▶ **1. 水力管道运输**

水力管道运输即把需要运送的粉末状或小块状的固体（一般是煤或矿石）浸在水里，依靠管内水流，浮流运行。管道沿线设有压力水泵站，维持管内水压、水速。管道起点设有调度室，控制整个管道运输。终点设有分离站，把所运货物从水中分离出来，并进行入库前的脱水、干燥处理。这种水力管道运输的缺点是固体货物损耗较大，管道磨损严重，一些不能与水接触的货物受到限制。

▶ **2. 水力集装箱管道运输**

水力集装箱管道运输的运输原理与水力管道运输一样，不同的是预先用装料机把货物装在用铝合金或塑料制成的圆柱形集装箱内，然后让集装箱在水流中运行。管道终点设有接收站，用卸料机把货物从箱内卸出，空箱从另一管道回路送回起点站。优点是货物和能源消耗及管道磨损都较小。

▶ **3. 气力集装箱管道运输**

气力集装箱管道运输与水力管道运输的主要区别是用高压气流代替高压水流，推动集装箱在管内运行。由于气流压力较大，集装箱大小和管道直径配合适宜，箱体沿管道壁顺气流运行，运输速度可达每小时 20 千米～25 千米。管道两端设有调度室、装卸货站，用电子技术自动控制。气力集装箱管道运输除用来运输矿物、建筑材料外，还被一些国家用来运送邮包、信件和垃圾。主要缺点是动力消耗太大，对集装箱耐压技术要求高。

▶ **4. 真空管道气压集装箱运输**

真空管道气压集装箱运输要求在管道两端设立抽气、压气站。抽出集装箱前进方向一端的空气，在集装箱后面送入一定气压的空气，通过一吸一推，使集装箱运行。对箱体和管壁的光滑度、吻合度要求较高，但动力消耗较小。

▶ **5. 电力牵引集装箱管道运输**

电力牵引集装箱管道运输不用水流或气流推动箱体，靠电力传送带或缆索牵引集装箱在管内的水中漂浮前进。这种方法由于管道不承受压力，故可使用廉价材料制作运输用的管道。

知识链接

如今，钞票可以通过特殊的"管道"直接运送到金库，电影中的镜头成为现实。例如，我国京珠高速公路鄂北收费站的现金传输系统通过验收，已经在鄂北和鄂南两个收费站启用。该系统采用瑞典技术，收费人员只需将钞票放入现金筒，系统在特制的地下管道中行进，每秒速度达 8～10 米，最后抵达金库，传送距离最远可达 1 千米。

目前，高速公路收费站传统的现金缴款模式是专设一个投包机，由收费员将现金装入专用的存款包内，下班时再投入投包机中。在这期间，收费员需要携带大量现金，尤其是夜间交班时存在较大的安全隐患。新型现金管道传输系统的应用，可保证现金的安全。

第三节 管道运输设备与设施

一、输油管道

输油管道由输油站和管线两大部分组成。

▶ 1. 输油站

输油站包括首站、中间输油站、末站等。

输油管道的起点称为首站，首站的任务是集油，经计量后加压向下一站输送，故首站的设备除输油机泵外，一般有较多的油罐。输油管道沿途设有中间输油站，中间输油站的任务是对所输送的原油加压、升温，也俗称中间泵站。中间泵站的主要设备有输油泵、加热炉、阀门等。输油管道末站接受输油管道送来的全部油品，供给用户或以其他方式转运，故末站有较多的油罐和准确的计量装置。

▶ 2. 管线

输油管道的线路也称管线，包括管道、沿线阀室、穿越江河与山谷等的设施和管道阴极防腐保护设施等。为保证长距离输油管道的正常运营，还设有供电和通信设施。

二、天然气运输管道

输气管道系统主要由矿场集气管网、干线输气管道(网)、城市配气管网，以及与此相关的站、场等设备组成。这些设备从气田的井口装置开始，经矿场集气、净化及干线输送，再经配气管网送到用户，形成一个统一、密闭的输气系统。

▶ 1. 矿场集气

集气过程指从井口开始，经分离、计量、调压、净化和集中等一系列过程，到向干线输送为止。集气设备包括井场、集气管网、集气站、天然气处理厂、外输总站等。

▶ 2. 输气站

输气站又称压气站，核心设备是压气机和压气机车间，任务是对气体进行调压、计量、净化、加压和冷却，使气体按要求沿着管道向前流动。由于长距离输气需要不断供给压力能，故沿途每隔一定距离(一般为110千米~150千米)设置一座中间压气站(或称压缩机站)，首站是第一个压气站；第二站开始称为压气站；最后一站即干线网的终点——城市配气站。压气站也可按作用分为压气站、调压计量站和储气库。调压计量站多设在输气管道的分输处或末站，作用是调节气体压力、测量气体流量，为城市配气系统分配气量并分输到储气库；储气库则设于管道沿线或终点，用于解决管道均衡输气和气体消费的昼夜及季节不均衡问题。

▶ 3. 干线输气

干线是指从矿场附近的输气首站开始到终点配气站为止。

由于输气管道输送的介质是可压缩的，因此输气管道的输量与流速、压力有关。压气机站与管路是一个统一的动力系统。压气机的出站压力就是该站所属管路的起点压力，终点压力为下一个压气机站的进站压力。一般来说，输气管线可以有一个或多个压气机站。

压缩机站数可根据管线起终点最大供气量、压缩机站最大出站压力、全线管长、未段管线长度、压缩机性能、输送介质等因素来初步确定，再根据地形、地址、水、电、交通等条件最终确定。

▶ **4. 城市配气**

城市配气指从配气站（即干线终点）开始，通过各级配气管网和气体调压所，按用户要求直接向用户供气的过程。配气站是干线的终点，也是城市配气的起点与枢纽。气体在配气站内经分离、调压、计量和添味后输入城市配气管网。城市一般均设有储气库，可调节输气与供气间的不平衡。例如，当输气量大于城市供气量时，储气库储存气体，否则输出气体。

三、固体料浆运输管道

料浆管道的基本组成部分与输气、输油管道大致相同，但还有一些制浆、脱水干燥设备。以煤浆管道为例，整个系统包括煤水供应系统、制浆厂、干线管道、中间加压泵站、终点脱水与干燥装置。它们也可分为三个不同的组成部分：浆液制备系统、中间泵站和浆液后处理系统。

▶ **1. 浆液制备系统**

以煤为例，煤浆制备过程包括洗煤、选煤、破碎、场内运输、浆化、储存等环节。

为清除煤中所含硫及其他矿物杂质，一般要采用淘选、浮选法对煤进行精选，也可采用化学法或细菌生物法。

从煤堆场用皮带运输机将煤输送至储仓后，经振动筛粗选后进入球磨机进行初步破碎，再经第二级振动筛筛分后进入第二级棒磨机掺水细磨，所得粗流量计浆液进入储浆槽，由提升泵送至安全筛筛分，最后进入稠浆储罐。在进行管道输送前，为保证颗粒级配和浓度符合质量要求，可用试验环管进行检验。不合格者可返回油罐重新处理。

煤浆管道首站一般与制浆厂合在一起，首站的增压泵从外输罐中抽出浆液，经加压后送入干线。

▶ **2. 中间泵站**

中间泵站的任务是为煤浆补充压力能。停运时则提供清水冲洗管道。输送煤浆的泵可分为容积式与离心式两种，不同种类泵的特性差异与输油泵大致相同。泵的选用要结合管径、壁厚、输量、泵站数等因素综合考虑。

▶ **3. 浆液后处理系统**

煤浆的后处理系统包括脱水、储存等部分。管输煤浆可脱水储存，也可直接储存。脱水的关键是控制煤表面的水含量，一般应保证在 $7\% \sim 11\%$。影响脱水的因素主要有浆液温度与细颗粒含量。浆液先进入受浆罐或储存池，然后再用泵输送到振动筛中区分为粗、细浆液。粗浆液进入离心脱水机，脱水后的煤粒可直接输送给用户，排出的废液输入浓缩池与细粒浆液一起，经浓缩后再经压滤机压滤脱水，最后输送给用户。

本章小结

　　本章阐述了管道运输的概念特征及发展过程；阐述了管道运输货物的分类及管道运输的组织方式；阐述了几种新型的管道运输形式；阐述了管道运输的管道辅助泵站等设施设备。

课堂讨论

　　在课堂上先由学生分小组进行讨论，然后选出代表集中发言。
　　讨论如何进行油气的管道运输操作。

思考题

　　1. 管道运输的优点有哪些？
　　2. 管道运输的缺点有哪些？
　　3. 管道运输的种类有哪些？

拓展案例

西气东输工程

　　西气东输工程的输气管道西起新疆轮南，东至上海市白鹤镇，途经 10 个省、自治区、直辖市，线路全长约 4 000 千米，投资规模 1 400 多亿元，是目前我国距离最长、管径最大、投资最多、输气量大、施工条件最复杂的天然气管道。该管道直径 1 016 毫米，年设计输气量 120 亿立方米；全线采用自动化控制，供气范围覆盖中原、华东，长江三角洲地区。

　　西气东输工程于 2002 年 7 月 4 日全线开工。经历了两年多的艰苦修建，管道经过了戈壁沙漠、黄土高原、太行山脉，特别是三次穿越黄河、一次穿越长江，创造了陆上管道穿越规模的新纪录。2003 年 10 月 1 日，工程东段开始进气，陕西长庆气田的天然气正式开始从陕西靖边向上海输送。同年 10 月 16 日，正式给郑州市商业供气，西气东输工程初见经济效益。2004 年元旦，西气东输工程的东段已向下游的河南、安徽、江苏、浙江和上海四省一市累计供气 5 亿多立方米。10 月 1 日，西气东输工程西段开始进气，新疆塔里木气田的天然气正式开始从轮南向上海输送，实现全线试通气，2005 年 1 月 1 日正式投入使用。

西气东输二线工程创我国天然气管道建设史上投资最多、管线最长、输气量最大、设计压力最高、施工难度最大等多项之"最"。西气东输二线工程西起新疆霍尔果斯口岸，南至广州，东达上海，途经新疆、甘肃、宁夏、陕西、河南、湖北、江西、湖南、广东、广西、浙江、上海、江苏、安徽14个省区市，管道主干线和八条支干线全长9 102千米。西气东输二线配套建设3座地下储气库，其中一座为湖北云应盐穴储气库，另两座分别为河南平顶山、南昌麻丘水层储气库。工程设计输气能力300亿立方米/年，总投资约1 420亿元，计划2009年年底西段建成投入使用，2011年前全线贯通。

西气东输二线管道与拟建的中亚天然气管道相连，工程建成投运后，可将我国天然气消费比例提高1～2个百分点。这些天然气每年可替代7 680万吨煤炭，减少二氧化硫排放166万吨、二氧化碳排放1.5亿吨。可将我国新疆地区生产及从中亚地区进口的天然气输往沿线中西部地区和长三角、珠三角地区等用气市场，并可稳定供气30年以上，对保障中国能源安全、优化能源消费结构具有重大意义。

7 第七章
集装箱货物运输

学习目标

通过学习，了解集装箱及集装箱货物运输的概念、特点、运营方式，集装箱货物运输的作业流程、组织与管理等。

知识要点

1. 了解集装箱货物运输的特点、办理站的功能与设备、集装箱堆场的管理流程。
2. 理解集装箱的概念、集装箱货物运输的集散与交接流程、集装箱运价的构成和计算方式。
3. 掌握集装箱的四种运输方式、进出口通关流程与集装箱货物运输的主要单证。

技能要点

1. 了解铁路集装箱交接流程与运费的计算方式。
2. 掌握集装箱进出口单据的使用及通关流程。

导入案例

2007年，受经贸强势发展的依托、中国市场的继续繁荣，以及主要国家消费的强劲增长、航运市场需求的继续旺盛，承运人得到了更多的货源和机遇。从市场的实际经营状况来看，2007年8月美国爆发的次级抵押贷款风波并未影响航运市场货量的整体旺盛格局。2007年全球集装箱贸易量继续保持高速增长，达1.3亿TEU，增幅超过11%。这是全球集装箱贸易量连续第六年保持10%以上的增长。

2007年班轮公司定造的船舶继续以较快的速度交付。全年市场将交付新船150

万 TEU，其中 8 000 TEU 以上超大型船舶约占 1/3；2007 年年末全球集装箱船队总运力将达 1 309 万 TEU，增幅达 13.4％。从增长速度来看，2007 年增幅要略小于 2006 年，说明市场运力增长速度有所放缓；从实际运力增长来看，2007 年实际可用运力的增长小于由新船交付带来的名义运力增长。另外，市场旺盛的需求预期使新增运力快速消化，尤其是旺季航线爆舱，一票难求。因此，2007 年市场供求关系总体仍然保持平衡。

第一节　集装箱货物运输概述

一、集装箱的概念

国际标准 ISO 830—1981《集装箱名词术语》中，对集装箱定义如下。

集装箱是一种运输设备，具有 1 立方米及 1 立方米以上的容积；具有足够的强度，可长期反复使用；适合一种或多种运输方式的运送，途中转运时箱内货物不需换装；具有快速装卸和搬运的装置，特别便于从一种运输方式转移到另一种运输方式；便于货物装满和卸空。

二、集装箱的分类

▶ 1. 按集装箱的用途划分

（1）干货集装箱。干货集装箱也称杂货集装箱或通用集装箱，是实践中最常见的集装箱，适合装载一般件杂货，如玩具、电子产品、日常用品等。

（2）散装集装箱。散装集装箱主要适用于运输啤酒、豆类、谷物、硼砂、树脂等散装货物。

（3）通风集装箱。通风集装箱是为了防止由于箱内外温差引起在箱内壁或货物表面形成汽水而设计的。通风集装箱的外表与干货集装箱相同，是一种带有箱门的密闭式集装箱，为了通风，一般在侧壁或端壁和箱门上设有 4～6 个通风口。该类集装箱适合装载不需要冷冻而需通风、防止汗湿的货物，如水果、蔬菜等。

（4）冷藏集装箱。冷藏集装箱是指装载冷藏货并附设有冷冻机的集装箱。适合装载需要冷藏或冷冻的货物，如冷藏食品、新鲜水果、鱼、肉等。

（5）敞顶集装箱。敞顶集装箱又称开顶集装箱，目前，敞顶集装箱仅限于装运较高货物或需从顶口装卸的货物。

（6）台架式集装箱。台架式集装箱没有箱顶板和侧壁板，也没有门，只有厚度较一般通用集装箱厚许多的箱底板及连接在箱底板上的框架。这种集装箱不能装运怕水湿的货物，通常用于装运长大件和重件货，如重型机械、钢材、木材、钢管、机床等。

（7）平台式集装箱。平台式集装箱是无上部结构，只有底部结构的一种集装箱。平台集装箱打破了过去一直认为集装箱必须有容积的概念。它主要用来装运外形尺寸过高、过宽的货物。

（8）罐式集装箱。罐式集装箱由罐体和箱体框架两部分组成，适合装载各种液体货物，如液体食品、酒类、液体药品、化工品等。

（9）专用集装箱。专用集装箱是专门划分装运特定货物的集装箱，如牲畜集装箱、服装集装箱、汽车集装箱等。

▶ **2. 按集装箱使用材料划分**

（1）钢质集装箱，该类集装箱的最大优点是强度大、结构稳、焊接性和水密性均好，且价格低廉。缺点是自重大、易腐蚀、生锈，维修费用高，使用年限较短，一般为11～12年。

（2）铝合金集装箱，一般采用铝镁合金制成，最大的优点是自重轻，比钢质集装箱轻20％～25％，且不生锈，外表美观。同时，铝镁合金弹性好，变形后易恢复，加工方便，加工、维修费用低，使用年限一般为15～16年。最大缺点是造价高、焊接性能差。

（3）玻璃钢集装箱，一般是在钢制的集装箱框架上镶装玻璃钢复合板构成。玻璃钢复合板主要用于制作侧壁、端壁、箱顶板和箱底板。该类集装箱强度大、刚性好。

（4）不锈钢集装箱，主要采用不锈钢制作而成。不锈钢是一种新型集装箱材料，优点是强度大、不生锈；使用期限内无须进行保养，故使用率高；耐腐蚀性好。

▶ **3. 按集装箱尺寸划分**

目前使用的国际集装箱的外部尺寸和重量如表7-1所示。

表7-1 集装箱尺寸

类型	英尺	宽/mm	高/mm	长/mm	最大载重/kg	自重/kg	最大净载重量/kg	体积/m³	材质
20std	20′×8′×8″	2.340	2.274	5.896	27 000	2 150	24 850	33	钢
40std	40′×8′×8″	2 340	2 274	12 035	32 500	3 700	28 800	67	钢
40wide-door	40′×8′×8″	2 343	2 278	12 056	32 500	2 790	29 710	67	铝
40high	40′×8′×9″	2 343	2 584	12 056	32 500	2 900	29 600	76	铝
40high	40′×8′×9″	2 340	2 577	12 035	34 000	3 800	30 200	76	钢
45high	45′×8′×9″	2 340	2 584	13 582	32 500	3 900	28 600	86	铝
45high	45′×8′×9″	2 340	2 585	13 556	32 500	4 800	27 820	86	钢

为了便于计算集装箱数量，以20英尺的集装箱作为换算标准箱，并以此作为集装箱船载箱量、港口集装箱吞吐量等的计量单位。故存在下列换算关系：

20 英尺＝1TEU，40 英尺＝2TEU，30 英尺＝1.5TEU，10 英尺＝0.5TEU。

从载货容积与重量数可知，40 英尺箱型适用于轻泡货，20 英尺箱型适用于重货。

知 识 链 接

1.《集装箱海关公约》关于集装箱的定义

1972 年制定的《集装箱海关公约》(CCC)中，对集装箱做了如下定义。

集装箱是指一种运输装备(货箱、可移动货罐或其他类似结构物)，全部或部分封闭而构成装载货物的空间；具有耐久性，其坚固程度使其适合重复使用；经专门设计，便于以一种或多种运输方式运输货物，无须中途换装；集装箱的设计便于操作，特别便于改变运输方式时的操作；集装箱的设计便于装满和卸空；内部容积在 1 立方米或 1 立方米以上。

该定义与国际标准化组织的定义有如下几点不同：①指出了集装箱是货箱、可移动货罐及其他类似结构物；增加了一条"全部或部分封闭而构成装载货物的空间"作为主要条件之一；把国际标准化组织定义中"集装箱这一术语含义不包括车辆和一般包装"一句改为"集装箱应包括有关型号集装箱所适用的附件和设备，而不包括车辆、车辆附件和备件，或包装"。

2.《国际集装箱安全公约》关于集装箱的定义

《国际集装箱安全公约》(CSC)第 2 条，对集装箱做了如下定义。

集装箱是指一种运输装备，具有耐久性，因为其坚固程度使其足能适合重复使用；经专门设计，便于以一种或多种运输方式运输货物而无须中途换装；为了紧固和(或)便于装卸，设有角件；四个外底角所围闭的面积应为下列两者之一：至少为 14 平方米(150 平方英尺)；如顶部装有角件，则至少为 7 平方米(75 平方英尺)。

集装箱一词不包括车辆及包装，但集装箱在底盘车上运送时，则底盘车包括在内。

该定义与国际标准化组织的定义又有如下不同：①把国际标准化组织定义中的"具有快速装卸和搬运的装置，特别便于从一种运输方式转移到另一种运输方式"一句，改为"为了紧固和(或)便于装卸，设有角件"，从而明确了该"装置"是指角件。②省略了国际标准化组织定义中"便于货物装满和卸空"一句。③把"具有 1 立方米及 1 立方米以上的容积"改为"四个外底角所围闭的面积至少为 14 平方米；如顶部装有角件，则至少为 7 平方米"。这就把原来规定的集装箱应具有一定的内容积，改为具有一定尺寸的底面积，无形中就打破了集装箱是一种"容器"的概念，从而奠定了后来把平台集装箱也包括在集装箱中的基础。

三、集装箱货物运输实务

(一) 集装箱运输的特点

(1) 集装箱运输是一种"门到门"运输，所谓"门到门"，就是从制造企业将最终消费品生产完毕，装入集装箱后，不管进行多长距离、多么复杂的运输，中间不再进行任何装卸与倒载；一直到市场"门"，再卸下直接进入商场。这既是这种运输方式的特点，也是采用这种运输方式所要达到的目标。凡使用集装箱运输的货物，都应尽量不在运输中途进行拆箱与倒载。

（2）集装箱运输是一种多式联运，由于集装箱"门到门"运输的特点，决定了集装箱运输"多式联运"的特点。所谓多式联运，是指使用两种或两种以上不同的运输方式，对特定货物进行的接运。它是以各种运输工具的有机结合，协同完成全程运输为前提条件的。在很多情况下，集装箱运输又是国际多式联运。由于集装箱是一种封闭式的装载工具，在海关的监督下装货铅封以后，可以一票到底直达收货人，所以集装箱运输是最适合国际多式联运的一种方法。

（3）集装箱运输方式是一种高效率的运输方式，这种高效率包含两方面的含义。一是时间上的高效率，由于集装箱在结构上是高度标准化的，与之配合的装卸机具、运输工具（船舶、卡车、火车等）也是高度标准化的，因此在各种运输工具之间换装与紧固均极迅捷，大大节省了运输时间；二是经济上的高效率，集装箱运输可以在多方面节省装卸搬运费用、包装费用、理货费用、保险费用等，并大幅降低货物破损损失。这些都决定了集装箱是一种高效率的运输方式。

（4）集装箱是一种消除了所运货物外形差异的运输方式，在件杂货运输方式中，所运货物不管采用什么样的外包装，货物在物理、化学特性上的差异均比较明显，可以通过视觉、触觉和嗅觉加以区别。在货物的信息管理方面，即使有所缺陷，也可以用其他手段予以弥补。而集装箱则不然，货物装入集装箱之后，货物的物理、化学特性全部被掩盖了，变成千篇一律的标准尺寸、标准外形的金属（或非金属）箱子。从外形上，无法得到任何说明箱内内容的特征。所以集装箱的信息管理与件杂货运输相比，具有特别重要的意义。

（二）集装箱运输的优点

（1）提高装卸效率，在装卸作业中，装卸单元越大，装卸效率越高。托盘成组化与单件货物相比，装卸单元扩大了 20～40 倍；而集装箱与托盘成组化相比，装卸单元又扩大了 15～30 倍。所以集装箱化对装卸效率的提高是不争的事实。

（2）减少货损、货差，提高货物运输的安全与质量水平。货物装入集装箱后，在整个运输过程中不再倒载。由于减少了装卸搬运的次数，因此大大减少了货损、货差，提高了货物的安全和质量。据统计，在我国，用火车装运玻璃器皿，一般破损率在 30% 左右，而改用集装箱运输后，破损率下降到 5% 以下。在美国，类似运输破损率不到 0.01%，日本也小于 0.03%。

（3）缩短货物在途时间，集装箱化给港口和场站的货物装卸、堆码的全机械化和自动化创造了条件。标准化的货物单元加大，提高了装卸效率，缩短了车船在港口和场站停留的时间。据航运部门统计，一般普通货船在港停留时间约占整个营运时间的 56%，而采用集装箱运输，使货物在港时间缩短到仅占营运时间的 22%。这一时间的缩短，对货主而言就意味着资金占用的大幅下降，可以很大程度地降低物流成本。

（4）节省货物运输包装费用，集装箱是坚固的金属（或非金属）箱子。集装箱化后，货物自身的包装强度可减弱，包装费用下降。据统计，用集装箱方式运输电视机，本身的包装费用可节约 50%。同时，由于集装箱装箱通关后一次性铅封，在到达目的地前不再开启，所以也简化了理货工作，降低了相关费用。

（5）减少货物运输费用。集装箱可节省船舶运费，节省运输环节的货物装卸费用。由于货物安全性提高，运输中保险费用也相应下降。据英国有关方面统计，英国在大西洋航线上开展集装箱运输后，运输成本仅为普通件杂货运输的 11%。

（三）集装箱货物运输在水路货运中的现状

▶ 1. 国际市场

据全球权威航运咨询机构克拉克森公司统计，2017 年上半年，全球集装箱船运力增长继续放缓，截至 2017 年 6 月底，全球集装箱船数量为 51 381 艘、2 023.2 万 TEU，同比增长 1.2%。

2014—2016 年全球十大集装箱港口吞吐量排名如表 7-2 所示。

表 7-2　2014—2016 年全球十大集装箱港口吞吐量排名

排　名	港 口 名 称	2014 年		2015 年		2016 年	
		吞吐量/万 TEU	同比增速/%	吞吐量/万 TEU	同比增速/%	吞吐量/万 TEU	同比增速/%
1	上海港	3 529	4.96	3 651	3.47	3 713	1.71
2	新加坡港	3 387	3.96	3 092	−8.70	3 090	−0.06
3	深圳港	2 403	3.23	2 420	0.71	2 411	−0.37
4	宁波舟山港	1 945	12.25	2 063	6.07	2 157	4.54
5	香港港	2 223	−0.56	2 011	−9.50	1 963	−2.40
6	釜山港	1 868	5.63	1 945	4.13	1 943	−0.09
7	广州港	1 616	5.56	1 697	5.00	1 858	9.50
8	青岛港	1 662	7.12	1 751	5.30	1 801	2.88
9	迪拜港	1 520	11.43	1 559	2.57	1 480	−5.07
10	天津港	1 405	7.995	1 411	0.43	1 450	2.76

目前全球十大集装箱港中，中国独占鳌头，有上海港、深圳港、宁波舟山港、香港港、广州港、青岛港、天津港七大港口。

2016 年全球十大集装箱班轮公司规模如表 7-3 所示。

表 7-3　2016 年全球十大集装箱班轮公司规模

公司（所属国家或地区）	排　名	拥有船数/艘	总规模/万 TEU
马士基（丹麦）	1	515	164.6
地中海航运（瑞士）	2	330	109.6

续表

公司(所属国家或地区)	排　名	拥有船数/艘	总规模/万 TEU
达飞国际海运(法国)	3	280	69.7
中远海运(中国)	4	262	81.3
长荣海运(中国台湾)	5	172	57.3
蛤帕罗特(德国)	6	291	93.2
汉堡南美(德国)	7	127	64.6
韩进海运(韩国)	8	101	61.8
东方海运(中国台湾)	9	106	60.2
阳明海运(中国台湾)	10	104	57.5

▶ 2. 国内市场

据中国交通运输部的统计数据显示,2016 年 11 月,全国规模以上港口完成集装箱吞吐量近 2.0 亿 TEU,同比增长 3.9%,增幅较 2015 年同期下降 0.3 个百分点,其中,沿海港口完成集装箱吞吐量近 1.8 亿 TEU,同比增长 3.6%,增幅与 2015 年同期基本持平。我国十大内支线港口完成内支线集装箱吞吐量 1 491.2 万 TEU,同比增长 6.8%,增幅较 2015 年同期提升 1.5 个百分点;内贸集装箱运输市场在内需政策的带动下继续小幅上升,主要港口完成内贸集装箱吞吐量 5 537.1 万 TEU,同比增长 5.1%,增幅较 2015 年同期提升 1.4 个百分点。

(四) 集装箱货物运输的交接

▶ 1. 集装箱货物的分类

集装箱运输是将散件货物汇成一个运输单元(集装箱),使用车、船等运输工具进行运输的方式。集装箱运输的货物流通途径与传统的杂货运输有所不同,集装箱运输不仅与传统杂货运输一样以港口作为货物交接、换装的地点,还可以在港口以外的地点设立货物交接、换装的站点。

在集装箱货物的流转过程中,集装箱货物分为两种,一种为整箱货;另一种为拼箱货。

(1) 整箱货(FCL)是指由货方负责装箱和计数,填写装箱单,并加封志的集装箱货物,通常只有一个发货人和一个收货人。

(2) 拼箱货(LCL)是指由承运人的集装箱货运站负责装箱和计数,填写装箱单,并加封志的集装箱货物。通常每一票货物的数量较少,因此,装载拼箱货的集装箱内的货物会涉及多个发货人和多个收货人。承运人负责在箱内每件货物外表状况明显良好的情况下接受拼箱货,并在相同的状况下交付拼箱货。整箱货与拼箱货的对比如表 7-4 所示。

表 7-4　整箱货与拼箱货的对比

项　目	整　箱　货	拼　箱　货
货主数量	一个货主	多个货主
装箱人	货主	货运站、集拼经营人、无船承运人
制装箱单加封	货主	货运站、集拼经营人、无船承运人
货物交接责任	只看箱子外表状况良好、关封良好即可交接	须看货物的实际情况（如件数、外观、包装等）
提单上的不同	加注不知条款，如 SLAC（货主装箱、计数）、SLACS（货主装箱、计数并加封）、SBS（据货主称）、STC（据称箱内包括）	SLAC、SLACS、SBS、STC 等不知条款无效
流转程序	发货人→装货港码头堆场→海上运输→卸货港码头堆场→收货人	发货人→发货地车站、码头货运站→装货港码头堆场→海上运输→卸货港码头堆场→收货地车站、码头货运站→收货人

▶ 2. 集装箱货物的交接方式

根据集装箱货物的交接地点不同，理论上可以通过排列组合的方法得到集装箱货物的交接方式为 16 种。这里仅介绍通常使用的 9 种方式，如图 7-1 所示。下面先介绍集装箱货物交接的 3 个地点：门（door）、场（container freight station，CFS）和站（container yard，CY）。

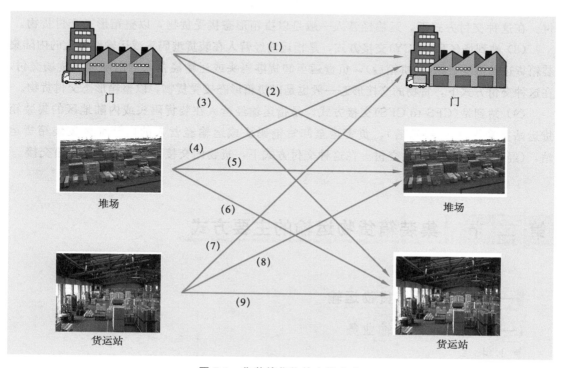

图 7-1　集装箱货物的交接方式

（1）门到门（door to door）交接方式，是指运输经营人由发货人的工厂或仓库接受货物，负责将货物运至收货人的工厂或仓库交付。在这种交付方式下，货物的交接形态都是整箱交接。

（2）门到场（door to CY）交接方式，是指运输经营人在发货人的工厂或仓库接受货物，并负责将货物运至卸货港码头堆场或运输经营人的内陆堆场，在堆场处向收货人交付。在这种交付方式下，货物也都是整箱交接。

（3）门到站（door to CFS）交接方式，是指运输经营人在发货人的工厂或仓库接受货物，并负责将货物运至卸货港码头的集装箱货运站或运输经营人在内陆地区的货运站，经拆箱后向各收货人交付。在这种交付方式下，运输经营人一般是以整箱形态接受货物，以拼箱形态交付货物。

（4）场到门（CY to door）交接方式，是指运输经营人在码头堆场或运输经营人的内陆堆场接受发货人的货物（整箱货），并把货物运至收货人工厂或仓库向收货人交付（整箱货）。

（5）场到场（CY to CY）交接方式，是指运输经营人在装货港的码头堆场或运输经营人的内陆堆场接受货物（整箱货），并负责运至卸货码头堆场或运输经营人的内陆堆场向收货人交付。

（6）场到站（CY to CFS）交接方式，是指运输经营人在装货港的码头堆场或运输经营人的内陆堆场接受货物（整箱），负责运至卸货港码头集装箱货运站或运输经营人在内陆地区的集装箱货运站，一般经拆箱后向收货人交付。

（7）站到门（CFS to door）交接方式，是指运输经营人在装货港码头的集装箱货运站及运输经营人的内陆集装箱货运站接受货物（经拼箱后），负责运至收货人的工厂或仓库交付。在这种交付方式下，运输经营人一般是以拼箱形态接受货物，以整箱形态交付货物。

（8）站到场（CFS to CY）交接方式，是指运输经营人在装货港码头或运输经营人的内陆集装箱货运站接受货物（经拼箱后），负责运至卸货港码头或运输经营人的内陆地区货场交付。在这种交付方式下，货物的交接形态一般也是以拼箱形态接受货物，以整箱形态交付货物。

（9）站到站（CFS to CFS）交接方式，是指运输经营人在装货码头或内陆地区的集装箱货运站接受货物（经拼箱后），负责运至卸货港码头或运输经营人的内陆地区集装箱货运站，（经拆箱后）向收货人交付。在这种交付方式下，货物的交接方式一般都是拼箱交接。

第二节　集装箱货物运输的主要方式

一、公路集装箱货物运输

（一）公路集装箱运输业务

▶ 1. 托运

运单填写基本要求如下。

（1）一张运单托运的集装箱货物或集装箱，必须是同一托运人、收货人、起运地。

（2）托运拼箱货物要写明具体品名、件数、重量；托运整箱货物除要写明具体品名、件数、重量外，还要写集装箱型号、箱号和封志号，并注明空箱提取和交换地点。

（3）易腐、易碎、易泄漏的货物及危险货物，不能与普通货物以及性质相互抵触的货物用同一张托运单。

（4）托运整箱货物，应注明船名、航次、场站货位、箱位，并提交货物装箱单。

（5）托运需经海关查验或商品检验、卫生防疫、动植物检验的集装箱时，应在运单中注明检验地点。

（6）已填妥的运单，如有更改，必须在更改处签字。

▶ 2. 受理

（1）承运人对托运人提交的运单应逐项审核，需要安排特殊运输的，应征得托运人同意，并在运单上记载。

（2）承运人受理凭证运输或需有关检验证明文件的货物后，要在证明文件的背面注明已托运货物的数量、运输日期，并加盖承运章。

（3）承运人受理运输业务时，对托运人不自理集装箱装卸作业的，须要求托运人提交装卸机械作业申请书或受托人委托代办理集装箱装卸机械的作业申请。

（4）集装箱运输中，在与承运人非隶属关系的集装箱中转站进行装卸作业，承运人应与场站作业人签订作业合同。

（5）承运人运输整箱货物前，应核对箱号，检查箱体和封志，发现箱体损坏或铅封脱落，须经交接人及封志监管单位签认或重新施封后，方可起运。

（6）承运人要根据受理的集装箱货物、集装箱箱型和集装箱总质量的情况，合理安排运输车辆，车辆装载不得超过有关限定质量的规定。

（7）集装箱拼箱货物运抵目的地后，承运人应在 24 小时内向收货人发出到货通知。

（二）装拆箱、装卸和交接作业

▶ 1. 集装箱装卸作业要求

在集装箱装卸作业时，应做到轻装轻卸，确保集装箱货物和集装箱的安全。

▶ 2. 集装箱整箱货物交接作业要求

（1）集装箱整箱货物交接时，交接双方应当检查箱号、箱体和封志；空箱凭箱体状况交接，交接后双方应做记录并签字确认。

（2）集装箱拼箱货物在承运前，承运人要认真核对货物品名、数量是否与运单相符，运达后，经场站作业人员、收货人检查验收。

（3）如发现货损货差或箱体损坏情况，则交接双方要编制集装箱货运事故记录，并签字确认。

▶ 3. 交接责任的划分

交接前由交方承担，交接后由接方承担。在交接后 180 天内，如果接方能提出证据证明交接后的集装箱、货物的灭失、损坏是由交方造成的，交方应按有关规定负赔偿责任。

（三）公路集装箱运输的技术要求

▶ 1. 对运输车辆的要求

汽车集装箱运输的车辆根据集装箱的种类、规格和使用条件，可分为货运汽车和拖挂车两种。货运汽车一般用于运输小型集装箱，适合短途运输。拖挂车技术性能好，在工业发达国家采用拖挂车较多。

▶ 2. 对公路的技术要求

公路集装箱运输对公路建设的最低要求是公路网的运载能力必须至少等于轴和双轴的负重和车辆上载运一个按定额满载集装箱的总重量。

▶ 3. 装卸机械要求

汽车集装箱运输的装卸作业主要在堆场、货运站或货主的自有仓库进行。装卸量不是很大，但有时为了适应某些货主，以及汽车集装箱货场作业的要求，也需要配备一定数量的装卸集装箱的机械设备。

二、铁路集装箱货物运输

（一）货源组织形式

▶ 1. 整列的集装箱货源

整列的集装箱货源指由铁路编排的、整列的、到达同一终点站的集装箱货源，通常属于集装箱直达列车运输的对象。这类货源一般在水—铁联运中形成。当铁路在集装箱码头联运从船上卸下大批集装箱时，就能编组这样的整列集装箱货源。内陆铁路集装箱办理站很难编组这样的整列货源。

▶ 2. 整车的集装箱货源

整车的集装箱货源指形成一节车皮的集装箱货源。铁路集装箱专用车长度通常为60英尺，最长的达90英尺。所以一节整车可装载3～4个20英尺集装箱。对铁路来说，形成整车的集装箱货源，在编排时总是占一节车皮，所以比较有利。

▶ 3. 整箱的集装箱货源

整箱的集装箱货源指一个20英尺集装箱的货源，不够装一节车皮。有些国家的铁路部门为方便这些货主托运集装箱，吸引这类货源，允许整箱货主托运时按箱计费，不按整车计费。

▶ 4. 拼箱的集装箱货源

拼箱的集装箱货源是由铁路集装箱办理站把普通零担托运货物中适合集装箱运输的货物拼装成一个集装箱，即"一个箱子、几个货主"的货物。

（二）铁路集装箱的运输方式

铁路集装箱的运输方式主要有集装箱定期直达列车、集装箱专运列车、普通快运货物列车与普通货运列车等四种。

▶ 1. 集装箱定期直达列车

集装箱定期直达列车主要用于处理整列的集装箱货源。为了加速与简化列车到发作业，铁路集装箱办理站一般拥有联络线、机车调头设备及其他有关作业设备。

▶ **2. 集装箱专运列车**

集装箱专运列车是用于处理整列的集装箱货源。它与集装箱定期直达列车的区别：不是定期发车；一般运程较长，主要用于处理货源不均衡与船期不稳定的问题。它与集装箱定期直达列车的相同之处是两者通常均列入铁路运行图。

▶ **3. 普通快运货物列车**

对于整车的集装箱货源，通常难以编入定期直达列车或专运列车，一般可在集装箱办理站装车皮后，在铁路编组站编入普通快运货物列车。这类快运列车的车速一般可达 100 千米/小时以上。

▶ **4. 普通货运列车**

对于整箱的集装箱货源与拼箱的集装箱货源，通常编入普通货运列车装运。它的装运速度与到站后的装卸效率，远不如直达列车与专运列车。

（三）集装箱铁路办理站的设备与设施

▶ **1. 铁路集装箱办理站**

铁路集装箱办理站是专门处理铁路集装箱运输的铁路站点。铁路集装箱办理站分为两种。

（1）基地站，指定期直达列车始发端到终点端的办理站，一般规模较大，处理集装箱运量较多，装卸集装箱与处理集装箱的设施较齐全。

（2）办理站，指仅办理集装箱运输业务、运量较少的车站口。

▶ **2. 铁路集装箱办理站必须具备的条件**

铁路集装箱办理站必须有一定数量且稳定的集装箱货源；有装卸、搬运集装箱的机械设备；有一定面积且经过处理、能堆放集装箱的堆场；有办理集装箱业务的专业人员；有与其他运输方式相衔接的条件。

知识链接

大型集装箱运输货物规定

（1）大型集装箱运输分为 40 英尺箱和 20 英尺箱两种，40 英尺箱由发货人自备；20 英尺箱由铁路提供，也可由发货人自备。铁路 20 英尺箱限在指定的车站办理。发货人自备的 20 英尺箱在车站公共装卸场所作业时，限在指定的车站办理；在专用线作业时（包括 40 英尺箱）限在规定的车站专用线办理。其他要求办理的专用线，经铁路局审批后，报公布执行。铁路 20 英尺箱不办理国际铁路联运。

（2）使用大型集装箱运输货物，40 英尺箱一箱为一批。20 英尺箱一批最多不得超过两箱，接运国际铁路联运进口的 20 英尺箱一批 3 箱者除外。车站使用铁路 20 英尺箱装运零担货物时，经到达铁路局的同意，可组织一箱多批运送。

（3）使用大型集装箱运输货物，适用整车 9 号运价率。40 英尺每箱按 40 吨，20 英尺箱每箱按 20 吨计费。发货人自备 20 英尺箱一批只有 1 箱时，按 2 箱计费，一重一空时，按 2 个重箱计费。接运国际铁路联运进口的 20 英尺箱及铁路 20 英尺箱一批只有 1 箱时，按 1 箱计费。发货人自备大型集装箱空箱运输时，按重箱运费的 50% 核收。

（4）使用铁路 20 英尺箱运输时，应向发货人核收使用费每次每箱 60 元。发货人或收货人使用铁路 20 英尺箱超过铁路规定的时间，铁路核收集装箱留置费：在车站留置费每日每箱 20 元，接取、送达留置费每日每箱 10 元。发货人自备的大型集装箱到后，在站存放超过铁路规定的免费保管期间时，铁路核收集装箱暂存费：40 英尺箱每日每箱 20 元；20 英尺箱每日每箱 10 元。

（5）国际铁路联运大型集装箱，按《国际铁路货物联运协定》及办事细则，以及协定附件第 5 号的第 7 条、第 10 条、第 12～17 条有关规定办理。过境其他参加国际货协铁路的运送费用，不适用《国际货协统一过境运价规程》第 4 条第 9 项的规定，不在我国核收，由发货人或收货人通过与其他国家有关方面签订的协议，同过境路直接进行清算，发货人或代理公司应在运单有关栏内记载清楚。

（6）车站装运一批一箱的 20 英尺箱可组织同一到站的 5 吨集装箱配装。

（7）运输大型集装箱，应使用敞车或有端侧板、木质底板的平车装运。一车 2 箱时，箱门应相对，间距不得超过 200 毫米。装卸作业时，要使用专用吊具，稳起轻放，严防冲撞。

（8）使用大型集装箱装运货物，由发货人负责施封，并用 10～12 号铁线将箱门加固拧紧，铁路与发、收货人凭封印办理交接。车站使用铁路 20 英尺箱装运一箱。

（9）办理大型集装箱运输，铁路局应提出大型集装箱运输情况月报，按时向铁道部报告。各级集装箱调度，对铁路 20 英尺箱要加强运输管理，按箱号掌握，做好货源及货流调整工作，每日将《铁路 20 英尺集装箱运用报告》逐级报告铁道部。

三、远洋集装箱货物运输

目前，国际贸易总运量中的 90% 都是利用远洋运输实现的。其中，集装箱货运量占全部远洋货量的 55% 左右。

远洋集装箱进出口货物运输流程如图 7-2 所示。

（一）远洋集装箱运输的关联方

随着集装箱运输的逐步发展、成熟，与之相适应的、有别于传统运输方式的管理方法和工作机构也相应地发展起来，形成一套适应集装箱运输特点的运输体系。

▶ **1. 经营集装箱货物运输的实际承运人**

经营集装箱货物运输的实际承运人包括经营集装箱运输的船公司、联营公司、公路集装箱运输公司、航空集装箱运输公司等。

▶ **2. 无船承运人**

在集装箱运输中，经营集装箱货运的揽货、装箱、拆箱、内陆运输及经营中转站或内陆站业务，但不掌握运载工具的专业机构，称为无船承运人。它在承运人与托运人之间起着中间桥梁作用，实际上是集装箱运输的货运代理人。

1.寄送货运单证	1.订舱
2.卸船准备	2.接受托运申请
3.发出到货通知	3.提取空箱
4.换取提货单	4.报检
5.报关	5.报关
6.报验	6.装箱
7.卸船	7.集装箱交接
8.提货	8.换取提单
9.索赔	9.装船
	10.单证资料传达
(a) 集装箱进口货物运输流程	(b) 集装箱出口货物运输流程

图 7-2　远洋集装箱进出口货物运输流程

▶ 3. 集装箱租赁公司

集装箱租赁公司是随着集装箱运输发展而兴起的一种新兴行业，专门经营集装箱的出租业务。

▶ 4. 联运保赔协会

联运保赔协会是一种由船公司互保的保险组织，对集装箱运输中可能遭受的一切损害进行全面统一的保险。这是集装箱运输发展后所产生的新的保险组织。

▶ 5. 集装箱码头(堆场)经营人

集装箱码头(堆场)经营人是具体办理集装箱在码头的装卸、交接、保管的部门，它受托运人或托运人的代理人以及承运人或承运人的代理人的委托提供各种集装箱运输服务。

▶ 6. 集装箱货运站(container freight station，CFS)

集装箱货运站(container freight station，CFS)是在内陆交通比较便利的大中城市设立的提供集装箱交接、中转或其他运输服务的专门场所。

▶ 7. 货主

货主，货物所有人。

(二)集装箱码头堆场在出口货运中的业务

(1) 制订堆场作业计划。

(2) 集装箱的交接。

(3) 集装箱的装船。

（4）对特殊集装箱的处理。

（5）与船公司的业务关系。

（三）集装箱货运站出口货运业务

（1）办理货物交接。

（2）积载装箱。

（3）制作装箱单。

（4）将装载的货箱运至码头堆场。

（四）远洋集装箱运输的主要单证

▶ 1. 集装箱联运提单

与普通海运提单一样，集装箱联运提单的主要功能是承运人或承运人的代理人签发的货物运输收据，是货物的物权凭证，即货物所有权的支配文件，是承运人与托运人之间运输契约成立的证明。

▶ 2. 装箱单

集装箱装箱单是详细记载每一个集装箱内所装货物的名称、数量及箱内货物积载情况的单证。每个载货集装箱都要制作这样的单证，它是根据已装进箱内的货物情况制作的。集装箱装箱单是一张极为重要的单证。

▶ 3. 设备交接单

设备交接单是集装箱进出港区、场站时，用箱人、运箱人与管箱人或他们的代理人之间交接集装箱及其他机械设备的凭证，并兼有管箱人发放集装箱的凭证的功能。

▶ 4. 场站收据

场站收据是由承运人签发的，证明已经收到托运货物并对货物开始负有责任的凭证，证明托运的货物已经收到。发货人据此向承运人或承运人的代理人换取待装提单或已装船提单，并可根据买卖双方在信用证中的规定向银行结汇。

▶ 5. 提货单

提货单是收货人凭正本提单向承运人或承运人的代理人换取的可向港区、场站提取集装箱或货物的凭证。提货单仅仅是作为交货的凭证，并不具有提单的流通性。

▶ 6. 交货记录

交货记录是承运人把箱货交付收货人时，双方共同签署的证明货物已经交付，承运人对货物责任已告终止的单证。

知识链接

国际集装箱海运运价的确定原则

通常，班轮公会或班轮经营人对确定班轮运费率的基本原则并不是公开的。一般来说，传统的"港—港"或称"钩—钩"交接方式下海运运价的确定，基于下列三个基本原则。

1. 运输服务成本原则

运输服务成本原则是指班轮经营人为保证班轮运输服务连续、有规则地进行，以运输服务所消耗的所有费用及一定的合理利润为基准确定班轮运价。根据这一原则确定的班轮运价可以确保班轮运费收入不致低于实际的运输服务成本。该原则被广泛应用于国际航运运价的制定。

2. 运输服务价值原则

运输服务价值定价原则是从需求者的角度出发，依据运输服务所创造的价值多少进行定价，是指货主根据运输服务能为货主创造的价值水平而愿意支付的价格。运输服务的价值水平反映了货主对运价的承受能力。如果运费超过了运输的服务价值，货主就不会将货物交付托运，因为较高的运费将使货主的商品在市场上失去竞争力。因此，如果说按照运输服务成本原则制定的运价是班轮运价的下限，那么，按照运输服务价值原则制定的运价则是班轮运价的上限，因为基于运输服务价值水平的班轮运价可以确保货主在出售其商品后能获得一定的合理收益。

3. 运输承受能力原则

运输承受能力原则是一个很古老，也是在过去采用较为普遍的运价确定原则。考虑到航运市场供求对班轮运输的巨大影响，运输承受能力原则采用的定价方法是以高价商品的高费率补偿低价商品的低费率，从而达到稳定货源的目的。按照这一定价原则，承运人运输低价货物可能会亏本，但是，这种损失可以通过对高价货物收取高费率所获得的盈利加以补偿。

四、航空集装箱货物运输

（一）航空集装箱的特点

国际航空协会将航空运输用的集装箱称为成组器。成组器又分为空运成组器和非空运成组器。

用于航空运输中的航空集装箱产品都必须满足适航条例的要求，保证航空货运的安全。航空集装箱基本尺寸是根据美国国家飞行器标准 NAS-3610 的规定划分的，且自身质量非常轻，能够实现装载量最大化。

航空集装箱制造的材料必须经过燃烧实验后确认合格，一般要使用专用的铝材或复合材料，在强度、硬度、抗燃烧和塑性变形方面都有严格的规定。燃烧实验的内容由联邦航空条例(Federal aviation regulation，FAR-25.853)规定，在－54～71℃的温度环境下，航空集装箱要求在强度方面和使用上必须保持原有的性能。为了适应飞机货舱的形状要求，航空集装箱形状一般都设计为多元化，有对称六面体和八面体，也有大量使用不对称规则制造的七面体。

（二）航空集装箱的种类

▶ 1. 空陆联运集装箱

空陆联运集装箱是只为航空和陆上联运而设计的航空集装箱，其角部不设角件，因此不能装上集装箱船进行海上运输。空陆联运集装箱的长度有 10 英尺、20 英尺、30 英尺、40 英尺几种，具备航空集装箱的各项条件，有与航空器拴固系统相配合的拴固装置，箱底可全部冲洗并能用滚装装卸系统进行装运，可以装在波音 747 货机和陆上运输工具上运输。

▶ **2. 空陆水联运集装箱**

空陆水联运集装箱是具备航空集装箱的各项条件，可以装在波音 747 货机内，同时可装在铁路和公路车辆上运输，因角部设有角件故也可用集装箱船进行海上运输的多式联运用的集装箱。空陆水联运集装箱的长度与海上集装箱相同，有 10 英尺、20 英尺、30 英尺、40 英尺几种。

（三）航空集装箱运输的特点

▶ **1. 快速便捷**

专用飞机的出现，最大程度地缩短了运输的时间和距离，它不受江河山川等地形条件的影响，能跨越国界和地界飞行。对需要急运货物的货主来说，航空货运是最快捷、便利的运输方式。

▶ **2. 安全性能高**

随着高科技在航空运输中的应用和飞机技术的革新，地面服务、航行管制、设施保证、仪表系统、状态监控等技术都得到了提高，从而保证了飞机飞行的安全性。而且，航空集装箱采用的是集装箱装载，因此航空集装箱运输的安全性是比较高的。

▶ **3. 经济性**

一般来说，价值越高的货物越是采用安全性能高、运输时间短的运输方式，航空集装箱化运输的出现，正是适应了这种高价值的物品如金银财宝、贵重物品、快递急件等的运输要求，同时，它能节省费用与时间，创造出更高的经济价值。

知识链接

集装箱货物的装箱业务

集装箱货物的现场装箱作业，通常有三种方法：①全部用人力装箱；②用叉式装卸车（铲车）搬进箱内，再用人力堆装；③全部用机械装箱，如货板（托盘）货用叉式装卸车在箱内堆装。这三种方式中，第三种方法最理想，装卸率最高，发生货损事故最少。但是即使全部采用机械装箱，装载时如果忽视了货物特性和包装状态，或由于操作不当等原因，也往往会发生货损事故。特别是在内陆地区装载的集装箱，由于装箱人不了解海上运输时集装箱的状态，导致他们使用的装载方法通常都不符合海上运输的要求，从而引起货损事故的发生，这种实例很多。现把集装箱货装箱时应注意的事项归纳列举如下，供装箱人参考。

（1）在货物装箱时，任何情况下箱内所装货物的重量都不能超过集装箱的最大装载量，集装箱的最大装货重量由集装箱的总重减去集装箱的自重求得；总重和自重一般都标在集装箱的箱门上。

（2）每个集装箱的单位容重是一定的，因此如箱内装载一种货物时，只要知道货物密度，就能断定是重货还是轻货。货物密度大于箱的单位容重的是重货，装载的货物以重量计算；反之，货物密度小于箱的单位容重的是轻货，装载的货物以容积计算。及时区分这两种不同的情况，对提高装箱效率是很重要的。

（3）装载时要使箱底的负荷平衡，箱内负荷不得偏于一端或一侧，特别是要严格禁止负荷重心偏在一端的情况。

（4）要避免产生集中载荷，如装载机械设备等重货时，箱底应铺上木板等衬垫材料，尽量分散箱内的负荷。标准集装箱底面平均单位面积的安全负荷为：20 英尺集装箱为 $1\,330\times9.8\mathrm{N/m}^2$，40 英尺集装箱为 $980\times9.8\mathrm{N/m}^2$。

（5）用人力装货时要注意包装上有无"不可倒置""平放""竖放"等装卸指示标志。要正确使用装货工具，捆包货禁止使用手钩。箱内所装的货物要装载整齐、紧密堆装。容易散捆和包装脆弱的货物，要使用衬垫或在货物间插入胶合板，防止货物在箱内移动。

（6）装载货板货时要确切掌握集装箱的内部尺寸和货物包装的外部尺寸，以便计算装载件数，达到尽量减少弃位、多装货物的目的。

（7）用叉式装卸车装箱时，将受到机械的自由提升高度和门架高度的限制。在条件允许的情况下，叉车装箱可一次装载两层，但上下应留有一定的间隙。如条件不允许一次装载两层，则在箱内装第二层时，要考虑到叉式装卸车的自由提升高度和叉式装卸车门架可能起升的高度。门架起升高度应为第一层货高减去自由提升高度，这样第二层货物才能装在第三者层货物上层。一般使用普通起重量为 2 吨的叉式装卸车，其自由提升高度为 50 厘米左右。还有一种是全自由提升高度的叉式装卸车，这种机械只要箱内高度允许，就不受门架起升高度的影响，可以很方便地堆装两层货物。此外，还应注意货物下面应铺有垫木，以便使货叉能顺利抽出。

（8）拼箱货在混装时应注意以下事项：①轻货要放在重货上面；②包装强度弱的货物要放在包装强度强的货物上面；③不同形状、不同包装的货物尽可能不装在一起；④液体货和清洁货要尽量在其他货物下面；⑤从包装中会渗漏出灰尘、液体、潮气、臭气等的货物，最好不要与其他货混装在一起，如不得不混装时，就要用帆布、塑料薄膜或其他衬垫材料隔开；⑥带有尖角或突出部件的货物，要把尖角或突出部件保护起来，以免损坏其他货物。

（9）冷藏货装载时应注意以下事项：①冷冻集装箱在装货过程中，冷冻机要停止运转；②在装货前，冷冻集装箱内使用的垫木和其他衬垫材料要预冷；要选用清洁卫生的衬垫材料，以免污染货物；③不要使用纸、板等材料作为衬垫材料，以免堵塞通风管和通风口；④装货后箱顶与货物顶部一定要留出空隙，使冷气能有效地流通；⑤必须注意到冷藏货要比普通杂货更容易滑动，也容易破损，因此对货物要加以固定，固定货物时可以用网等作为衬垫材料，这样不会影响冷气的循环和流通；⑥严格禁止已降低鲜度或已变质发臭的货物装进箱内，以免损坏其他正常货物。

（10）危险货物装箱时应注意以下事项：①货物装箱前应调查清楚该类危险货物的特性、防灾措施和发生危险后的处理方法，作业场所要选在避免日光照射、隔离热源和火源、通风良好的地点；②作业场所要有足够的面积和必要的设备，以便发生事故时，能有效地处置；③作业时要按有关规则的规定执行，作业人员操作时应穿防护工作衣，戴防护面具和橡皮手套；④装货前应检查所用集装箱的强度、结构，防止使用不符合装货要求的集装箱；⑤装载爆炸品、氧化性物质的危险货物时，装货前箱内要仔细清扫，防止箱内因残存灰尘、垃圾等杂物而产生着火、爆炸的危险；⑥要检查危险货物的容器、包装、标志是否完整，与运输文件上所载明的内容是否一致，禁止包装有损伤、容器有泄漏的危险货物装入箱内；⑦使用固定危险货物的材料时，应注意防火要求和具有足够的安全系数和强度；⑧危险货物的任何部分都不允许突出于集装箱外，装货后，集装箱的门要能正常地关闭起来；⑨有些用纸袋、纤维板和纤维桶包装的危险货物，遇水后会引起化学反应而发生自燃、发热或产生有毒气体，故应严格进行防水检查；⑩危险货物的混载问题各国有不同的规定，如日本和美国规定禁止在同一区域内装载的危险货物，或不能进行混合包装的危险货物，不能混载在同一集装箱内。英国规定，不能把属于不同等级的危险货物混载在同一集装箱内。在实际装载作业中，应尽量避免把不同的危险货物混装在一个集装箱内；⑪危险货物与其他货物混载时，应尽量把危险货物装在箱门附近；⑫严禁危险货物与仪器类货物混载；⑬在装载时不能采用抛扔、坠落、翻倒、拖曳等方法，避免货物间的冲击和摩擦。

本章小结

　　本章阐述了集装箱和集装箱运输的概念、特点和作用；阐述了几种公路集装箱运输、铁路集装箱运输、远洋集装箱运输、内河集装箱运输、航空集装箱运输，以及这些运输方式下货物集散与交接方式、流程，集装箱运输的单据；阐述了远洋集装箱在国际运输中的作用。

课堂讨论

　　在课堂上先由学生分小组进行讨论，然后选出代表集中发言。
　　试讨论集装箱运输的优点及交接流程。

思考题

　　1. 集装箱与集装箱运输的定义是什么？
　　2. 集装箱运输有哪些特点？
　　3. 集装箱运输的交接流程是什么？
　　4. 集装箱运输有哪些方式？
　　5. 简述集装箱货物运输进口和出口的流程。

拓展案例

1999年2月，某市轻工进出口公司（以下简称A公司）从智利进口1000吨纸板。进口港为天津新港，共计52个20尺集装箱。具体操作：1999年2月8日，A公司接到出口方全套单据，其中包括正本海运提单（三正三副）、正本箱单发票、合同等。通过提单中的装货港（圣安东尼奥）、卸货港（釜山）及提单签发人，可以了解到以下信息。

（1）此票货物为转船运输，必须凭一程正本提单换取二程提单传真件。

（2）提单签发人表明此票货物由B船公司负责承运。收到上述信息，A公司就及时与B公司天津代表处取得联系，并了解到船舶动态，该票货物于2月9日在釜山上二程船（PUSAN—TIANJIN VESSEL/VOY：LING QUAN HE V.0520W），并获悉，天津外轮代理公司作为该船的船舶代理，还要用二程提单的传真件去外代处换取真正用于提货的提货单。2月10日，A公司在B公司天津代表处缴纳换单费、押箱费后，换取了二程提单传真件与一份开与塘沽外代的保函（保函内容：B公司正本提单已收回，请凭此保函放货；请协助放箱给收货人，并安排将空集装箱回运到指定堆场；押箱费用已向收货人收取，箱体追踪与外代无关）。2月11日，A公司携带二程传真件与保函到塘沽外代缴纳换单费后换取了提货单，并马上将提货单第一、三联与全套报关单据交于报关行报关，之后报关行通知A公司：①纸板需要做商检，要先去做商检登记。②舱单没有传送到海关计算机系统中，因此无法预录报关单（教训1：换单前就应落实纸板是否需要监管条件，如需商检，就应提前携带报验单据去商检机构申请报验，然后将盖有商检登记在案章的报关单交与报关员。教训2：换单时，应与塘沽外代落实舱单是否传送给海关，并到海关舱单室进行确认）。由于上述两点失误耽误了一些时间，以致报关员将报关单据递交海关申报后，直到海关下班还没有打印出税单，影响了通关速度。

2月12日上午，海关审单完毕并打印出税单交与A公司去开户行交税。完税后将税单中海关留存联交与海关审核。下午，海关开出验货通知单。要求提16个20尺集装箱到指定地点开箱验货，并要求报关行出具保函放货，即打保放行（保函内容：由于海关验货需要先将集装箱从港内提至验货地点验货，因此要求报关行保证先验货，如无任何问题再放行）。

2月13日上午，A公司携带有海关放行的提货单白联（打保放行）及相关报验单据办理三检，一般情况下，将所有单据（即报验单据，包括箱单、发票、合同、报关单）提交报验行，由它办理代报验，交纳一定费用后，由三检机构在提货单白联上盖商检、动植检、卫检放行章，三检手续办理完毕后，即可去所有货物的港区办理港务港杂，缴纳港杂费用后，就可凭提货单白联提货。下午，A公司及时与港区有关部门联系摆箱事宜，将海关指定开验的16个20尺集装箱调至海关指定的地点依次摆开，以便海关验货。海关验货放行后，A公司即将提货单白联交于事先联系好的仓库，预计2月14日上午就可将52个20尺集装箱全部提回仓库。

2月14日早晨，仓库来电，由于没有准备交接单，提箱车队不允许出港区（教训3：2月11日在塘沽外代处换取提货单时，没有同时到箱管部门换取设备交接单，致使后来提货时发生困难）。上午，A 公司马上到塘沽外代处换取设备交接单并交于仓库车队（教训 4：由于 2 月 10 日，A 公司带正本提单到 B 公司天津代表处换取由釜山传来的二程提单传真件时，没有认真核对每一个集装箱号，提货单有一个集装箱箱号有误，致使该集装箱没有及时从港区内提出，而产生了不必要的转栈堆存费用）。一直到 2 月 19 日，经过校对更正才将该箱提出。之后，A 公司及时安排汽车、铁路车皮将货物发往目的地。至此，该票进口操作基本结束。

通过该案例的介绍，可以对整个集装箱进口实务操作环节有更深刻的理解，并吸取其中的经验教训，在进口操作中争取占据主动地位，尽量减少中间环节，及时将货物运抵目的地。

8 第八章 特殊货物运输

学习目标

通过学习，了解危险货物的概念、危险货物的主要特征、超限货物的概念和类型、鲜活易腐和其他特殊货物的特征；认识危险货物对运输装卸工作的要求，以及超限、鲜活易腐货物的运输组织与管理等。

知识要点

了解危险货物、超限货物、鲜活易腐货物和其他特殊货物的概念、特性、分类。

技能要点

了解危险货物、超限货物、鲜活易腐货物和其他特殊货物的运输操作要求。

导入案例

办理危险货物托运时的注意事项

（一）应向已取得道路危险货物运输经营资格的运输企业办理托运。

（二）在托运单上填写清楚危险货物品名、规格、件重、件数、包装方法、起运日期、收发货人详细地址及运输过程中的注意事项。对有特殊要求或凭证运输的危险货物，必须附有相关单证，并在托运单备注栏内注明。

（三）托运下列危险货物，应当持有关证件：

1. 爆炸物品和需凭证运输的化学危险物品，应当持有公安部门签发的爆炸品准运证或化学危险品准运证；

2．放射性物品，应当持有指定的卫生防疫部门核发的包装表面污染及辐射水平检查证明书。

（四）货物性质或灭火方法相抵触的危险货物，必须分别填写托运单，以防止混装而引发重大事故。

（五）托运未列入《汽车运输危险货物品名表》的危险货物新品种，需提交生产或经营单位主管部门审核的《危险货物鉴定表》，经省公路运输管理局批准后办理运输。

凡未按以上规定办理危险货物托运，由此发生运输事故，由托运人承担全部责任。

货物运输过程中的部分货物，有危险、超限、笨重、鲜活易腐、贵重等特点，它们对装卸、运送和保管等作业有特殊要求，这类货物统称为特殊货物。特殊货物的运输组织，除应当符合普通货物运输的规定外，同时应当遵守危险货物运输的组织特殊要求。

本章所涉及的特殊货物一般是指危险品货物（如易燃、易爆、毒害、腐蚀和放射性等物品），超限货物（如超长、超宽、超高、超重、超大等货物），易腐鲜活货物（如新鲜的动植物食品、果菜及鲜活的动植物等）。这些货物在运输过程中除了一般的运输要求外，还具有严格的运输特点。如何保证这类货物及时、准确、经济、安全地运输，是货物运输中需要特别重视的问题。

第一节　危险品货物运输

一、危险品货物运输概述

（一）危险品货物的定义

危险货物是指具有爆炸、易燃、毒害、腐蚀、放射性等性质，在运输、装卸和储存保管过程中，容易造成人身伤亡和财产损毁而需要特别防护的货物。

（二）危险品货物的特征

（1）具有爆炸、易燃、毒害、腐蚀、放射性等性质，这是危险货物能造成火灾、中毒、灼伤、辐射伤害与污染等事故的基本条件。

（2）容易造成人身伤亡和财产损毁，指危险货物在运输、装卸和储存保管过程中，在一定外界因素作用下，例如，受热、明火、摩擦、震动、撞击、泄漏，以及与性质相抵触物品接触等，发生化学变化所产生的危险效应，不仅使（危险）货物本身遭到损失，而且危及人身安全和破坏周围环境。

（3）需要特别防护，指必须针对各类危险货物本身的物理、化学特性所采取的"特别"防护措施，如对某种爆炸品必须添加抑制剂，对有机过氧化物必须控制环境温度等，这是危险货物安全运输的先决条件。

因此，上述三项要素必须同时具备的货物方可称为危险品货物。

（三）危险品货物的分类

我国 2005 年 11 月 1 日实施的国家标准 GB 6944—2005（代替 GB 6944—1986）《危险货物分类和品名编号》（国家质量监督总局/国家标准化委员会发布）将危险货物分成九类，分类序列和名称依次为：第 1 类：爆炸品；第 2 类：气体；第 3 类：易燃液体；第 4 类：易燃固体、易于自燃的物质、遇水放出易燃气体的物质；第 5 类：氧化性物质和有机过氧化物；第 6 类：毒性物质和感染性物质；第 7 类：放射性物质；第 8 类：腐蚀性物质；第 9 类：杂项危险物质和物品。

另外，为适应国际贸易运输的需要，使危险品货物运输在分类、标志、包装和运输条件等方面与国际接轨，我国国内铁路、公路、水路、民航等在制定或修订《危险货物运输规则》时，原则上都采用根据联合国推荐的《危险货物运输》的危险货物分类方法所制定的国家标准 GB 6944—2005《危险货物分类和品名编号》所规定的危险货物分类，使国内各种危险货物的分类得到统一。

（四）危险品货物的确认

确认某一货物是否为危险品货物，是危险品货物运输管理的前提，也是保证客运和普通货物运输安全的前提。

仅凭危险品货物的定义和危险品的分类标准来确认某一货物是否为危险货物，在具体操作上常有困难，承托双方也不可能对众多的危险品在需要运输时再做技术鉴定和判断，而且有时还会引起承托各方的矛盾。所以，各种运输方式在确认危险货物时都采取了列举原则。各运输方式都颁布了本运输方式的《危险货物运输规则》（以下简称《危规》），各运输方式的《危规》都在所附的《危险货物品名表》中收集列举了本规则范围内具体的危险货物的名称。在此基础上，国家发布了国家标准 GB 12268—2005《危险货物品名表》，列举了危险货物的具体品名表。据此，各运输方式结合自身的特殊性，也相继发布了《危险货物品名表》。因此，危险品货物必须是本运输方式《危险货物品名表》所列明的，方予确认、运输。

二、危险品货物对运输装卸工作的要求

（一）爆炸品货物

爆炸品货物是指在外界作用下（如受热、撞击等）能发生剧烈化学反应，瞬时产生大量的气体和热量，使周围压力急骤上升，发生爆炸，对周围环境造成破坏的物品，也包括无整体爆炸危险，但有燃烧、抛射及较小爆炸危险，或仅产生热、光、音响或烟雾等一种或几种作用的烟火物品。对于爆炸品货物的运输，危险货物运输标志如图 8-1 所示。

▶ **1. 爆炸品货物的特性**

爆炸是指物质在受到一定条件的作用下而发生急剧的变化，并在极短的时间内释放大量能量的一种现象。由于爆炸是在瞬间发生的变化，能使周围环境的温度很快地升高，并导致气体急剧膨胀，从而产生具有很大压力的气浪并形成冲击波，同时伴随产生巨大的声

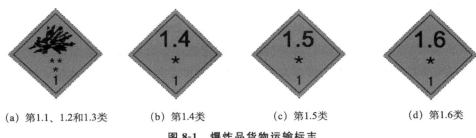

(a) 第1.1、1.2和1.3类　　(b) 第1.4类　　(c) 第1.5类　　(d) 第1.6类

图 8-1　爆炸品货物运输标志

响。此外，高温能引起周围可燃物质的燃烧，因此爆炸具有很大的破坏作用。

图 8-1 中，第 1.1 类：有整体爆炸危险的物质和物品。第 1.2 类：有迸射危险，但无整体爆炸危险的物质和物品。第 1.3 类：有燃烧危险并有局部爆炸危险或有局部迸射危险或这两种危险都有，但无整体爆炸危险的物质和物品。第 1.4 类：不存在重大危险的物质和物品。第 1.5 类：有整体爆炸危险的非常不敏感物质。第 1.6 类：无整体爆炸危险的极端不敏感物品。

▶ 2. 爆炸品货物对汽车运输、装卸工作的安全要求

(1) 公路运输爆炸品的安全要求如下。

① 慎重选择运输工具。公路运输爆炸品货物禁止使用以柴油或煤气作为燃料的机动车，自卸车、三轮车、自行车及畜力车同样不能运输爆炸物品。这是因为柴油车容易飞出火星，煤气车容易发火，三轮车和自行车容易翻倒，畜力车有时牲口受惊不易控制。这些对于安全运输爆炸品具有潜在危险性。

② 装车前应将货厢清扫干净，排除异物，装载量不得超过额定负荷。押运人应负责监装、监卸，数量点收点交清楚，所装货物高度超出部分不得超过货箱高的 1/3；封闭式车厢货物总高度不得超过 1.5m；没有外包装的金属桶（一般装的是硝化棉或发射药）只能单层摆放，以免压力过大或撞击摩擦引起爆炸；在任何情况下，雷管和炸药都不得同车装运，也不许两车在同时同一场所进行装卸。

③ 公路长途运输爆炸品时，运输路线应事先报请当地公安部门批准，按公安部门指定的路线行驶，不得擅自改变行驶路线，以利于加强运行安全管理，万一发生事故也可及时采取措施处置。车上无押运人员不得单独行驶，押运人员必须熟悉所装货物的性能和作业注意事项等。车上严禁捎带无关人员和危及安全的其他物资。

④ 驾驶员必须集中精力，严格遵守交通法令和操作规程，行驶中注意观察，保持行车平稳。多辆车列队运输时，车与车之间要保持 50 米以上的安全距离。一般情况下不得超车、强行会车，非特殊情况下不准紧急刹车。

⑤ 运输及装卸工作人员，都必须严格遵守保密规定，对有关弹药储运情况不准向无关人员泄露，同时必须严格遵守有关库、场的规章制度，听从现场指挥人员或随车押运人员的指导。装卸时必须轻拿轻放，严防跌落、摔碰、撞击、拖拉、翻滚、投掷、倒置等，以免发生着火、爆炸。

(2) 装卸爆炸品货物的安全要求如下。

① 参与装卸的人员，都必须严格遵守保密规定，不准向无关人员泄露有关弹药储运情况。同时，必须严格遵守有关库、场的规章制度，听从现场指挥人员或随车押运人员的指导。

② 装卸时，必须轻拿轻放，稳中求快，严防跌落、摔碰、撞击、拖拉、翻滚、投掷、倒置等。

③ 装车时，应分清弹药箱的种类、批号，点清数量，防止差错。

④ 装车不得超高、超宽；堆放要稳固、紧凑、码平，非封闭式货厢的车辆装车后必须盖好苫布，苫布边缘必须压入栏板里面，再以大绳捆扎牢固。

⑤ 炸药和弹药当受到强烈的震动、撞击、摩擦、跌落、拖拉、翻滚等作用时，容易发生严重后果，必须严加注意。

由此可见，爆炸品货物在装卸过程中一定要轻拿轻放，严禁摔、掷、撞、翻滚等有剧烈振动的操作行为。

知识链接

爆炸现象：根据爆炸时所进行的不同变化，爆炸可分为物理爆炸和化学爆炸。

物理爆炸：物质因状态或压力发生突变（物理变化）而形成的爆炸现象称为物理爆炸，如锅炉爆炸、轮胎爆炸、压缩气瓶爆炸等均属物理爆炸。

化学爆炸：物质因得到起爆能量而迅速进行分解（化学变化），同时生成大量的气态物质和大量的热，使气体产物具有高温、高压，并迅速膨胀做功的化学反应变化过程称为化学爆炸，如炸药及爆炸性药品的爆炸。

爆炸物品在发生爆炸反应时具有三个特征：反应速度快、释放大量的热、产生大量气体。

爆炸品货物的爆炸性能主要是由感度、威力、猛度、安定性等决定的。

感度也称敏感度，是指爆炸品在外界作用下，发生爆炸反应的难易程度。在汽车运输装卸过程中，温度的变化及机械作用（振动、撞击、摩擦等）的影响是不可避免的，因此需要精确掌握爆炸品的热感度和撞击感度。热感度是指货物对热能的敏感程度，一般以爆发点来表示。爆发点是指爆炸物质在一定的延滞期内（从开始加热到发生爆炸的时间）发生爆炸的最低温度。爆发点越低，危险性越大。如硝化甘油的爆发点为 $222℃$，TNT 的爆发点为 $473℃$。撞击感度是指爆炸物质在机械冲击的外力作用下对冲击能量的敏感程度，用发生爆炸次数的百分比表示。百分比越高，危险性越大。

威力是指爆炸时的做功能力，即炸药爆炸时对周围介质的破坏能力。威力的大小取决于爆热的大小、爆炸后气体生成量的多少及爆温的高低。

猛度是指炸药的猛烈程度，又称猛性作用，即炸药爆炸后爆轰产物对周围物体（如混凝土、建筑物等）破坏的猛烈程度。

炸药的威力和猛度主要以爆速来衡量。爆速即爆炸品本身在进行爆炸反应时的传播速度，用米/秒来表示。爆速越大，爆炸威力也越大。

炸药的安定性（稳定性）为炸药的储存、运输组织管理提供依据，是指炸药在一定储存期间和在一定的储存条件下，不改变自身的物理性质和化学性质。即炸药在相当长的时间内不发生分解而使化学成分及性能保持不变的能力。

通常对爆炸品的判别是以爆发点低于 350℃，爆速大于 3 000 米/秒，冲击敏感度以落锤试验爆炸率大于 2% 等测试参数来进行。

（二）压缩、液化、加压溶解气体等货物

本类包括压缩气体、液化气体、溶解气体和冷冻液化气体、一种或多种气体与一种或多种其他类别物质的蒸汽的混合物、充有气体的物品和烟雾剂。将常温常压条件下的气体物质经压缩或降温加压后，储存于耐压容器或特制的高强度耐压容器或装有特殊溶剂的耐压容器中，均属于压缩、液化、加压溶解气体货物。常见的气体货物如氧气、氢气、氯气、氨气、乙炔、石油气等，气体类货物运输标志如图8-2所示。

(a) 第2.1类 易燃气体　　　　　(b) 第2.2类 非易燃，无毒气体

图 8-2　气体类货物运输标志

▶ 1. 压缩、液化、加压溶解气体货物的危险性

（1）耐压容器破裂或爆炸的危险。

（2）气体物质化学性质引起的危险，如引起火灾、爆炸、中毒、灼伤、冻伤等。

▶ 2. 压缩、液化、加压溶解气体货物对公路运输、装卸工作的安全要求

（1）运输安全要求如下。

① 夏季运输除另有限运规定外，车上还必须置有遮阳设施，防止暴晒。液化石油气槽车应有导静电拖地带。

② 运输可燃、有毒气体时，车上应备有相应的灭火和防毒器具。

③ 运输大型气瓶，行车途中应尽量避免紧急制动，以防止气瓶的巨大惯性力冲击车厢平台而造成事故。运输一般气瓶在途中转弯时，车辆应减速，以防止急转弯或车速过快时，所装气瓶会因离心力作用而被抛出车厢外，尤其在市区短途运输没有二道防震橡皮圈的气瓶时，更应注意转弯时的车速。

（2）装卸安全要求如下。

① 操作人员必须检查气瓶安全帽齐全旋紧。操作时，严格遵守操作规程；装卸时，必须轻装轻卸，严禁抛、滑或猛力撞击。

② 徒手操作搬运气瓶，不准脱手滚瓶、脱手传接。装车时，要注意保护气瓶头阀，防止撞坏。气瓶一般应横向放置平稳，妥善固定，气瓶头部应朝向一方，最上一层不准超过栏板高度。小型货车装运气瓶，车厢宽度不及气瓶高度时，气瓶可纵向摆放，但气瓶头部应紧靠前车厢栏板，不得竖装。

③ 可以竖装的气瓶，如低温液化气体的杜瓦瓶，大型液化石油气钢瓶，必须采取有效的捆扎措施。

④ 易燃气体不得与其他危险货物配载；不燃气体除爆炸品、酸性腐蚀品外，可以与其他危险货物配载；助燃气体(如空气、氧气及具有氧化性的有毒气体)不得与易燃、易爆物品及酸性腐蚀品配载；有毒气体不得与易燃、易爆物品氧化剂和有机过氧化物、酸性腐蚀物品配载，同是有毒气体的液氯、液氨也不得配载。

(三) 易燃液体货物

易燃液体货物是指易燃的液体、液体混合物或含有固体物质(如粉末沉积或悬浮物等)的液体(但不包括因危险性已列入其他类别危险货物的液体)，如乙醇、苯、乙醚、二硫化碳、油漆类，以及石油制品和含有有机溶剂的制品等，这些物品的主要危险是燃烧和爆炸，其运输标志如图 8-3 所示。

图 8-3　易燃液体货物运输标志

▶ 1. 易燃液体货物的特性

易燃液体货物的物理性质表现为：高度挥发性、高度流动扩散性、蒸汽压及受热膨胀性、静电电荷积聚性。化学性质表现为：高度易燃性、蒸汽易爆性、能与强酸和氧化剂反应，有毒性。

▶ 2. 易燃液体货物对公路运输、装卸工作的安全要求

(1) 运输安全要求如下。

① 运输易燃液体货物，车上人员不准吸烟，车辆不得接近明火及高温场所。装运易燃液体的罐(槽)车行驶时，导除静电装置应接地良好。

② 装运易燃液体的车辆，严禁搭乘无关人员，途中应经常检查车上货物的装载情况，如捆扎是否松动、包装件有否渗漏。发现异常，应及时采取有效措施。

③ 高温季节，当天天气预报气温在 30℃ 以上时，应根据当地公安消防部门的限运规定在指定时间内进行运输，如公安部门无具体品名限制的，对一级易燃液体(即闪点低于23℃)应安排在早、晚进行运输。如必须运输时，车上应具有有效的遮阳措施，封闭式车厢应保持通风良好。

④ 不溶于水的易燃液体货物原则上不能通过越江隧道，或按有关管理部门的规定运输。

(2) 装卸安全要求如下。

① 易燃液体受热后，常会发生容器膨胀或鼓桶现象，为此，作业人员在装车时应认真检查包装的(包括封口)完好情况，发现鼓桶破损或渗漏现象不能装运。

② 装卸作业必须严格遵守操作规程，轻装、轻卸，防止货物撞击，尤其是内容器为易碎容器(玻璃瓶)时，严禁摔掼、重压、倒置，货物堆放时应使桶口、箱盖朝上，堆垛整齐、平稳。

③ 易燃液体不能与氧化剂或强酸等货物同车装运，更不能与爆炸品、气体及易自燃物品拼车。能溶于水的或含水的易燃液体不得与遇湿易燃物品同车装运。

（四）易燃固体、自燃物品和遇湿易燃物品货物

易燃固体是燃点低，对热、撞击、摩擦敏感，易被外部火源点燃，燃烧迅速，并可能散出有毒烟雾或有毒气体的固体货物，如赤磷及磷的硫化物、硫黄、萘、硝化纤维塑料等，其运输标志如图8-4所示。

（a）第4.1类 易燃固体　　　（b）第4.2类 易自燃物质　　　（c）第4.3类 遇水放出易燃气体的物质

图8-4　易燃固体、易自燃物质、遇水放出易燃气体的货物运输标志

自燃物品指自燃点低，在空气中易于发生氧化反应，放出热量，而自行燃烧的物品，如黄磷和油浸的麻、棉、纸及相关制品等。

遇湿易燃物品指遇水或受潮时，发生剧烈化学反应，放出大量易燃气体和热量的物品，有些不需明火即能燃烧或爆炸，如钠、钾等碱金属，电石（碳化钙）等。

▶ **1. 易燃固体、自燃物品和遇湿易燃物品的特性**

（1）燃点低，易燃或自燃。

（2）遇湿遇水、遇酸、遇氧化物时，会发生剧烈化学反应。

（3）易与氧化剂形成爆炸性混合物，具爆炸性。

（4）毒害性。

▶ **2. 对公路运输、装卸工作的安全要求**

（1）运输安全要求如下。

① 行车时，要注意防止外来明火飞到货物中，要避开明火高温区域场所。

② 定时停车检查货物的堆码、捆扎和包装情况，尤其要注意防止包装渗漏，以免留有隐患。

（2）装卸安全要求如下。

① 装卸时要轻装轻卸，不得翻滚。尤其是含有稳定剂的包装件或内包装是易碎容器的，应防止撞击、摩擦、摔落，避免使包装损坏而造成事故。

② 严禁与氧化剂、强酸、强碱、爆炸性货物同车混装运输。

③ 堆码要整齐、靠紧、平稳，不得倒置，以防稳定剂的流失或易燃货物的撒漏。

（五）氧化剂和有机过氧化物货物

氧化剂指处于高氧化态，具有强氧化性，易分解并放出氧和热量的物质，包括含过氧基的无机物。这些物质本身不一定可燃，但能导致可燃物燃烧，与松软的粉末状可燃物能组成爆炸性混合物，对热、振动、摩擦较敏感，如硝酸钾、氯酸钾、过氧化钠、过氧化氢（双氧水）等。

有机过氧化物指分子组成中含有过氧基的有机物，本身易爆易燃、极易分解，对热、

振动与摩擦极为敏感，如过氧化二苯甲酰及过氧化乙基甲基酮等，其运输标志如图 8-5 所示。

(a) 第5.1类 氧化剂（物质）　　　　(b) 第5.2类 有机过氧化物

图 8-5　氧化性物质和有机过氧化物货物运输标志

▶ 1. 氧化剂和有机过氧化物的特性

（1）氧化剂的危险特性。本类危险货物在遇酸、受热、受潮或接触有机物、还原剂后即可分解出原子氧和热量而引起燃烧和爆炸的危险。危险性主要表现在：强氧化性、不稳定性、化学敏感性和吸水性。

（2）有机过氧化物的危险特性。有机过氧化物的危险性主要是由于有机过氧化物的化学组成中有过氧基所致，对振动、冲击、摩擦和遇热都极为敏感。

▶ 2. 氧化剂和有机过氧化物对运输、装卸工作的安全要求

氧化剂和有机过氧化物的主要危险有氧化性或助燃性、爆炸性、毒害性和腐蚀性。当然，危险主要取决于物质本身（内因），但危险的产生还要有一定的外界条件（外因）才能实现。因此，需了解并掌握它们的变化条件，针对这些条件采取相应措施，保证运输装卸安全。

（1）运输的安全要求如下。

① 根据所装货物的特性和道路情况，严格控制车速，防止货物剧烈振动、摩擦。

② 控温货物在运输途中应定时检查制冷设备的运转情况，发现故障应及时排除。

③ 中途停车时，也应远离热源、火种场所，临时停靠或途中住宿过夜，车辆应有专人看管，并注意周围环境是否安全。

④ 重载时发生车辆故障维修，应严格控制明火作业，人不准离车。同样要注意周围环境是否安全，发现问题应及时解决。

（2）装卸操作的安全要求如下。

① 装卸场所应远离火种、热源，夜间应使用防爆灯具。对光感的物品要采取遮阳避光措施。

② 操作中不能使用易产生火花的工具，切忌撞击、振动、倒置，必须轻装、轻卸、捆扎牢固，包装件之间应妥帖整齐，防止移动摩擦，并严防受潮。

③ 用钢桶包装的强氧化剂如氯酸钾等不得堆码，必须堆码时，包装之间必须有安全衬垫措施。

④ 雨、雪天装卸遇水易分解的氧化剂（如过氧化钠、过氧化钾、漂粉精、保险粉等），必须具备防水的条件下才能进行装卸作业。装车后，必须用苫布严密封盖，严防货物受潮。

⑤ 袋装的氧化剂操作中严禁使用手钩；使用手推车搬运时，不得从氧化剂洒漏物上面压碾，以防洒漏物受压摩擦起火。

⑥ 氧化剂对其他货物的敏感性强，因此严禁与绝大多数有机过氧化物、有机物、可燃物、酸类货物等同车装运。

（六）毒害品和感染性物品货物

毒害品是指进入肌体后，累积到一定的量，能与体液和组织发生生物化学作用或生物物理变化，扰乱或破坏肌体的正常生理功能，引起暂时性或持久性的病理状态，甚至危及生命的物品，如四乙基铅、氢氰酸及盐、苯胺、硫酸二甲酯、砷及其化合物、生漆等。

感染性物品指含有致病的微生物，能引起病态，甚至死亡的物质，其运输标志如图8-6所示。

（a）第6.2类 毒性物质　　　　　（b）第6.2类 感染性物质

图8-6　毒性物质和感染性货物运输标志

▶ **1. 毒害品的特性**

毒害品按化学性质又可分为有机毒害品和无机毒害品。有机毒害品具有可燃性，遇明火、高温或与氧化剂接触会引起燃烧爆炸。毒害品燃烧时，一般都会放出有毒气体，又加剧毒害品的危险性。

某些物质进入动物体内，能与肌体的体液或器官组织发生生物化学作用或生物物理作用，破坏正常生理功能，引起某些器官和系统的暂时性或永久性病理变化，这些物质称为毒物或毒害品，亦即我们平时所说的致病、致癌、致畸的"三致"物质。

毒物的形态一般是固体、液体或气体，尤以气体、蒸汽、雾、烟、粉尘等形态活跃于生产环境而污染空气，可经呼吸道、消化道、皮肤进入人体。

▶ **2. 毒害品和感染性物品货物的运输、装卸工作的安全要求**

（1）运输的安全要求如下。

① 防止货物丢失，这是行车中要注意的最重要事项。如果丢失不能找回，毒品落到没有毒品知识的群众或犯罪分子手里，就可能酿成重大事故。万一丢失而又无法找回，必须紧急向当地公安部门报案。

② 要平稳驾车，勤加瞭望，定时停车检查包装件的捆扎情况，谨防捆扎松动、货物丢失。

③ 行车要避开高温、明火场所，防止袋装、箱装毒害品淋雨受潮。

④ 用过的苫布或被毒害品污染的工具及运输车辆，在未清洗消毒前不能继续使用，特别是装运过毒害品的车辆未清洗前严禁装运食品或活动物。

（2）装卸操作的安全要求如下。

① 作业人员必须穿戴好防护服装、手套、防毒面罩或面具。防护用品每次使用后必须清洗，不能穿戴回家，应集中清洗，以防止发生意外事故。

② 装卸操作时，人尽量站立在上风处，不能在低洼处久待；搬运装卸时，应做到轻拿轻放，尤其是对易碎包装件或纸袋包装件不能摔打，避免损坏包装使毒物泄漏造成危害。

③ 堆码时，要注意包装件的图示标志，不能倒置，堆码要靠紧堆齐，桶口、箱口向上，袋口朝里。小件易失落货物（尤其是剧毒品氰化物、砷化物、氰酸酯类），装车后必须用苫布严盖，并用大绳捆扎牢固。

④ 装卸操作人员不能在货物上坐卧、休息，特别是夏季衣衫汗湿，易沾染有毒粉尘，不能用衣袖在脸上擦汗，以免毒物经皮肤侵入中毒。如皮肤受到沾污，要立即用清水冲洗干净。作业结束后要换下防护服，洗手洗脸后才能进食饮水或吸烟。

⑤ 尽量减少与毒害品的接触时间，加强对作业人员的关注，发现有呼吸困难、惊厥、昏迷要立即送医院抢救。

⑥ 无机毒害品除不得与酸性腐蚀品配载外，还不得与易感染性物品配装。有机毒害品不得与爆炸品、助燃气体，氧化剂、有机过氧化物等酸性腐蚀物品配载。

（七）放射性物品货物

根据国家标准规定，放射性物质指含有放射性核素且放射性活度浓度和总活度都分别超过 GB 11806 规定的限值的物质，其运输标志如图 8-7 所示。

(a) I 级（紧跟"放射性"字样的
后面标上一条垂直的红色短杠）

(b) II 级（紧跟"放射性"字样的
后面标上两条垂直的红色短杠）

数字"7"写在底角

(c) III 级（紧跟"放射性"字样的
后面标上三条垂直的红色短杠）

(d) 裂变性物质

图 8-7　放射性物质货物运输标志

一些元素和它们的化合物或制品，能够自原子核内部自行放出穿透力很强而人的感觉器官不能察觉的粒子流（射线），具有这种放射性的物质称为放射性物品。其中将比活度大于 7.4×10^4 Bq/kg 的物品归于危险货物中的放射性物品，而放射性比活度小于 7.4×10^4 Bq/kg 的物品，不会对人体造成危害，可按普通货物运输办理。

放射性物质有块状固体、粉末、晶粒、液态和气态等物理形态，如铀、钍的矿石及它们的浓缩物等。

▶ **1. 放射性物品的特性**

（1）放射性衰变和半衰期。放射性物质的原子核由于放出某种粒子面转变为新核的变化称为衰变。半衰期就是放射性物质的原子数目因衰变而减少到原来的一半所需要的时间。

对于运输储存来说，了解半衰期是十分重要的。半衰期短的放射性物质要优先运输，不能久储。对于在一个半衰期内不能运达目的地的放射性物质，公路运输不宜受理，而建议采用更快的运输方式。为此，在《公路危险货物运输规则》中规定了托运半衰期短的放射性货物，应在运单上注明允许运送期限，运送期限不得少于运输送达所需时间。

（2）射线的剂量。剂量当量表示人体对一切射线所吸收能量的剂量单位，剂量单位为希活特（Sievert），简记为 Sv。在单位时间内所受到的剂量当量，称为吸收剂量率，又称辐射水平。时间越短，剂量当量越大，货物的辐射水平就越高，说明该放射性货物的放射危险性越大。运输上，把辐射水平转化为运输指数，以确定放射性货物的危险程度。运输指数是指距离放射性货包或货物外表面 1 米处的最大辐射水平的数值。

（3）最大容许剂量，即人体受到的对身体健康没有危害的最大射线照射量。

▶ **2. 放射性物品对运输、装卸工作的安全要求**

（1）放射性物品的配载要求如下。

① 除特殊安排装运的货包外，不同种类的放射性货包（包括可裂变物质货包）可以混合装运、储存，但必须遵守总指数和间隔距离的规定。

② 放射性物品不能与其他各种危险品配载或混合储存，以防危险货物发生事故，造成对放射性物品包装的破坏，也避免辐射诱发其他危险品发生事故。

③ 不受放射线影响的非危险货物可以与放射性物品混合配载。但放射性货物应与未感光的胶片隔离。

（2）放射性货物运输装卸过程中的辐射防护。放射性照射又称辐射，辐射防护的目的是保障辐射工作人员（包括运输人员）和广大居民的健康，以及保护环境不受污染，以使伴有射线和放射性物质的生产科研活动得以顺利进行。射线对人体的照射有两种：一种是人体处在空间辐射场中所受到的外照射；二是摄入放射性物质对人体或人体的某器官组织所形成的内照射。对两种照射都要进行防护。

（八）腐蚀品货物

图 8-8　腐蚀性物质货物运输标志

凡从包装内渗漏出来后，接触人体或其他货物，在短时间内即会在被接触表面发生化学反应或电化学反应，造成明显破坏现象的物品，都称为腐蚀品，如硝酸、硫酸、氧磺酸、盐酸、甲酸、溴乙酰、冰醋酸、氢氧化钠、肼和水合肼、甲醛等，其运输标志如图 8-8 所示。

▶ **1. 腐蚀品的特性**

有些危险货物，往往同时具有腐蚀、易燃、易爆、氧化和毒害等性质中的几种，如果腐蚀性占了主要的地位，即把该物品划为腐蚀品，以便运输储存管理，但不能因此而忽视该货物具有的其他危险性。

腐蚀品是化学性质非常活泼的物质，能与很多金属、非金属及动植物机体等发生化学反应。腐蚀品不仅具有腐蚀性，很多腐蚀品同时还具有毒性、易燃性或氧化性。

腐蚀品与很多物品或人体接触后，都能产生程度不同的腐蚀性，其中，对人体的伤害通常又称为化学烧伤(或化学灼伤)。腐蚀品接触人的皮肤、眼睛或进入呼吸道、消化道，就立即与表皮细胞组织发生反应，使细胞组织受到破坏，而造成烧伤；呼吸道、消化道的表面黏膜比人体表皮更娇嫩，更容易受到腐蚀。内部器官被烧伤时，严重的会导致死亡。

▶ **2. 腐蚀品货物对运输、装卸工作的安全要求**

(1) 运输安全要求如下。

① 驾驶员要平稳驾驶车辆，特别在载有易碎容器包装的腐蚀品的情况下，路面条件差、颠簸振动大而不能确保易碎品完好时，不得冒险通过。

② 每隔一定时间，要停车检查车上货物情况，发现包装破漏要及时处理或丢弃，防止漏出物损坏其他包装酿成重大事故。

(2) 装卸安全要求如下。

① 酸性腐蚀品和碱性腐蚀品不能配载。

② 无机酸性腐蚀品和有机酸性腐蚀品不能配载。

③ 无机酸性腐蚀品不得与可燃品配载。

④ 有机腐蚀品不得与氧化剂配载。

⑤ 硫酸不得与氧化剂配载。

⑥ 腐蚀品不得与普通货物配载，以免对普通货物造成损害。

⑦ 装卸作业时要轻装轻卸，防止撞击、跌落，禁止肩扛、背负、揽抱、钩拖腐蚀品。酸坛外包装要用绳索套底搬动，以防脱底，使酸坛摔落，发生事故。

⑧ 堆装时应注意指示标记，桶口、瓶门、箱盖朝上，不准横放倒置，堆码要整齐、靠紧、牢固。没有封盖的外包装不得堆码。

⑨ 装卸现场应视货物特性，备有清水、苏打水(对酸性能起中和作用)或稀醋酸(对碱性起中和作用)，以应急求之需。

⑩ 需要丢弃腐蚀品货物时，要注意环境安全。

(九) 其他危险物资和物品

其他类别的危险物资和物品，包括危害环境物资、高温物资、经过基因修改的微生物或组织等，其运输标志如图 8-9 所示。

图 8-9　其他危险物质和物品货物运输标志

第二节 | 超限货物运输

一、超限货物运输概述

（一）超限货物运输的含义

超限货物运输是公路运输中的特定概念，指使用非常规的超重型汽车列车（车组）载运外形尺寸和重量超过常规车辆装载规定的大型物件的公路运输。

大型物件是指符合下列条件之一的货物：

（1）长度在 14 米以上或宽度在 3.5 米以上或高度在 3 米以上的货物；

（2）重量在 20 吨以上的单体货物或不可解体的成组（捆）货物。

（二）超限货物运输的特殊性

与普通公路货运相比较，超限货运具有以下特殊性。

（1）大件货物要用超重型挂车作载体，用超重型牵引车牵引和顶推。而这种超重型车组（即汽车列车）是非常规的特种车组，车组装上大件货物后，重量和外形尺寸大大超过普通汽车列车和国际集装箱汽车列车。因此，超重型挂车和牵引车都是用高强度钢材和大负荷轮胎制成的，价格昂贵，而且要求行驶平稳，安全可靠。

（2）运载大件货物的超重型车组要求通行的道路有足够的宽度和净空、良好的道路线形，桥涵要有足够的承载能力，有时还要分段封闭交通，让超重型车组单独通过。这些要求在一般道路上往往难以满足，必须事先进行勘察，运输前采取必要的工程措施，运输中采取一定的组织技术措施，超重型车组才能顺利通行。这就涉及公路管理、公安交通、电信电力、绿地树木等专管部门，必须得到这些部门的同意、支持和配合，采取相应措施，大件货物运输才能进行。

（3）大件货物运输必须确保安全，万无一失。大型设备都是涉及国家经济建设的关键设备，重中之重，稍有闪失，后果不堪设想。因此要有严密的质量保证体系，任何一个环节都要有专职人员检查，按规定要求严格执行，未经检查合格，不得运行。

（三）公路超限货物类型

根据我国公路运输主管部门现行规定，公路超限货物（即大型物件，简称大件）按外形尺寸和重量分成四级，如表 8-1 所示。

表 8-1　大型物件分级

大型物件级别	重量 M/吨	长度 L/米	宽度 B/米	高度 H/米
一	$20 \leqslant M < 100$	$14 \leqslant L < 20$	$3.5 \leqslant B < 4.5$	$3 \leqslant H < 3.8$
二	$100 \leqslant M < 200$	$20 \leqslant L < 30$	$4.5 \leqslant B < 5.5$	$3.8 \leqslant H < 4.4$
三	$200 \leqslant M < 300$	$30 \leqslant L < 40$	$5.5 \leqslant B < 6$	$4.4 \leqslant H < 5$
四	300 及以上	40 及以上	6 及以上	5 及以上

注：货物的重量和外廓尺寸中，有一项达到表列参数，即为该级别的超限货物；货物同时在外廓尺寸和重量达到两种以上等级时，按高限级别确定超限等级。

超限货物重量指货物的毛重，即货物的净重加上包装和支撑材料后的总重，是配备运输车辆的重要依据，应以生产厂家提供的货物技术资料所标明的重量为参考数据。

随着我国工业现代化进程的加快，大件货物的运输占有比较重要的地位。与国民经济关系重大的大型设备的安全运输，对支援农业，发展轻工业、化学工业和冶金工业都具有十分重要的意义。

二、超限货物的运输组织

依据公路超限货物运输的特殊性，组织工作环节主要包括办理托运、理货、验道、制定运输方案、签订运输合同、线路运输工作组织及运输结算等事项。

（一）办理托运

由大型物件托运人（单位）向已取得大型物件运输经营资格的运输业主或运输业主的代理人办理托运，托运人必须在（托）运单上如实填写大型物件的名称、规格、件数、件重、起运日期、收发货人详细地址及运输过程中的注意事项。凡未按上述要求办理托运或运单填写不明确，由此发生运输事故的，由托运人承担全部责任。

（二）理货

理货是大件运输企业对货物的几何形状、重量和重心位置事先进行了解，取得可靠数据和图纸资料的工作过程。通过理货工作分析，可为确定超限货物级别及运输形式、查验道路及制定运输方案提供依据。

理货工作的主要内容包括：调查大型物件的几何形状和重量、调查大型物件的重心位置和质量分布情况、查明货物承载位置及装卸方式、查看特殊大型物件的有关技术经济资料，以及完成书面形式的理货报告。

（三）验道

验道工作的主要内容包括：查验运输沿线全部道路的路面、路基、纵向坡度、横向坡度及弯道超高处的横坡坡度、道路的竖曲线半径、通道宽度及弯道半径，查验沿线桥梁涵洞、高空障碍，查看装卸货现场、倒载转运现场，了解沿线地理环境及气候情况。根据上述查验结果预测作业时间，编制运行路线图，完成验道报告。

（四）制定运输方案

在充分研究、分析理货报告及验道报告的基础上，制定安全可靠、可行的运输方案。主要内容包括：配备牵引车、挂车组及附件，配备动力机组及压载块，确定限定最高车速，制定运行技术措施，配备辅助车辆，制定货物装卸与捆扎加固方案，制定和验算运输技术方案，完成运输方案的书面文件。

（五）签订运输合同

根据托运方填写的委托运输文件及承运方进行理货分析、验道、制定运输方案的结果，承托双方签订书面形式的运输合同，主要内容包括：明确托运与承运甲乙方、大型物件数据及运输车辆数据、运输起讫地点、运距与运输时间，明确合同生效时间、承托双方应负责任、有关法律手续及运费结算方式、付款方式等。

（六）线路运输工作组织

线路运输工作组织包括：建立临时性的大件运输工作领导小组负责实施运输方案，执行运输合同和相应对外联系。领导小组下设行车、机务、安全、后勤生活、材料供应等工作小组及工作岗位，并组织相关工作岗位责任制，组织大型物件运输工作所需牵引车驾驶员、挂车操作员、修理工、装卸工、工具材料员、技术人员及安全员等依照运输工作岗位责任及整体要求认真操作、协调工作，保证大件运输工作全面、准确地完成。

第三节　鲜活易腐货物运输

一、鲜活易腐货物概述

▶ 1. 鲜活易腐货物的概念

鲜活易腐货物是指在运输过程中需要采取特殊措施（如冷藏、保温、加温等），以防止腐烂变质或病残死亡的货物。

▶ 2. 鲜活易腐货物运输对象的分类

鲜活易腐货物运输的对象主要分为三大类。

（1）鲜活品，包括蔬菜、水果；肉、禽、蛋；水产品、花卉产品等。

（2）加工食品，包括速冻食品、禽、肉、水产等包装熟食、冰激凌和奶制品；快餐原料。

（3）医药产品，包括各类需要冷藏的药品、医疗器械等。

▶ 3. 鲜活易腐货物的运输特点

（1）品种多，组织工作复杂。鲜活类货物有数千种，各种货物性质不尽相同，而且我国幅员广阔，南北气候差异大，给运输带来极大麻烦。特别是长距离的活动物运输，在运输过程中除了供氧以外，还要保持适宜的温度。鲜活类货物的组织工作与普通货物相比要复杂得多。

（2）季节性强，运量波动大。鲜活类货物大部分是季节性生产的农副产品，如瓜果、蔬菜，这些产品的上市都有确定的时间，运量会随着季节的变化而变化。

（3）运输时间紧迫。鲜活类货物本身的特点是新鲜、成活。大部分鲜活货物都是易腐性的，极易变质，所以鲜活货物运输要求在最短的时间内将货物及时运到，以防止经济损失。

（4）易受外界条件的影响，运输途中需特殊照料。鲜活类货物一般比较娇嫩，热了容易腐烂，冷了容易冻坏，干了容易干缩，碰破以后及卫生条件不好容易被微生物侵蚀，使货物腐烂变质，使活动物病残死亡。为此，在运输途中要做到防冷、防冻，保持一定湿度和温度，特别是动物运输途中还需供氧，沿途需要特殊照料。

二、鲜活易腐货物的储藏要求

鲜活易腐货物运输中，除了少数部分确因途中照料或车辆不适造成死亡外，其中大多数都是因为发生腐烂所致。发生腐烂的原因，对于动物性食物来说，主要是微生物的作用。对于植物性食物来说，腐烂的原因主要是呼吸作用所致。清楚了鲜活易腐货物腐烂变质的原因，就可以了解低温能够抑制微生物的增长，减缓呼吸作用，达到延长鲜活易腐货物运输的目的。

（1）鲜活易腐货物运输采用冷藏运输的方法比较有效，常被采用。它的优点是：延长运输时间，能很好地保持食物原有的品质，并且能进行大批量、长时间的运输。

（2）鲜活易腐货物运输过程必须依靠冷冻或冷藏等专用车辆进行，冷冻或冷藏专用车辆除了需要有与一般货车相同的车辆结构外，必须额外在车上设置冷冻、冷藏与保温设备。

（3）在运输过程中要特别注意必须是连续的冷藏，因为微生物活动和呼吸作用都随着温度的升高而加强。如果运输中各环节不能保证连续冷藏的条件，那么货物就有可能在这个环节中开始腐烂变质。冷藏货在运输过程中要全部使用专门的冷藏货车，为了防止货物在冷藏车内发生变质，需要冷藏车内保持一定的温度，该温度一般称作运输温度。温度的高低应根据具体的货种而定，即使是同一货物，由于运输时间、冻结状态和货物成熟度的不同，对运输温度的要求也不一样。现将一些具有代表性的冷冻货物和低温货物的运输温度介绍如下，如表 8-2 和表 8-3 所示。

表 8-2　冷冻货物的运输温度　　　　　　　　　　　单位：℃

货　　名	运 输 温 度	货　　名	运 输 温 度
鱼	$-17.8 \sim -15.0$	虾	$-17.8 \sim -15.0$
肉	$-15.0 \sim -13.3$	黄油	$-12.2 \sim -11.1$
蛋	$-15.0 \sim -13.3$	浓缩果汁	-20

表 8-3　低温货物的运输温度　　　　　　　　　　　单位：℃

货　　名	运 输 温 度	货　　名	运 输 温 度
肉	$-5 \sim -1$	葡萄	$6.0 \sim 8.0$
腊肠	$-5 \sim 1$	菠萝	11.0 以内
黄油	$-0.6 \sim +0.6$	橘子	$2 \sim 10.0$
带壳鸡蛋	$-1.7 \sim 15.0$	柚子	$8.0 \sim 15.0$
苹果	$-1.1 \sim 16.0$	土豆	$3.3 \sim 15.0$
梨	$0.0 \sim +5.0$		

三、鲜活易腐货物的运输组织

（一）鲜活易腐货物的运输要求

鲜活货物是指鲜活的动植物，这类货物的运输要有专门的运输车辆和设备，同时配备专门的技术人员负责照料押运。运输的环境条件与鲜活易腐货物的关系主要有以下七个方面。

▶ **1. 防振减振**

振动是鲜活易腐货物运输时应考虑的基本环境条件。由于振动会造成园艺产品机械损伤和生理伤害，影响鲜活易腐货物的储藏性能，因此运输中必须避免和减少振动。

▶ **2. 温度**

温度是运输过程中的重要环境条件之一。采用低温流通措施对保持鲜活易腐货物的新鲜度和品质以及降低运输损耗是十分重要的。国际制冷学会（1974年）对鲜活易腐货物的建议温度如表8-4所示。

表 8-4　新鲜水果蔬菜在低温运输中的推荐温度　　　　　　　单位：℃

水 果 种 类	冷 链 运 输		蔬 菜 种 类	冷 链 运 输	
	1～2 天	2～3 天		1～2 天	2～3 天
苹果	3～10	3～10	石刁柏	0～5	0～2
蜜柑	4～8	4～8	花椰菜	0～8	0～4
甜橙	4～10	2～10	甘蓝	0～10	0～6
柠檬	8～15	8～15	蔓菜	0～8	0～4
葡萄柚	8～15	8～15	莴苣	0～6	0～2
桃	0～7	0～3	辣椒	7～10	7～8
杏	0～3	0～2	黄瓜	10～15	10～13
菠萝	10～12	8～10	胡萝卜	0～8	0～5
香蕉	12～14	12～14	洋葱	—1～20	—1～13
板栗	0～20	0～20	马铃薯	5～10	5～20

我国目前低温运输事业的发展还远不能满足鲜活货物运输的需要，大部分产品尚需要在常温下运输。

▶ **3. 湿度**

保持产品新鲜度和品质需要较高的湿度条件，在运输中由于产品本身的水分蒸腾强度、包装容器的材料种类、包装容器的大小、所用缓冲材料的种类等因素的差异，使产品所处环境的湿度高低不同。新鲜产品装入普通纸箱，在1天以内，箱内空气的相对湿度可达到95％～100％。运输中仍然会保持在这个水平。纸箱吸潮后抗压强度下降，有可能使产品受伤。如采用隔水纸箱（纸板上涂以石蜡和石蜡树脂为主要成分的防水剂）或在纸箱中用聚乙烯薄膜铺垫，则可有效防止纸箱吸潮。如用比较干燥的木箱包装，由于木材吸湿，会使运输环境湿度下降。对于高湿运输，为防止发生霉烂及某些生理病害，如苹果褐烫病、柑橘水肿病等，应事先采取相应的预防措施。

▶ 4. 气体成分

新鲜产品因自身呼吸、容器材料性质以及运输工具的不同，容器内气体成分也会有相应的改变。使用普通纸箱时，因气体分子可从箱面上自由扩散，箱内气体成分变化不大，CO_2 的浓度都不超过 0.1%。当使用具有耐水性的塑料薄膜贴附的纸箱时，气体分子的扩散受到抑制，箱内含 CO_2 气体积累，积聚的程度因塑料薄膜的种类和厚度而异。

▶ 5. 包装

包装可提高与保持鲜活货物的商品价值，方便运输与储藏，减少流通过程的损耗，有利于销售。包装所用的材料要根据产品种类和运输条件等选定。

▶ 6. 堆码

鲜活易腐货物的装车、堆码方法正确与否，与货物的运输质量的高低有非常重要的关系。产品装车，首先必须从保证质量的角度来考虑，在此基础上尽量兼顾车辆载重量和容积的充分利用。

在冷藏运输时，必须使车内温度保持均匀，并使每件货物都可以接触冷气，以利于交换的进行。在保温运输时，应使货堆中部与四周的温度适中，防止货堆中部积热不散而四周又可能产生冻害的现象。

新鲜产品装卸时，各货件之间都必须留有适当的间隙，以使车内空气能顺利地流通。在堆码时，每件货物都不应直接接触车底和车壁板，在货件与车底板和车壁板之间须留有间隙。这样通过车壁和底板进入车内的热量就可以被间隙的空气吸收，而能较好地保持货物的热状态。在装载对低温敏感的新鲜产品时，货件不能紧靠机械冷藏车的出风口或加冰冷藏车的冰箱挡板，以免导致低温伤害。必要时，可在上述部位的货件上苫盖草席或草袋，使低温空气不直接与货件接触。

▶ 7. 装卸

鲜活易腐货物流通过程中，装卸是必不可少的重要环节。新鲜产品含水量高，如装卸搬运中操作粗放、野蛮，会导致货物机械损伤、腐烂，造成巨大的经济损失。

（二）鲜活易腐货物的运输组织

以下重点介绍几种适合鲜活易腐货物运输的交通工具。

▶ 1. 普通篷车

在我国鲜活易腐货物运输中，普通有篷货车仍为重要的运输工具。车厢内没有温度调节控制设备，受自然气温的影响大。车厢内的温湿度通过通风、草帘棉毯覆盖、炉温加热、加冰等措施调节。毕竟土法保温难以达到理想的温度，很容易导致产品腐烂损失，随着运程的延长，烂耗有时高达 $40\%\sim70\%$。

▶ **2. 通风隔热车**

隔热车是一种仅有隔热功能的车体，车内无任何制冷和加温设备。在货物运输的过程中，主要依靠隔热性能良好的车体的保温作用来减少车内外的热交换，以保证货物在运输期间温度的波动不超过允许的范围。这种车辆具有投资少、造价低、耗能少和节省经费等优点。用加冰冷藏车改造的通风隔热车运输苹果、柑橘、梨，取得了显著的经济效益；青椒、菜花、番茄运输允许温度和时间范围比较广，呼吸强度降低，用通风隔热车运输效果好；黄瓜、芹菜、韭菜运输允许温度和时间范围比较窄，呼吸强度高，不适宜用通风隔热车运输；芹菜、韭菜能忍受0℃的低温，通过采取在车内加冰等辅助措施可提高运输效果。

▶ **3. 冷藏车**

铁路冷藏运输，运用冷藏、保温、防寒、加温、通风等方法，在铁路上快速优质地运输易腐鲜活货物，既促进了经济的发展，又满足了人们的需要。

冷藏车的特点是：车体隔热，密封性好，车内有冷却装置，在温热季节能在车内保持比外界气温低的温度。冷藏车在寒季还可以用于不加冷保温的运送或加温运送，使车内保持比外界气温高的温度。

目前我国的冷藏车有加冰冷藏车、机械冷藏车和冷冻板冷藏车。

▶ **4. 集装箱**

集装箱运输是当今世界正在发展的运输工具，既省人力、时间，又保证产品质量，实现"门到门"的服务，是现代运输工具中的一大革新。在集装箱的基础上增加箱体隔热层、制冷及加温设备，即为冷藏集装箱，它可以维持新鲜果蔬及其他易腐货物所需的温度。在冷藏集装箱的基础上，加设气密层，改变箱内气体成分（降低 O_2 浓度和增加 CO_2 浓度），即为冷藏气调集装箱。控制气体成分时，可在车站、码头用气调机调节箱内气体，或是在箱内装液氮罐，释放氮代替箱内空气，达到降氧的目的。冷藏气调集装箱比冷藏集装箱更能保持货品的新鲜品质。

（三）良好的运输组织工作，对保证鲜活易腐货物的质量十分重要

鲜活易腐货物运输的特殊性要求保证及时运输，应充分发挥航空、公路、铁路运输快速、直达的特点，协调好仓储、配载、运送各环节，及时送达。主要的运输组织管理工作有以下几项。

（1）运输前的鲜活易腐动物和植物的检疫，必须经过卫生防疫部门的检疫后方可装运。

（2）鲜活易腐货物装车前，必须认真检查车辆及设备的完好状态，运输车辆设备须经卫生防疫消毒以防止动植物的病疫传染。应注意清洗和消毒。

（3）装车时，应根据不同货物的特点，确定装载方法。例如，为保持冷冻货物的冷藏温度，要紧密堆码；水果、蔬菜等需要通风散热的货物，必须在货件之间保留一定的空隙；怕压的货物必须在车内加隔板，分层装载。

（4）运输途中对蔬菜瓜果、花木秧苗等鲜活植物要通风、保温、保湿；对活动物要通风、保温、加水、喂养、照料等。

┤ 本章小结 ├

　　本章阐述了危险货物的概念、种类，分析了危险货物的性能与特征；阐述了特殊货物中的危险货物、超限货物、鲜活易腐货物这三种类型货物的运输管理；阐述了超限货物运输组织工作的重点及鲜活易腐货物的储藏和运输组织。

┤ 课堂讨论 ├

　　在课堂上先由学生分小组进行讨论，然后选出代表集中发言。
　　讨论超限货物运输的组织流程。

┤ 思考题 ├

　　1. 特殊货物有哪几种？
　　2. 危险货物主要包括哪几类？
　　3. 鲜活易腐货物的运输特点是什么？
　　4. 运输和装卸爆炸物品的安全要求是什么？

拓展案例

典型危险货物运输案引发的思考

1. 多头监管，出现管理盲区

2005 年 3 月 29 日傍晚，在京沪高速公路淮安段，一辆载有液氯的山东槽罐车与一辆货车相撞，导致液氯大面积泄漏，公路附近 3 个村镇的居民因此遭遇重大伤亡，已死亡 28 人，另有 350 多人入院治疗。从初步调查来看，这原本是一起可以避免的事故，但却酿成了"惊天大祸"。人们不禁要问：这究竟是车祸，还是"人祸"？

事故发生后，有关部门从事故现场勘察发现，导致车辆爆胎的原因很可能是超载所致。据肇事司机说，这辆车标示吨位为 15 吨，但实际装载 29.44 吨，属严重超载。但令人不解的是，这辆车从山东济宁到江苏淮安事发地点，全程数百千米，沿途至少有 3 个收费站，其中在京沪高速公路苏鲁两省交界处有 1 个计重收费站。这些收费站本应发现这辆超载车，将车截住。但肇事司机说，他们没有受到任何盘问检查就进入了江苏境内。

按照国家有关规定，对运输危险化学品车辆的安全要求比一般货运车辆要严格得多。对车辆的性能、行驶时的状况、槽罐稳固性等都有明确规定，特别是对驾乘人员有严格的专业知识要求。有关规定还特别强调，超载的危险品运输车辆绝对禁止上路。但是，出事的超载车不仅上路了，而且未受任何限制地开上了高速公路。

调查本次事故的国家安全生产监督管理总局的有关专家介绍，国务院 2002 年颁发了《危险化学品安全管理条例》，对危险品的生产、运输、仓储等环节做出了严格的规定。从条例规定来看，对危险化学品的管理涉及 10 个部门，包括交通、民航、铁路、公安、质监等，但在安全监管方面各部门之间存在管理职能交叉的问题，而职能交叉是最大的漏洞。国家安全生产专家组的一位成员直言指出，多头管理和安全生产意识淡薄是造成这类事故多发的主要原因。例如，按现有管理体制，这辆肇事车，涉及几个部门：槽罐归质检部门管，车体属交通部门管，车辆上路通行又涉及公安部门。这些部门好像都在管，但其实谁也没有真正管住。它们就好比人的五指，如果不能握成拳头，就不能重拳出击，更谈不上构筑安全网。

淮安事故更加令人痛心的是肇事司机的逃逸。作为危险品运输专业人员，他们在发生事故后理应以最快速度向有关部门报告车上所载为何种危险品，以赢得宝贵的抢救和处置时效，但他们没有这样做。准确地说，这起车祸简直就是"人祸"。

一些专家也建议，《危险化学品安全管理条例》的修改应迅速提上日程。目前这部法规已很难完全适应安全监管形势的需要，首先应解决的就是多头执法、多头管理的问题。理顺管理体制，以立法的形式强化安全生产事前监管的力度，从制度上避免此类事件的发生。

2. 员工素质十分重要

危险品行业从业人员的素质直接关系安全防范问题。但据业内的有关人员介绍，相对于生产和使用环节，目前运输环节从业人员的素质最令人担忧。由于运输企业竞争激烈，一些企业只重视经济效益，忽视对从业人员的安全知识教育，甚至有一些不符合安全条件的企业规避监管，低门槛招聘有关人员投入运输工作中，这就给安全生产带来极大隐患。国家安全生产专家组成员、南京工业大学安全工程研究所所长崔克清教授说，当务之急是要做好相关从业人员的安全意识教育。如果人的问题不解决，再好的技术、再严格的法规也会大打折扣。

2003 年 5 月 12 日 22 时，辽 AR8961 金杯 SY1042XCX 货车，由于从业人员在安全管理上存在麻痹思想和侥幸心理，将载有 5 个液态氨罐的车辆擅自停放在沈阳市第四人民医院停车场，发生液态氨泄漏事故，造成了严重的社会影响。沈阳皇姑区 119、110 分别接到当地群众报警，公安部门迅速启动了应急预案，消防部门采取高强度喷涂胶将液氨瓶泄漏口封住，制止了液氨继续泄漏。事态得到控制后，由公安部门将泄漏货车拖到安全地带，指定专人看管。当责任单位接到通知赶到泄漏现场时，已是 5 月 13 日凌晨 1 时，此时事故已全部处理完毕。

导致这起液态氨泄漏事故发生的原因：沈阳市第一运输公司危险货物运输服务有限公司驾驶人员金铭，虽然接受过从业人员培训，但是安全责任心不强，违反了《危险化学品安全管理条例》，擅自将车辆停放在沈阳市第四人民医院停车场。尽管没有造成人员伤亡和经济损失，但是事故性质是严重的。沈阳市交通局对这起未遂事故进行了全市通报，并根据《辽宁省道路运输条例》的有关规定，吊销了辽 AR8961 驾驶人员金铭的危险货物运输从业资格证。

此次事故暴露出个别经营管理者对危险货物运输的管理存在麻痹思想和侥幸心理，企业的各项规章制度还没有落到实处，尤其在日常运输经营活动中监督管理不力，在安全防范措施上存在漏洞。

9 第九章
货物运输组织与管理

学习目标

通过学习，了解货物运输组织原则、运输计划的类别、运输安全管理，理解运输作业管理的程序、运输合理化的概念、运输方式的评价和选择、运输路线的规划、运输信息的应用，以及运输决策管理等。

知识要点

1. 了解货物运输组织原则、运输计划的类别、运输安全管理的内容。
2. 理解货物运输作业管理的程序、运输合理化的概念及方式。
3. 掌握货物运输方式的评价和选择、运输路线的规划。

技能要点

1. 理解高速公路货物运输、江河货物运输的要点和智能运输。
2. 理解货物运输信息管理的流程。
3. 能够进行货物运输决策及对决策进行评价。

导入案例

某公司的集装箱运输组织

某公司首次承揽到三个集装箱运输业务，时间较紧，从上海到大连铁路 1 200 千米，公路 1 500 千米，水路 1 000 千米。该公司自有 10 辆 10 吨普通卡车和一个自动化立体仓库，经联系，附近一家联运公司虽无集装箱卡车，但却有专业人才和货代经验。请问如果将此业务交于这个集运公司来做，需要做好哪些工作？

（1）对该联运公司做必要的调查，看看信誉度如何。

（2）进行必要的合同磋商，解决好合同的执行标准、衡量标准、违约责任以及确定价格等。

（3）努力避免双方合作失败，既交货又派专人关心此事。

（4）明确如果服务质量好，可考虑长期合作。

第 一 节　货物运输组织与管理概述

一、货物运输组织原则

▶ **1. 及时**

及时地把货物运到指定地点，最大限度地节约时间。

▶ **2. 准确**

在运输生产过程中，最大限度准确无误地完成运输任务。

▶ **3. 经济**

采用最经济合理的运输方案，节约人力、物力及运力。

▶ **4. 安全**

在运输生产过程中，不发生残损、丢失、燃烧、爆炸等事故，减少货损、货差。

二、货物运输作业管理

（一）货物运输计划

▶ **1. 按运输方式划分**

按运输方式划分，可分为铁路运输计划、公路运输计划、水路运输计划、航空运输计划、管道运输计划和联合运输计划。

▶ **2. 按时间划分**

按时间划分，可分为年度运输计划、月度运输计划和旬度运输计划。

（二）货物运输作业管理

运输作业流程可以分为三个主要部分：发、运、接。发，主要包括运输作业之前的一些准备工作，即货物的承运、制单、办理相关手续、送单、通知等工作；运，包括装运前的准备工作、装车、运送、卸车、保管等环节；接，包括交付、费用结算等。

▶ **1. 货物的承运**

承运表明物流企业接受了托运人的委托，开始承担运输责任。

▶ **2. 制单**

制单一般是货物运单及运输交接单。

▶ 3. 办理相关手续

有时根据实际需要会出现业务外包的情况，即将一部分业务委托给别人帮忙运作，这就要办理好相关的托运手续。

▶ 4. 送单

制单完成及托运手续办理完成之后，要将一部分单据及时发给接收方，以便接收方在接货时清点验收。

▶ 5. 装运前的准备工作

装运前的准备工作主要包括运输车辆的调配、货物的组配等内容。

▶ 6. 装车

按照运单计划组织装车。

▶ 7. 运送

一方面要保证运输质量，减少货损、货差；另一方面要及时送达。

▶ 8. 通知

货物已开始运送，应立即向收货方通知发运车号、发运单号、件数、重量、日期等具体信息。

▶ 9. 卸车

在卸车过程中，应提高作业的机械化水平和作业效率，减少对货物的损坏。

▶ 10. 保管

卸车后履行保管，当接货人接货后，保管作业完成。

▶ 11. 交付

运输作业的最后一个环节就是承运方向接货人交付货物，经检查合格、接货人接货后，承运人的运输责任履行完毕。

▶ 12. 费用的结算

向货物托运人结清运费及相关费用。

三、货物运输安全管理

(一) 加强营运的设备管理

▶ 1. 坚持和完善运营设备技术等级评定制度

按照技术等级，核定经营范围，对没有达到技术等级的运输设备坚决不准运营。同时，检测站必须实行企业化管理。

▶ 2. 强化运输车辆二级维修制度

在车辆维修厂推广使用维修管理软件，实施全程监督；对维修出厂的车辆，使用统一的出厂合格证；实现维修数据的网络化、实时管理。

▶ 3. 科学管理

在运输工具上推广使用记录仪、通信系统和 GPS 终端，实施全过程的信息传递和科学管理。

（二）加强危险货物运输的安全监管

加强危险货物运输的源头管理，运输、搬运、仓库人员必须持证上岗，按照核定吨位装载，全程监控。

（三）加强货运站的安全监管

建立、健全货运站的相关制度，培训人员，严格依据已有制度加强货运站的管理。

（四）充分发挥管理部门的安全监管职能

采取先进的科技手段，建立运输信息中心，并与企业联网；实现由粗放型的安全管理向规范化、质量型的安全管理转变；由路检路查式的安全管理向加强源头安全管理转变；由直接式的安全管理模式向非接触式的安全管理模式转变。

第二节 合理化货物运输的组织

一、货物不合理运输的方式

在公路货物运输中，几种不合理的运输现状如下所述。

▶ 1. 空驶

空车无货载行驶，可以说是不合理运输的最严重形式。造成空驶的不合理运输主要有以下几种原因：①能利用社会化的运输体系而不利用，却依靠自备车送货提货，这往往出现单程车单程空驶的不合理运输；②由于工作失误或计划不周，造成货源不实，车辆空去空回，形成双程空驶；③由于车辆过分专用，无法搭运回程货，只能单程实车，单程回空周转。

▶ 2. 对流运输

对流运输也称"相向运输"，即同一种货物在同一线路上或平行线路上做相对方向的运送，而与对方运程的全部或一部分发生重叠交错的运输。

▶ 3. 迂回运输

迂回运输是舍近取远的一种运输，是可以选取短距离进行运输，却选择路程较长路线进行运输的一种不合理形式。

▶ 4. 重复运输

重复运输有两种形式：一种是本来可以直接将货物运到目的地，但是未达目的地就将货卸下，再重复装运送达目的地；另一种是同品种货物在同一地点运进，同时又运出。重复运输的最大毛病是增加非必要的中间环节，导致延缓了流通速度，增加费用，增大货损。

▶ 5. 倒流运输

倒流运输是指货物从销地或中转地向产地或起运地回流的一种运输现象。倒流运输的不合理程度要甚于对流运输，因为它造成了双程的浪费。

▶ 6. 运力选择不当

未发挥各种运输工具的优势，而不正确地利用运输工具造成的不合理现象，称为运力选择不当。

▶ 7. 托运方式选择不当

对于货主而言，可以选择最好的托运方式而未选择，造成运力浪费及费用支出加大，是一种不合理运输。如应选择整车而未选择，反而采取零担托运，应当直达而选择了中转运输等，都属于这一类型的不合理运输。

▶ 8. 超限运输

超过规定的长度、宽度、高度和重量，容易引起货损、车辆损坏和公路路面及公路设施的损坏，还会造成严重的事故。

二、合理化运输的含义和影响因素

（一）合理化运输的含义

所谓合理化运输就是用最少的运输成本，完成最多的货物运输，取得最佳的经济效益。

合理化运输最直接的效果就是节省运力、减少运费，除此以外，合理运输还可以促进生产部门与中转结构布局进一步合理化，充分利用各种交通工具，大大节约运输时间。所以组织合理化运输，对于加速物资流通、降低商品的生产和流通费用、提高运输效率和运力运用效率、降低运输成本、减少能源消耗、提高企业经济效益和社会效益都具有十分重要的作用。

（二）影响合理化运输的主要因素

运输路线合理化就是按照货物流通规律，组织货物运输，力求用最少的劳动消耗，得到最高的经济效益。运输合理化的影响因素很多，起决定性作用的有以下五方面。

▶ 1. 运输距离

在运输时，运输时间、运输货损、运费、车辆或船舶周转等运输的若干技术经济指标，都与运距有一定比例关系。运输距离长短是运输是否合理的一个最基本因素，缩短运输距离从宏观和微观来看有好处。

▶ 2. 运输环节

每增加一次运输，不但会增加起运的运费和总运费，而且必须要增加运输的附属活动，如装卸、包装等，各项技术经济指标也会因此下降。

▶ 3. 运输工具

各种运输工具都有各自的优势，对工具进行优化选择，按运输工具特点进行装卸运输作业，最大限度发挥所用运输工具的作用，是运输合理化的重要一环。

▶ 4. 运输时间

运输是物流过程中需要花费较多时间的环节，尤其是远程运输，在全部物流时间中，运输时间占绝大部分，所以，运输时间的缩短对整个流通时间的缩短有决定性的作用。

▶ 5. 运输费用

运输费用的降低，无论对货主企业来讲还是对物流经营企业来讲，都是运输合理化的一个重要目标。

三、合理化运输的主要形式

▶ 1. 分区产销平衡

就是在组织物流活动时，使某些产品在一定的生产区域固定于一定的消费区，实行这一办法对于加强产、供、运、销的计划性，消除过远运输、迂回运输、对流运输等不合理运输，充分利用地方资源，促进生产合理布局，节约运力，降低物流成本，都有十分重要的意义。

▶ 2. 直达运输

在组织运输过程中，跨过商业、物资仓库或其他中间环节，把货物从运地直接一步到位运到销地或用户手中，减少中间环节。随着市场经济的发展，企业为了降低流通费用，采用直达运输的比重在迅速提高，对于减少物流中间环节，提高物流效益和生产经营效益都有重要作用。

▶ 3. 提高技术"装载量"

据测算，汽车运输的实载率每下降1%，每百千米的消耗要上升1.5%。因此提高装载量可以最大限度地利用运载工具的装载吨位和装载容积，提高运输能力和车辆的运量。主要方式有：①实行分单体运输；②组织轻重配装；③提高堆码技术；④合装整车，也叫"零担"、拼装整车，中转分运。

▶ 4. 精心规划、统筹兼顾，大力推进综合运输方式

发展综合运输体系，推进联合运输方式，可以增强运输生产能力，缓解交通运输紧张的痼疾。多年来，我国交通运输出现的不平衡情况，有的线路运输压力过大，有些线路运力发挥不够，有的运输方式严重超负荷，而实行综合运输体系将改变这一不协调不平衡的状况，大幅度提高运输能力。

按照各种运输方式的特征建立合理的运输结构，使运输结构扬其所长避其所短，可以在极大程度上提高合理化运输水平，提高运输效率和经济效益。

第三节　货物运输决策管理

货物运输决策是运输管理的重要环节，是运输实施的首要环节，也是决定运输作业是否高效、低成本、合理化运行的关键环节。

一、货物运输方式的选择

运输作业首要环节就是运输方式的选择，因此运输方式的选择十分重要。

▶ 1. 影响运输方式选择的因素

（1）运输的费用。运输的费用高低是托运人运输成本的决定因素，因此它是托运人选择承运人的首要条件。

（2）运输的时间。运输的时间是评价承运人服务水平的重要标准，也是托运人选择承运人的重要条件。

（3）运输能力。不同的运输方式有不同的技术特点，在运输能力上有很大的差距，因此也是托运人选择承运人的重要条件之一。

（4）运输的可靠性。托运人在考虑各种运输方式的可靠性时，一般选择平均时间差和方差来衡量运输的可靠性。

（5）运输质量。托运人在考虑各种运输方式时，也将承运人的服务水平作为选择的因素。

（6）运输的安全性。不同的运输方式对货物的安全性有不同的影响，因此托运人在考虑各种运输方式时也很重视运输的安全性。

（7）运输的便利性。托运人在考虑各种运输方式时，也将运输的便利性作为选择的因素之一。

（8）运输的可达性。运输的可达性直接影响承运人为托运人提供的服务覆盖面的大小，因此也是托运人选择运输方式时要考虑的因素之一。

▶ 2. 运输方式选择的定性分析法

（1）单一性运输方式的选择。根据各种运输方式的技术经济特点及使用范围，结合运输需求选择一种运输方式。

（2）多式联运运输方式的选择。根据各种运输方式的技术经济特点及使用范围，结合运输需求进行组合（管道运输无法参与联运），以求达到效率高、成本低的运输效果。

▶ 3. 运输方式选择的定量分析法

运输方式选择的定量分析法有综合分析法、成分分析法、竞争因素分析法等。其中综合分析法应用较普遍。具体用法包括确定影响因素、确定各因素的权重、选定候选方式、综合比较、最终选择等步骤。

二、货物运输路线的选择

（一）运输路线的类型

运输线路的选择影响到运输设备的利用和人员的安排，正确地确定合理的运输线路可以降低运输成本，因此运输线路的选择优化也是运输合理化的一个具体而重要的内容。公路货运中的运输线路，从起点到终点，常见的有不成圈的直线、丁字线、交叉线和分支线，还有形成闭合回路的环形线路。环形线路包括有一个圈和多个圈的。尽管线路的类型颇多，但是可以将所有线路归纳为以下三个基本类型。

▶ 1. 单一装货地和单一卸货地的物流运输线路

路路通运输公司签订了一项运输合同，要把 A 点的一批化肥运送到 J 点，路路通公司根据这两个城市之间可选择的行车线路绘制成公路网络，如图 9-11 所示。其中，A 点表示装货地，J 点是卸货地。此类运输线路的特点是 A 点和 J 点是两个点，不重合。这是运输活动中的一种情况。

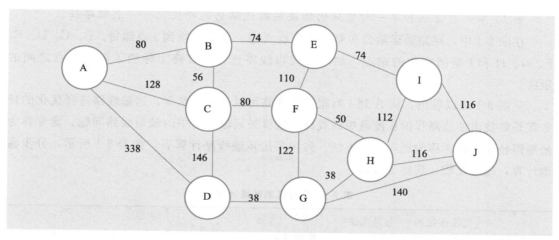

图 9-1 公路网络示意图

▶ 2. 起点与终点为同一地点的物流运输线路

在运输生产实践中，自有车辆运输时，车辆往往要回到起点。或者是某物流中心送货到配送中心，然后返回物流中心的线路，或某配送中心送货上门后返回，这都是属于起点与终点为同一地点的情况。图 9-2(a)中，从 V_1 经过 V_2、V_3、V_4、V_5 和 V_6 回到 V_1，V_1 既是起点，也是终点。始发点和终点相重合的线路选择问题通常被称为"旅行推销员"问题、货郎担问题或者邮递员邮路问题。

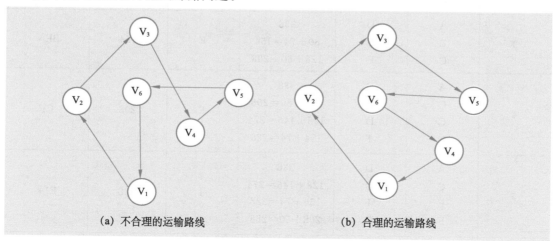

(a) 不合理的运输路线   (b) 合理的运输路线

图 9-2 运输线路示意图

▶3. 多起点、多终点问题的物流运输线路

多起点、多终点问题的物流运输线路，在物流运输实践中经常存在。例如，多个供应商供应给多个工厂的情况，或者把不同工厂生产的同一产品分配到不同用户的问题。在这些问题中，起点和终点都不是单一的。在这类问题中，各供应点的供应量往往也有限制。

(二) 运输线路的优化

▶1. 单一装货地和单一卸货地的物流运输线路的选择优化——最短路径法

在图 9-1 中，路路通运输公司要在装货地 A 点，满载货物到 J 点卸货。B、C、D、E、F、G、H 和 I 是网络中的站点，站点之间以线路连接，线路上标明了两个站点之间的距离。

从图 9-1 可以看出，从 A 到 J 有很多条线路可以选择，然而，运输线路选择优化的任务就是要找出使总路程的长度最短的线路，这就是运输规划中的最短线路问题，通常称为最短路径法，或者称为最短路线方法。列出最短运输线路计算表，如表 9-1 所示，分步骤地计算，通过比较，选择走近路。

表 9-1　最短运输线路计算表

步骤	直接连接到未解节点的已解节点	与其直接连接的未解节点	相关总成本	第 n 个最近节点	最短运距	最新连接
1	A A A	B C D	80 128 338	B	80	AB*
2	A A B B	C D E C	128 338 80+74=154 80+56=136	C	128	AC
3	A B C	D E F	338 80+74=154 128+80=208	E	154	BE*
4	A C C E	D F D I	338 128+80=208 128+146=274 154+74=228	F	208	CF
5	A C E F	D D I H	338 128+146=274 154+74=228 208+50=258	I	228	EI*

续表

步骤	直接连接到未解节点的已解节点	与其直接连接的未解节点	相关总成本	第 n 个最近节点	最短运距	最新连接
6	A C F I	D D H J	338 128＋146＝274 208＋50＝258 228＋116＝344	H	258	FH
7	A C F H H I	D D G G J J	338 128＋146＝274 208＋122＝330 258＋38＝296 258＋116＝374 228＋116＝344	D	274	CD
8	D F H I	G G J J	274＋38＝322 208＋122＝330 258＋116＝374 228＋116＝344	G	322	DG
9	G H I	J J J	322＋140＝462 258＋116＝374 228＋116＝344	J	344	IJ＊

在图 9-1 可以看出，装货地 A 即起点，是第一个已解的节点。与 A 点直接连接的未解的节点有 B、C 和 D 点。B 到 A 的距离最短，所以是唯一的选择，成为已解的节点。这是步骤 1。

步骤 2，是找出距离已解 A 点和 B 点最近的未解节点。只要列出距各个已解节点最近的连接点，则有 A—C，B—C。注意从起点通过已解节点到某一节点所需的路程应该等于到达这个已解节点的最短路程加上已解节点与未解节点之间的路程。即从 A 经过 B 到达 C 的距离为 80＋56＝136（千米），而从 A 直达 C 的距离为 128 千米。现在 C 点也成为已解节点。

步骤 3，要找出与各已解节点直接连接的最近的未解节点。在图 9-1 上可见，与已解节点 A、B、C 直接连接的有 D、E、F 三个点，自起点到三个候选点的路程分别是 338、154、208 千米，其中连接 BE 的路程最短，为 154 千米。因此，E 点为所选。

重复上述过程，直至到达终点 J，即步骤 9。由此得到最优线路为 A—B—E—I—J，最短的路程为 344 千米。

最短路径法可以利用计算机进行求解。把运输网络中的线路（有的称为链）和节点的资料都存入数据库中，选好起点和终点后，计算机很快就可以算出最短路径。

此计算的结果称为单纯的最短距离路径，因为计算过程中并未考虑各条线路的运行质量，所以不能说明穿越网络的最短时间。因此，对运行时间和距离都设定权数就可以得出具有实际意义的线路。

▶ 2. 起点与终点为同一地点的物流运输线路的选择优化

起点与终点为同一地点（起讫点重合）的物流运输线路的选择优化，目标是找到一个可以走遍所有地点的最佳顺序，使运输车辆必须经过所有站点并且总距离或运输时间最短。这一类问题没有固定的解题思路，在实践中通常是根据实际情况的不同，结合经验寻找适用的方法。可以分为以下两种情况。

（1）规模很大。规模很大，即包含站点很多，某次运输在很多个站点的规模中找到最优路径，是不切合实际的。此情况不属于我们讨论的范围。

（2）规模比较小。对于规模相对比较小的情况，可以应用经验试探法加以解决，步骤如下。

① 掌握来自实践的经验。经验是：合理的经停线路中各条线路之间是不交叉的，并且只要有可能，路径就会呈凸形或水滴状。

② 根据经验做出判断。按照"线路不交叉"和"凸形或水滴状"的两条原则，画出线路规划图。当然，如果各停车点之间的空间关系不能代表实际的运行时间或距离，或者有关卡、单行线或交通拥堵等复杂的情况，则经验试探法略显逊色，利用计算机模型方法比较好。

③ 案例。采购商 A、B 和 C 三个单位需要购买物资一批，采购单如表 9-2 所示。由供应商 G 公司在公司内如数供应（完成任务后的车辆即返回原位）。货物供需方的交通线路如图 9-3 所示（D 和 E 为相关物流节点）。试根据交通线路图和采购单的相关信息制定优化的运输方案，并按照优化方案对采购商 A、B 和 C 这三个单位送货上门。

表 9-2 采 购 单 单位：吨

货物名称	包　装	规格/型号	A公司	B公司	C公司
白砂糖	袋装		8	2	
龙眼干	纸箱		3		2
荔枝干	纸箱		5		
数量合计			16	2	2

分析：这是起点与终点为同一地点（起讫点重合）的物流运输线路。这条线路选择优化的目标是找到一个可以走遍所有地点的最佳顺序，使运输车辆必须经过所有站点并且总距离或运输时间最短。

从点 G 出发，有三条路可走，GE 最短，但 E 不是目标，因此没有意义。第二条路是 GB，即采取顺时针方向，那么 GB 的运力消耗是 20×590。在 B 点又有两条路可走，可到达 A 点，显然选择途经 D 点是捷径。在 A 点又面临两条路的选择才可到达 C，经 E 为近路是所选。在 C 点卸完货物可以返回 G 点。此时，顺时针方向的运力消耗 $= 20 \times 590 + 18 \times (570 + 580) + 2 \times (570 + 540) + 620 = 35\,380$。

第三条路是 GC。即采取逆时针方向，运力消耗 $= 20 \times 620 + 18 \times (570 + 580) + 2 \times (570 + 580) + 590 = 35\,270$。

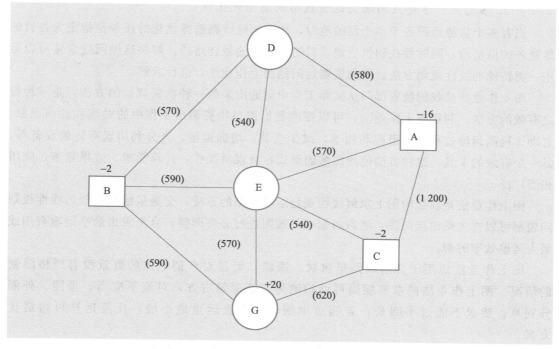

图 9-3　运输线路示意图

计算结果表明，逆时针方向的运力消耗比顺时针方向小，因此自 G 出发，线路 G—C—E—A—D—B—G 为最优的运输线路，如图 9-4 所示。

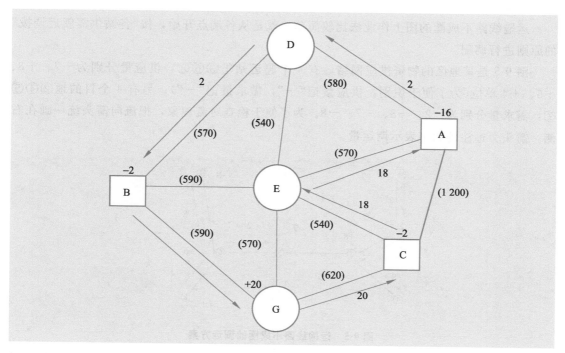

图 9-4　运输线路选择示意图

▶ 3. 多起点、多终点的物流运输线路的选择优化

当有多个货源地服务于多个目的地时，物流运输线路选择优化的任务是指定为各目的地服务的供货地，同时要找到供货地、目的地之间的最佳路径。解决这类问题常常可以运用一类特殊的线性规划方法，即物资调运问题图上作业法，进行求解。

图上作业法是我国物资部门从实际工作中创造出来的一种物资调运的方法，是一种行之有效的方法。利用图上作业法，可以帮助我们避免物资调运工作中的对流和迂回现象，有助于提高运输过程中的里程利用率，减少空驶，增加运量，充分利用现有运输设备等，是一个有效的工具。这种方法使用图解的形式，直观易操作，计算简单，效果显著，应用相当广泛。

图上作业法是在运输图上求解线性规划运输模型的方法。交通运输及类似的线性规划问题都可以首先画出流向图，然后根据有关规则进行必要调整，直至求出最小运输费用或最大运输效率的解。

图上作业法适用于交通线路呈树状、圈状，而且对产销地点的数量没有严格限制的情况。图上作业法的求解规则可以归纳为：流向划右方，对流不应当；里圈、外圈分别算，要求不能过半圈长；若超过半圈长，应去运量最小段；反复运算可得最优方案。

图上作业法包括运输线路不成圈的图上作业法和运输线路成圈的图上作业法。

（1）运输线路不成圈的图上作业法。对于线路不成圈的货物运输，即不构成回路的运输线路，包括直线、丁字线、交叉线和分支线等。只要不出现对流和迂回现象，就是最优调运方案。

运输线路不成圈的图上作业法比较简单，就是从各端点开始，按"各站供需就近调拨"的原则进行调配。

图 9-5 是某地区的物资供应网络，有 4 个起运站①③⑥⑧，供应量分别为＋7、＋8、＋6、＋4 单位（为了便于识别，供应量记"＋"，需求量记"－"）；另有 4 个目的地②④⑤⑦，需求量分别为－2、－8、－7、－8。为了便于检查对流现象，把流向箭头统一画在右侧。箭头旁标注的数字表示调运量。

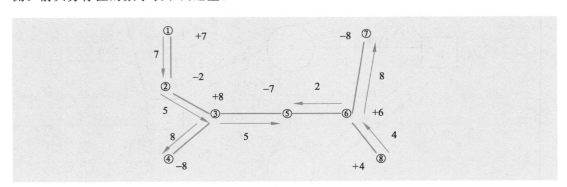

图 9-5　运输线路不成圈的调运方案

具体调运方案是：从站点①开始，把 7 个单位的物资供应给②，②剩余 5 个单位，供

应给③；站点④的 8 个单位由③供应；③剩余的 5 个单位供应给⑤，⑤尚缺少 2 单位由⑥提供；⑧的 4 个单位经过⑥，连⑥原有的 4 单位合计 8 单位供给⑦。这样就得出一个最优调运方案。

（2）运输线路成圈的图上作业法。运输线路成圈就是形成闭合回路的环形线路，可以是一个圈或者多个圈。在图 9-5 中，包含有两个圈，一是由①②③⑤⑥⑦组成的圈；另一是由③④⑧⑥⑤组成的圈。圈可以是三角形、四边形和多边形。图 9-6 中的两个圈都是多边形。起运站（目的地）之间线路旁括号内标注的数字表示两点之间的距离。

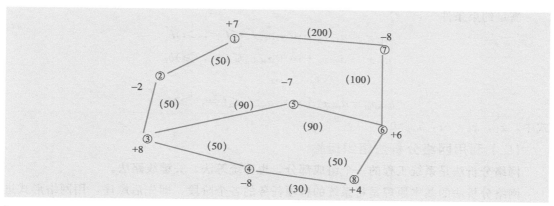

图 9-6　运输线路成圈的调运方案

对于运输线路成圈的图上作业法，可以按照如下三个步骤求解，直到寻找到最优方案。成圈的线路流向图要同时达到既无对流现象，又无迂回现象的要求才是最优流向图，所对应的方案为最优运输方案。

第一步：去段破圈，确定初始运输方案。在成圈的线路中，先假设某两点间的线路"不通"，去掉这段线路，把成圈线路转化为不成圈的线路，即破圈；然后按照运输线路不成圈的图上作业法，即可得到初始运输方案。

第二步：检查有无迂回现象。因为流向箭头都统一画在线路右边，所以圈内圈外都画有一些流向。分别检查每个小圈，如果内圈和外圈流向的总长度都不超过全圈总长度的 1/2，那么全圈就没有迂回现象，这个线路流向图就是最优的，对应的方案就是最优运输方案。否则，转向第三步。

第三步：重新去段破圈，调整流向。在超过全圈总长 1/2 的里（外）圈各段流向线上减去最小运量，然后在相反方向的外（里）圈流向线上和原来没有流向线的各段上，加上所减去的最小运量，这样可以得到一个新的线路流向图，然后转到第二步检查有无迂回现象。如此反复，直至得到最优线路流向图为止。

如果线路图存在两个及两个以上的圈，则需分别对各圈进行是否存在迂回线路的检查，如果各圈的里、外圈都不超过全圈总线长的 1/2，则不存在迂回现象，此方案为最优运输方案。

三、货物运输方案的优化

(一)复杂运输方案的线性优化

一般线性规划问题求解方法较复杂，但运输问题的线性规划约束方程组的系数矩阵具有较特殊的结构，可以用简便的表上作业法来求解。

线性规划数学模型要求变量满足约束条件，并使线性函数达到最大或最小值。

基本模型可表述为

$$\max(\min)Z = C_1X_1 + C_2X_2 + \cdots + C_nX_n$$

满足约束条件

$$a_{11}x_1 + a_{12}x_2 + \cdots + a_{1n}x_n \leqslant (=,\ \geqslant)b_1$$
$$a_{21}x_1 + a_{22}x_2 + \cdots + a_{1n}x_n \leqslant (=,\ \geqslant)b_2$$
$$\cdots$$
$$a_{1m}x_1 + a_{m2}x_2 + \cdots + a_{mn}x_n \leqslant (=,\ \geqslant)b_m$$

式中，x_1，x_2，$\cdots$，$x_n \geqslant 0$。

(二)利用网络分析法组织运输

网络分析法是系统工程的一个组成部分，也称统筹法、关键线路法。

网络分析法的基本原理是将系统的各项任务的各个阶段，即先后顺序，用网络形式进行统筹规划。例如，有一车货物在车站待发运，货物发运系统的作业共有七道工序，从任务的进度开始分别按照轻重缓急统一安排。以每道工序所需工时时间因素为基点，做出其工序间的相互联系的网络图，经过计算，找出对全局有重大影响的关键工序和关键路线，并对任务的其他各个工序做出合理的安排，继而对整个系统进行调整，使系统能以最小的时间、人力、物力及资源消耗完成任务，并取得最大的经济效益。

(三)最佳分界里程点的设计

这里只研究铁路和公路的联运问题，当两者运输总成本相等时，就有如下数学模型：

$$L \cdot W_t + L \cdot Y_t = L \cdot W_g + L \cdot Y_g$$

则有

$$L = (W_t - W_g)/(Y_g - Y_t) \tag{9-1}$$

式中，W 表示这些成本与运量增减影响甚微，如车站管理、人员工资等支出；W_t 表示铁路运输每一吨货物与运量无关的费用支出；W_g 表示公路运输每一吨货物与运量无关的费用支出。当然，针对不同的运输方式，运量对成本的影响也不一样。在与运量无关部分支出的比重中，铁路运输大于公路运输，所以，当运量增加越多，铁路运输的这部分成本所占的比重就越小。

Y 表示运输成本随运距增加而提高，如车辆运行所消耗的燃料及车辆本身运行的磨损支出；Y_t 表示铁路运输每吨·千米成本中与运距有关的费用支出；Y_g 表示公路运输每吨·千米成本中与运距有关的费用支出。而在与运距有关的运输成本的比重中，公路运输大于铁路，因此，公路运输适合短途运输。

L 表示铁路与公路运输的最佳分界点。

通过对运输成本与运量和运距关系的研究，我们得出这个计算模型，就可以计算出在多大的运输里程中，铁路、公路联运时两者的最佳分界里程，以便我们做出运输优化方案选择。

同时，可以根据上述计算模型推导出铁路和公路运输的吨·千米成本的计算模型。

公路运输吨·千米的运输成本为

$$C_t = Y_t + W_t/L \tag{9-2}$$

公路运输吨·千米的运输成本为

$$C_g = Y_g + W_g/L$$

式中，C_t 表示铁路运输吨·千米的运输成本；C_g 表示公路运输吨·千米的运输成本。Y_t、W_t、Y_g、W_g、L 与最佳分界里程计算模型中相同。

四、承运人的选择

▶ 1. 承运人的类型

承运人的类型有单一运输承运人、专业运输承运人、多试联运承运人和货运代理人。

▶ 2. 影响选择承运人的因素

影响选择承运人的因素有运输运费、运输时间、运输能力和运输质量。

▶ 3. 承运人选择的方法

（1）运输价格比较法：托运人在使用运输价格比较法时要对运输价格进行充分的市场调查，然后对各种运输方式进行比较再得出选择结果。

（2）运输质量比较法：在同等运价下，服务质量是托运人选择承运人的首要标准，主要包括服务理念（如服务态度、服务技术、服务项目）和服务质量（如设备完好、货物装卸质量、运输过程控制等）。

（3）综合选择法：综合分析法应用较普遍。具体包括确定影响因素、确定各因素的权重、进行综合比较最终托运人、选择承运人等步骤。

第四节 现代综合运输

一、陆桥运输

陆桥运输是近年来发展起来的一种运输方式，是指利用横贯大陆的铁路（有时也包括公路），将海与海连接起来，运用"海—陆—海"的运输连接，进行多式联运。

（一）陆桥运输的作用

从经济意义上来讲，陆桥运输可以缩短运输时间。在一端或两端为海运的情况下，中间通过一段铁路运输来连接，利用火车速度大大高于船舶的优势，可以减少货物在运输中占用的时间。在现代经济的条件下，人们对货物运输的时间要求越来越高。迅速运达的货物，可以及时满足需求，从而增加了货物的使用价值。同时，由于运输时间的缩短，货物占用资金的时间也会缩短，企业资金周转速度加快，资金成本降低，相应的效益也得到提升。所以，虽然采用陆桥运输，中间铁路与公路一段的运输费用会高于水路运输，但运输时间的缩短能成功地抵消这种费用的增加，使运输费用下降。陆桥运输的开展大大提升了铁路国际标准集装箱运输在集装箱运输中的地位，使铁路集装箱运输运距加长，运量大大增加。

（二）陆桥运输的分类

陆桥运输在发展过程中，从地域上逐渐形成了"北美陆桥运输"和"欧亚陆桥运输"两大板块；从运输结构上则形成了大陆桥运输、小陆桥运输与微陆桥运输等不同分类。

▶ 1. 北美陆桥运输

北美陆桥运输可分为北美大陆桥运输、北美小陆桥（mini-land bridge）运输和北美微陆桥（micro-bridge）运输三种结构。

（1）北美大陆桥运输。北美大陆桥运输指从日本东向，利用海路运输到北美西海岸，再经由横贯北美大陆的铁路线，陆运到北美东海岸，再经海路运到欧洲的"海—陆—海"运输结构。

北美大陆桥包括美国大陆桥运输和加拿大大陆桥运输。美国大陆桥有两条运输线路：一条是从西部太平洋沿岸至东部大西洋沿岸的铁路和公路运输线；另一条是从西部太平洋沿岸至东南部墨西哥湾沿岸的铁路和公路运输线。美国大陆桥于 1971 年年底由经营远东—欧洲航线的船公司和铁路承运人联合开办"海—陆—海"多式联运线，后来美国几家班轮公司也投入营运。加拿大大陆桥与美国大陆桥相似，由船公司把货物海运至温哥华，经铁路运到蒙特利尔或哈利法克斯，再与大西洋海运相接。

（2）北美小陆桥运输。北美小陆桥运输是指日本经美国太平洋沿岸各港的海铁联运，它与大陆桥运输的区别是运输终点为美国东海岸，而不再下海。采用这样的运输方式，使海运和陆运结合起来，从而达到了减少运输时间、降低运输成本的目的。北美小陆桥运输大大缩短了日本、远东到美国、加拿大东部地区与中部地区的运输距离，节省了运物时间。

（3）北美微陆桥运输。北美微陆桥运输就是利用陆桥铁路的部分段落进行运输，与北美小陆桥运输的主要区别在于内陆交货，不通过整条陆桥，所以又称为半陆桥运输。北美微陆桥运输是指经北美东、西海岸及墨西哥湾沿岸港口，到美国、加拿大内陆地区的联运服务。

北美微陆桥运输是在小陆桥运输发展的基础上产生的，将国际集装箱直达列车与集装箱班轮航线紧密结合，使内陆货物直接运至出海口，从而达到运输距离最短、运输速度最快和运输费用最省的目的。美国的微陆桥运输对避免迂回和绕道运输，使集装箱运输路线更加合理起到了重要作用。而采用微陆桥运输后，远东的集装箱货物通过班轮航线运至太平洋口岸，然后换装铁路集装箱直达列车，直接运至美国内陆城市，大幅节省了运输的时间和费用。

▶ **2. 欧亚陆桥运输**

欧亚大陆桥是在北美陆桥运输发展的同一时期发展起来的，有西伯利亚大陆桥和新欧亚大陆桥两条。

（1）西伯利亚大陆桥。西伯利亚大陆桥是指使用国际标准集装箱，将货物由远东海运到俄罗斯东部港口，再经跨越欧亚大陆的西伯利亚铁路，运至波罗的海沿岸港口，如爱沙尼亚的塔林或拉脱维亚的里加，再采用铁路、公路或海运，运到欧洲各地的国际多式联运的运输线路。

西伯利亚大陆桥运输包括海—铁—铁、海—铁—海、海—铁—公和海—公—空四种运输方式。西伯利亚大陆桥是较为典型的一条国际多式联运线路。西伯利亚大陆桥是目前世界上最长的一条陆桥运输线，它大大缩短了从日本、远东、东南亚及大洋洲到欧洲的距离，并因此而节省了运输时间。从远东经俄罗斯太平洋沿岸港口去欧洲的陆桥运输线全条14 000千米。而相应的全程水路运输距离（经苏伊士运河）约为20 000千米。从日本横滨到欧洲鹿特丹，采用陆桥运输可使运输距离缩短1/3，运输时间节省1/2，运输费用节省20%～30%。

中国通过西伯利亚铁路进行陆桥运输的路线有三条。

① 铁—铁路线，由国内铁路将集装箱运至满洲里，转俄罗斯铁路运至西部边境站，再转有关国家的铁路，运至目的地。

② 铁—海路线，由国内铁路将集装箱运至满洲里，转俄罗斯铁路，运至波罗的海沿岸日丹诺夫、伊利切斯克等港，再转水路运至北欧、西欧、巴尔干地区港口。

③ 铁—公路线，由国内铁路将集装箱运至满洲里，转俄罗斯铁路运至西部边境站，再转公路运至德国、瑞士、奥地利等国家。

（2）新欧亚大陆桥。新欧亚大陆桥沿桥经济带包括苏北、鲁南、皖北、河南、晋南、陕西、川北、甘肃、宁夏、青海、西藏、新疆跨及12个省区的辽阔地域，腹地面积占全国的1/3，人口约占全国的1/5。这一地区资源十分丰富，是中国的"黄金腰带"。新欧亚大陆桥辐射欧亚大陆30多个国家和地区，在新欧亚大陆桥贯通后，许多国家和地区纷纷制定了相应的措施和对策，以期利用这条国际走廊加速经济发展。据有关方面估计，北欧冰岛地区每年可能有170万吨冰冻鱼通过鹿特丹、里加港运往日本、韩国。哈萨克斯坦的棉花、皮毛、矿产也将利用连云港中转到日本、韩国。土库曼斯坦的天然气从土库曼斯坦由铺设管道运送到连云港，在连云港加工后运往日本、韩国。这势必带动连云港市的加工业、仓储业、运输业和旅游服务业的迅速发展。还有东来的回空国际集装箱，回程时可以将新疆、甘肃沿桥各大工业区的适箱货物，从连云港再运往日本、韩国、中国台湾地区和东南亚地区。这些都将大大带动沿桥经济带的迅速发展。

二、高速公路联网综合运输

目前，我国已建成通车的高速公路约 6 万千米，仅次于美国的 8.8 万千米，居世界高速公路里程第二位。我国已经建立起初具规模的公路通道运输网络，东部地区是由高速公路构成，西部地区是由高速公路和一、二级公路构成。以高速公路为主体的公路通道运输的形成和发展，改变了中国国内运输的总体格局。公路通道运输的货物种类显然与铁路、水运通道运输的货物种类有差别，公路是可以满足多种需求的一种运输方式。

（一）发展高速公路运输势在必行

公路运输行业向着高标准调整和汽车运输企业上水平的条件已经出现。首先，道路基础条件大为改善，高速公路从无到有到大量建设并投入使用。从某种意义上说，高速公路的建设必将引发一场运输革命，首先，汽车运输企业采用先进运输车辆来提高运输生产力和运输效率，实现运输的快捷、舒适、安全；其次，货源和客源结构的变化，要求运输质量和工具发生相应的变化；最后，运输企业步入了适度规模经营的轨道，企事业单位的运输也实行车企分离、独立经营核算，也将成为自主经营的实体。

（二）高速公路运输应是汽车运输企业发展的重点

高速公路的发展对汽车运输企业而言，既是挑战，又是机遇。汽车运输企业唯一的选择就是使自己迅速适应高速公路运输。目前根据汽车运输企业的现状，为投入高速公路运输，汽车运输企业应进行以下调整。

▶ 1. 加快技术改造，调整车辆结构

当今客、货源走势已发生变化，市场对运力需求趋向重型、专用化和豪华型。需优化企业的运输车辆结构，集中力量发展大吨位、箱型化、特种车和豪华型大客车、旅游车，促进运力结构从粗放型向集约型改变，使之成为汽车运输企业上水平的先导力量。车辆结构调整实际上是提高生产力水平的调整，管理部门要进行车辆结构的宏观调控。

▶ 2. 发展规模经营

要按照社会化生产的要求，推进规模化、专业化运输企业的发展。组建高速公路运输企业集团，可以推行汽车资产重组的方式，通过参股、联合实现强强结合；也可以通过兼并、收购等方式，实现优势互补。组建的企业集团应集代理、仓储、配送等流通环节为一体，弥补公路集装箱运输和高速公路快运业的空白，更好地满足高速公路发展的需要。

▶ 3. 安全要求

高速公路运输的车辆运行速度可达 100 千米/时以上，因此，高速公路运输的安全性尤为重要。如果高速公路运输车辆达不到一流的技术条件，从运输安全性考虑，管理部门是不能给予准入的。国内外高速公路运输实行特殊管理，就是为了确保高速公路运输的高质量和高效率的需要。

三、河海联运综合运输

（一）河海运输在国民经济建设中的作用

▶ 1. 对经济增长的贡献率

研究显示，1994—1998 年间，长江流域七省一市由于经济发展所带来的货运总周转量的增量中，110.9%是由公路承担，江河占 45.8%，铁路占 52.4%，管道占 4.3%。国民经济增长对各种运输方式的运输需求弹性系数以江河最高，为 0.62，其次是公路，为 0.51，铁路为 0.26，管道为 0.39。上述结果表明，在水资源丰富的地区，江河航运具有优势，对经济增长的贡献很突出。

▶ 2. 投入产出比

由于河海航运在很大程度上利用江、河、海、湖泊等自然资源，航道建设也需要一定的投入，但与其他运输方式相比，投资较少（值得一提的是，远洋运输的投资更少）。因此，运输线路的投入产出比，以河海运输线路的投入产出比最少，约为铁路的 1.45 倍、公路的 8.82 倍。这说明河海运输是一种极具发展潜力的运输方式。

▶ 3. 劳动生产率

河海运输由于单位运量大，在完成相同周转量的情况下，所需人员较少，因此劳动生产率比其他运输方式高。

▶ 4. 发展的可持续性

河海运输发展的可持续性优势表现在以下几点。

（1）对资源的占用。占用天然海洋、河道、湖泊、水库、运河等；需要的建筑材料较少；土地占用少；能源利用率高。河海运输的单位能耗比铁路低 45%，仅为公路的 1/34。

（2）对生态环境的影响。运输对环境的影响主要表现在油污染、生活垃圾、空气污染和噪声污染。在所有运输方式中，铁路和河海运输对环境的影响较小。

▶ 5. 远洋运输是国际贸易最主要的运输形式，在国际运输中占有绝对优势

远洋运输约占国际运输总量的 90%以上，可见远洋运输对国际交往和进出口贸易具有十分重要的作用。

综上所述，河海运输在国民经济建设和发展中占有重要地位，具有不可替代的作用。远洋运输运力大、能耗低、可持续发展性好等综合优势，是其他运输方式不可逾越的，这将为人们正确认识水路运输在综合运输体系中的地位及制定河海运输发展战略提供可靠的依据。

（二）河海运输适用的货物

▶ 1. 集装箱

随着中国产业结构的调整，产品技术含量不断增加，制成品及高附加值产品运输量将不断扩大，集装箱货比重因此上升。再者，随着市场的开放、市场主体的增多，大宗散货小批量化趋势明显，河海集装箱运输需求量会有大幅度的提高。

▶ 2. 石油

受管道运输影响，河海原油运输需求量将基本维持目前水平。

▶ 3. 矿石和钢铁

国家仍在完善以宁波、舟山海域为主的进口铁矿石中转基地，满足上海及长江沿岸钢铁企业进口铁矿石的需求，河海仍是进口铁矿石运输的主力。

▶ 4. 煤炭

一般沿江河各地所需煤炭这种大宗散装货物，采用船舶运输最为合理。

▶ 5. 建筑材料

随着经济的发展，建筑材料的运输量迅猛增加，未来 15 年，中国经济将继续保持良好的发展势头，给建材运输带来巨大的发展空间，江河建材运输需求量将继续保持较大增幅。

▶ 6. 液化气

能源比较匮乏的珠江三角洲地区是液化气消费的大市场，同时也是进口液化气的主要中转地。广东省液化气用量中，进口比例高达 70%，大量液化气经水路运到各地气库较为经济合理，江河运输需求量逐年增加。

▶ 7. 散装水泥

沿江水泥工业走廊年产量达 1 500 万吨。据预测，我国水泥生产将以一定的速度递增。散装水泥江河运输需求量仍将保持高速增长。

▶ 8. 滚装运输

目前，国家重点在长江及沿海港口增建滚装码头，购置专用船舶，已经形成滚装运输系统。

随着社会经济的发展，人民生活水平、消费水平的提高，旅游消费主体将向中低水平群体发展，水上旅游客运需求量将会逐步增加。

第五节 多式联运

一、多式联运概述

(一) 多式联运的概念

多式联运是一种以实现货物整体运输的最优化效益为目标的联运组织形式。它通常是以集装箱为运输单元，将不同的运输方式有机地组合在一起，构成连续、综合性的货物运输。通过一次托运、一次计费、一份单证、一次保险，由各运输区段的承运人共同完成货物的全程运输，即将货物的全程运输作为一个完整的单一运输过程来安排。

（二）多式联运的特征

（1）必须有两种以上不同运输方式的连续运输。

（2）使用一张全程多式联运单证，并按单一运费率计算全程运费。

（3）具有多式联运合同，它是区别一般的多种货物运输方式，互相连接而完成同一货物运输的主要依据。

（4）必须有一个多式联运经营人对货物全程运输负责，并订立多式联运合同。

（5）国际多式联运必须是通过两个以上国家间的运输。

（三）多式联运的类型

目前，多式联运主要有海—铁、海—空以及江—海三种类型。

▶ **1. 海—铁多式联运**

海—铁多式联运包括海—铁—海多式联运，是当今多式联运的主要类型，特别是利用大陆桥开展海—铁或海—铁—海多式联运。利用大陆桥进行海—铁—海多式联运，比单一海运的运输距离短，可节省运输时间和运输成本。例如，从日本至鹿特丹利用西伯利亚大陆桥的海—铁多式联运，比经苏伊士运河的全海承运缩短距离约 7 000 千米，节省时间和运费 20%左右，经济效益十分显著。

▶ **2. 海—空多式联运**

海—空多式联运结合海运运量大、成本低和空运速度快、时间要求紧的特点，能对不同运量和不同运输时间要求的货物进行有机结合。随着世界商品技术含量的不断提高，并向轻、小、精、薄方向发展。同时，伴随跨国公司对及时运输的需求，发达国家已出现采用大型飞机进行国际标准集装箱（空水陆联运集装箱）的海—空多式联运方式。目前，世界上海—空多式联运的主要线路是远东至欧洲的联运，约占海—空联运总运量的 50%以上。该运输线路的西行线是远东通过海运至美西港口，如温哥华、西雅图、洛杉矶等，再通过空运至欧洲的目的地，东行线主要通过海参崴、中国香港等港口，再通过空运中转至欧洲目的地。另一条主要海—空联运线是远东至中南美，即远东海运至美西的温哥华、洛杉矶等港口，再转空运至中南美内陆目的地。

▶ **3. 江—海多式联运**

江—海多式联运把海运和内河运输连接起来，既可充分发挥海运运量大、成本低的优点，又可发挥内河运输价廉、灵活的优点，能方便地把货物运至内河水系的广大地区。目前世界范围最典型的江—海联运是利用欧洲国际内河水道莱茵河，在数千千米的沿岸，一些重要的工商业中心都通水路，建设了设备设施先进的高效率的内河集装箱码头，开辟了各内陆工商业中心到鹿特丹、安特卫普等海港频繁的定班船。一方面保证了运输时间；另一方面大大缩短了货物在海港的滞留时间，方便又高效。我国也利用长江、珠江开展了不同形式的江海联运，取得了明显的经济效益。

二、国际多式联运概述

（一）国际多式联运的概念

根据 1980 年《联合国国际货物多式联运公约》的规定，国际多式联运是指"按照多式联运合同，以至少两种不同的运输方式，由多式联运经营人将货物从一国境内接管货物的地点运至另一国境内指定地点交付的货物运输"。

(二) 国际多式联运的优越性

国际多式联运的优越性主要体现在方便货主和提高货运质量方面，这也是多式联运产生后在世界各国普遍开展的根本原因。

▶ **1. 手续简便**

在多式联运方式下，无论货物运输距离有多远，无论使用几种不同的运输方式，也无论全程运输途中经过多少次不同运输方式之间的转换，从发货地直至交货地所有一切运输事宜，都由多式联运经营人负责办理，而货主只要一次托运、一次付费、一次投保，便可凭多式联运单据向银行结汇，收货人可凭多式联运单据向多式联运经营人或经营人的代理人提领货物。与传统的分段联运相比，这种简便手续极大地方便了货主。

▶ **2. 安全可靠**

目前多式联运绝大多数以集装箱运输为主体，货物虽然经过长途运输和多次装卸转运，但都不需要掏箱倒载和换装，从接货地直至交货地，货物一直被密封在坚固的集装箱内，从而使货损、货差、被盗大大减少。同时，可减少全程运输中的中间环节和等待时间，从而提高全程货运的速度。

▶ **3. 提早结汇**

传统海运必须凭已装船提单才能向银行结汇，而在多式联运方式下，发货人将货物交多式联运经营人或经营人的代理人后，通常可凭经营人或代理人签发的多式联运单据结汇。这对从内地发货的货主来说，可以提早结汇时间，加快资金周转。

▶ **4. 统一理赔**

在分段联运方式下，由于各区段承运人只对本区段运输负责，因此一旦发生货损、货差，货主必须向参加联运的一个或几个承运人索赔。而在多式联运方式下，无论货损货差发生在哪一运输区段，甚至是无法确认事故区段的隐藏损害，均由多式联运经营人负责统一理赔，并直接向货主进行赔偿。

▶ **5. 实现合理化综合运输**

在多式联运方式下，由于多式联运经营人负责对全程联运的经营，并对全程运输负责，凭借多式联运经营人的多式联运业务能力、技术能力和在世界各地的业务网点以及与广大货主的切实联系和对各种运输方式的熟悉，多式联运经营人可以在一定时空范围内，将海运、铁路、公路和航空等各种不同运输方式有机地连接起来，选择最佳的运输线路。综合利用各种运输方式的优点，形成既分工又协作的有机整体，从而实现合理化综合运输。

(三) 国际多式联运的一般业务流程(见图 9-7)

▶ **1. 多式联运合同的订立**

多式联运必须订立合同，合同是规范托承双方权利、义务以及解决争议的基本法律文件。

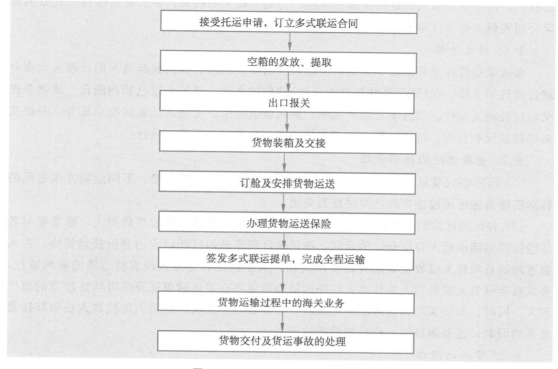

图 9-7　国际多式联运的业务流程

▶ 2. 多式联运计划的编制

多式联运涉及多种运输方式、多个承运人、多个运输环节，因此必须有一个完善的联运计划。

▶ 3. 接货装运

按照多式联运合同，在约定的时间、地点，由多式联运经营人或经营人的代理人从发货人手中接管货物，并按合同要求装上第一程运输工具发运。按托承双方议定的交接方式，集装箱多式联运凡在 door 或 CY 交接的，由发货人负责装箱计数施封和办理出口清关手续，在箱体外表状况良好、封志完整的状态下，将货物整箱交多式联运经营人或经营人的代理人；凡在 CFS 交接的，由发货人负责办理出口清关手续，将货物散件交多式联运经营人或经营人的代理人，由后者负责拼箱计数施封后装运发送。

▶ 4. 多式联运单据的签发

多式联运经营人接管货物在运费预付情况下收取全程运费后，即签发多式联运单据，表明多式联运对全程联运负有责任的开始。在货物装运发送后，多式联运经营人还应将多式联运单据副本及一程运输的有关运输单证及时寄往第一程的目的地（港）的代理人，以便做好接货、转关和转运的准备。

▶ 5. 运输保险

由于多式联运运距长、环节多、风险大，为避免可能发生的货运事故，多式联运经营人还可以向保险公司投保。但对多式联运经营人的疏忽、过失、侵权将丧失责任限额保护的权利，需要承担很大的赔偿金额的风险。为避免较大的损失，多式联运经营人通常向保险公司投保货物责任险和集装箱险，以防范巨额赔偿风险。

▶ 6. 转关手续

多式联运若在全程运输中经由第三国，应由多式联运经营人或经营人的代理人负责办理过境转关手续。在《国际集装箱海关公约》缔约国之间，转关手续已相当简化，通常只提交相应的转关文件，如过境货物申报单、多式联运单据、过境国运输区段单证等，并提交必要的担保和费用，过境国海关可不开箱检查，只做记录而予以放行。

▶ 7. 全程运输的协调管理

（1）国际多式联运是以至少两种不同运输方式组成的连贯运输，不同运输方式之间的转运衔接是保证运输连贯性、及时性的关键。

（2）各运输区段的单证传递。多式联运经营人作为全程运输的总负责人，通常要与各运输区段实际承运人订立分运输合同，在运输区段发送地以托运人的身份托运货物，在运输区段的目的地又以收货人的身份提领货物。为了保证各运输区段货物运输的顺利进行，多式联运经营人或经营人的代理人在托运货物后要将有关运输单证及时寄给区段目的地代理人。同时，如该实际运输区段不是最后一程运输，多式联运经营人的代理人在做好接货准备的同时，还要做好下一程运输的托运准备。

▶ 8. 货物的跟踪

为了保证货物在多式联运全程运输中的安全，多式联运经营人要及时跟踪货物的运输状况。

▶ 9. 交付货物

按多式联运合同规定，货物到达指定交货地后，由多式联运经营人或经营人的代理人将货物交给多式联运单据指明的收货人或按指示交指定的收货人，即完成全程运输任务。

（四）国际多式联运的运作条件

国际多式联运是由多种运输方式按照运输规律组合而成的综合性一体化运输形式，因此，开展国际多式联运应具备比一般单一运输方式更为先进、更为复杂的技术条件。

▶ 1. 建立国际多式联运线路与集装箱货运站

联运线路是多式联运的通道，集装箱是国际多式联运必备的运输工具，两者是开展国际多式联运的硬件设施。

▶ 2. 建立国内外联运网点

国际多式联运是跨国运输，需要国内外相关单位的合作，因此必须根据运输业务需要建立国内外联运合作网点。

▶ 3. 制定国际多式联运的单一包干费率

制定国际多式联运的单一包干费率是国际多式联运最基本的业务流程，要进行综合权衡，使联运费率具有竞争性，以利于国际多式联运的顺利运作。

▶ 4. 制定整套国际多式联运的单据

国际多式联运单据是经营人与货主之间进行货物运输的所有直接依据。

（五）多式联运单据是国际多式联运的重要条件

▶ 1. 多式联运单据的定义

1997 年 10 月 1 日，我国实施的《国际集装箱多式联运管理规则》对多式联运单据的定义是："多式联运单据是指证明多式联运合同及证明多式联运经营人接管货物并负责按合同条款交付货物的单据。"从上述定义可知，多式联运单据与海运提单作用相似。

（1）多式联运单据是多式联运合同的证明。

（2）多式联运单据是多式联运经营人收到货物的收据。

（3）多式联运单据是收货人据以提货的物权凭证。

▶ 2. 多式联运单据的主要内容

多式联运单据是发货人、多式联运经营人、收货人等当事人货物交接的凭证，多式联运单据的内容应准确、完整。多式联运单据的主要内容如下。

（1）货物的名称、种类、件数、重量、尺寸、包装等。

（2）多式联运经营人的名称和主要经营场所。

（3）发货人、收货人的名称。

（4）多式联运经营人接管货物的地点、日期。

（5）多式联运经营人交付货物的地点和约定的时间或期限。

（6）表示多式联运为可转让或不可转让的声明。

（7）多式联运经营人或经营人的授权人签字。

（8）有关运费支付的说明。

（9）有关运输方式和运输线路的说明。

（10）在不违反多式联运单据签发国家法律的前提下，双方同意的其他事项。

多式联运单据一般都列入上述内容，但如果缺少其中一项或几项，只要所缺少的内容不影响货物运输和当事人的利益，多式联运单据仍具法律效力。

▶ 3. 多式联运单据的签发

多式联运经营人在接收货物后，凭发货人持有的货物收据即签发多式联运单据，并应发货人的要求签发可转让或不可转让多式联运单据。

在签发可转让的多式联运单据时：

（1）应列明按指示交付或向持有多式联运单据人交付。

（2）如列明按指示交付，须经背书后才能转让。

（3）如列明向多式联运单据持有人交付，无须背书即可转让。

（4）如签发一套数份正本多式联运单据，应注明正本的份数。

（5）对于签发的任何副本多式联运单据，应在每一份副本上注明"副本不可转让"字样。

在签发不可转让多式联运单据时，应在单据的收货人一栏内载明收货人的具体名称，并注明"不可转让"字样。货物抵达目的地后，多式联运经营人只能向多式联运单据中载明的收货人交付货物。

如果签发数份多式联运单据，多式联运经营人只要按其中一份正本交付货物后，便完成向收货人交货的义务，其余各份正本自动失效。

▶ 4. 多式联运单据的证据效力与保留

多式联运单据一经签发，除非多式联运经营人在单据上做了保留，否则多式联运单据有以下作用：

（1）多式联运单据是多式联运经营人收到货物的初步证据。

（2）多式联运单据表示多式联运经营人对货物的责任已经开始。

（3）可转让的多式联运单据对善意的第三方是最终证据，多式联运经营人提出的相反证据无效。

如果多式联运经营人或经营人的代表在接收货物时，对于货物的品种、数量、包装、重量等内容有合理的怀疑，而又无合适方法进行核对或检查时，多式联运经营人或经营人的代表可在多式联运单据上做保留，注明不符的地方、怀疑的根据等；反之，如果多式联运经营人或经营人的代表在接收货物时未在多式联运单据上做任何批注，则应视为所接收的货物外表状况良好，并应在同样状态下将货物交付收货人。

知识链接

智能运输

自 20 世纪 80 年代以来，虽然各发达国家已基本建成了四通八达的现代化国家道路网，但是随着社会经济的发展，交通拥挤、阻塞现象日趋严重，交通污染与交通事故越来越引起社会的普遍关注。实践证明，主要依靠修建更多的道路、扩大路网规模来解决日益增长的交通需求的方法，已经难以适应现代社会飞速发展的客观要求。在此背景下，便产生了一种新的现代运输管理与建设思想，即智能运输系统（intelligent transportation system，ITS）。

智能运输系统实质上就是利用高新技术对传统的运输系统进行改造而形成的一种信息化、智能化、社会化的新型运输系统。智能运输系统的目的在于：使交通基础设施能够发挥最大的效能；提高服务质量；使全社会能够高效地使用交通设施和能源，从而获得巨大的社会经济效益。

本章小结

本章阐述了运输组织管理的原则和方法；阐述了运输合理化的概念和合理化运输的组织方式；阐述了运输方式、运输路线和承运人的选择方式；阐述了内河运输与高速公路运输及多式联运；阐述了运输信息管理的特征、功能，以及运输信息处理与运输决策管理等相关内容。

| 课堂讨论 |

在课堂上先由学生分小组进行讨论，然后选出代表集中发言。
讨论如何组织合理化运输。

| 思考题 |

1. 简述运输作业流程。
2. 不合理的运输现象有哪些？
3. 简述影响合理化运输的主要因素。
4. 简述合理化运输的措施。
5. 简述多式联运的概念及特点。
6. 简述多式联运的形式。

拓展案例

AT 公司的运输抉择

AT 公司的运输部要从公司在加利福尼亚州的工厂直接装运 150 台计算机，这一票货的价值 40 000 美元，指定送往密苏里的一个配送中心。配送中心规定装运的中转时间为 2.5 天，如果超出时间，每台计算机每天的机会成本为 6 美元，于是 AT 公司运输部初步确定三种运输方案可供选择：

（1）CCH 是一家长途汽车货运公司，愿意按照合同费率即 1.6 美元/英里来装运这批货物，从加利福尼亚到密苏里配送中心的运距是 2 000 英里。CCH 公司预计可以在 3 天之内把这批货送到目的地。该公司的每辆汽车可装运 90 台计算机。

（2）STSS 铁路运输公司可以在生产厂直接取货，然后将这批货送到密苏里配送中心。STSS 公司按每一辆火车收取 1 500 美元的费用来装运这批货物。而 AT 公司运输部近来有过 STSS 在换装时的延误，预计递送需要 5 天的时间。

（3）与第三方承运人 LQI 公司洽谈利用铁路和汽车联运办法来运这批货物，LQI 公司先用汽车提货，然后拉到加利福尼亚的一家多式联运站，用铁路把货送到密苏里的另一个多式联运站，再用汽车送到配送中心。LQI 公司的报价是 2 500 美元，运输时间是 2.5 天。按以往的经历，这个 LQI 公司在搬运服务中可能会导致 3% 的货物损失，而弥补这些损失的赔偿大约只有原价值的 33%。

对以上三种运输方式所产生的运输成本，请计算哪种运输方案最经济合理？

10 第十章
货物运输保险

学习目标

通过学习，了解国内货物运输保险的概念及国内水路、公路、铁路、航空货物运输保险的保险期限、保险金额及保险费，国际货物运输保险的运作及在国际货物运输中的作用等。

知识要点

1. 了解国内货物运输保险的概念、作用及分类。

2. 了解国际货物运输保险业务的具体运作及在国际货物运输中的作用。

3. 了解国内水路、公路、铁路、航空货物运输保险的保险期限、保险金额及保险费。

技能要点

1. 掌握国内货物运输保险的特点、保险的保险期限、保险者责任、保险费及保险理赔。

2. 掌握国际货物运输的承保范围、国际货运保险的特性、承保的危险分类、损害的种类、投保形式及赔偿处理。

导入案例

在国际贸易中，货物运输与货物运输保险是两个重要而且容易出问题的环节，面对国际贸易的激烈竞争，如何规避风险、决胜于机遇与风险同在的市场浪潮，这无疑是每一家物流企业都必须面临和需要解决的问题。

"差不多每个物流企业都经历过货损，都给客户赔过钱，只不过多少不同罢了！"一位企业负责人这样感叹。现代物流业的实际运作过程中，增值服务多、供应链因素多、质量难以控制，因此营运风险大，而且这种风险已经大大不同于传统货运业所面临的风险。

随着现代物流业的兴起，第三方物流企业在为客户提供越来越便利的一体化物流服务的同时，也承担着越来越大的风险。随时可能发生货物破损、野蛮装卸、误时配送、偷盗灭失、变质串味等风险，这些风险都可能遭致托运方提出索赔。

第一节　货物运输保险概述

一、货物运输保险的概念

货物运输保险是指由被保险人按规定缴纳保险费后由保险人承担运输过程中因自然灾害和意外事故引起的财产损失的一种保险。货物运输保险分为国内货物运输保险和国际货物运输保险两大类别。

货物运输保险业务涉及货主、保险人和承运人。

货主（不论交易的买方或卖方）依贸易条件向保险人投保货物保险，保险人基于投保人支付保险费作为合同的代价，同意负担货物因特定意外事故而致损害的补偿责任，并将投保的货物交由承运人运输。若在保险期间内发生保险事故，则由保险人负责理赔，保险人理赔后，就赔偿金额范围内，依法取得对承运人请求赔偿的权利。货主、保险人及承运人三者之间的关系如图 10-1 所示。

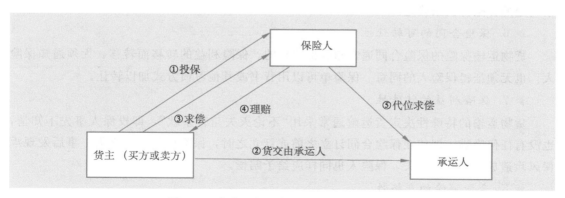

图 10-1　货主、保险人及承运人之间的关系

二、货物运输保险分类

▶ 1. 国内货物运输保险

国内货物运输保险以在国内运输过程中的货物为保险标的，在标的物遭遇自然灾害或意外事故所造成的损失时给予经济补偿。

▶ 2. 国际货物运输保险

在国际贸易中，货物运输保险是以进出口贸易货物为保险标的的保险，是一种契约行为。保险人基于投保人支付保险费作为合同的代价，同意负担货物因特定意外事故而致损害的补偿责任。

三、货物运输保险的特点

▶ 1. 被保险人的多变性

承保的运输货物在运送保险期限内可能会经过多次转卖，因此最终保险合同的保障受益人不是保险单注明的被保险人，而是保单持有人(policy holder)。

▶ 2. 保险利益的转移性

保险标的转移时，保险利益也随之转移。

▶ 3. 保险标的的流动性

货物运输保险所承保的标的，通常是具有商品性质的动产。

▶ 4. 承保风险的广泛性

货物运输保险承保的风险，包括海上、陆上和空中风险，自然灾害和意外事故风险，动态和静态风险等。

▶ 5. 承保价值的定值性

承保货物在各个不同地点可能出现的价格有差异，因此货物的保险金额可由保险双方按约定的保险价值来确定。

▶ 6. 保险合同的可转让性

货物运输保险的保险合同通常随着保险标的、保险利益的转移而转移，无须通知保险人，也无须征得保险人的同意。保险单可以用背书或其他习惯方式加以转让。

▶ 7. 保险利益的特殊性

货物运输的特殊性决定货运险通常采用"不论灭失与否条款"，即投保人事先不知情，也没有任何隐瞒，即使在保险合同订立之前或订立之时，保险标的已经灭失，事后发现承保风险造成保险标的灭失，保险人也同样应给予赔偿。

▶ 8. 合同解除的严格性

货物运输保险属于航次保险，《保险法》《海商法》规定，货物运输保险在保险责任开始后，合同当事人不得解除合同。

第二节　国内货物运输保险

一、国内货物运输保险概述

（一）国内货物运输保险的概念

国内货物运输保险是以在国内运输过程中的货物为保险标的，在标的物遭遇自然灾害或意外事故所造成的损失时给予经济补偿的保险。

我国的国内货物运输保险主要有水路、陆路货物运输保险和航空货物运输保险。

国内货物运输保险能及时补偿在运输过程中的货物因灾害事故而遭受的经济损失，有利于商品生产和流通顺利进行；可以把不定的灾害事故损失变为固定的运输保险费支出，并将此项费用计入生产或营业成本，从而增强企业经营的财务稳定性，完善经济核算制；通过展业、承保和理赔，宣传防灾防损的意义，检查事故隐患，积累有关资料，总结经验教训，向有关单位提出合理建议，可以促进货物运输的安全，减少灾害事故损失。

（二）国内货物运输保险的分类

▶ **1. 按运输方式的不同划分**

（1）直运货物运输保险。直运货物运输保险承保的货物是从起运至目的地只用一种运输工具的运输，即使中途货物需转运，转运用的运输工具与前一段运输所使用的运输工具仍属同一种类。

（2）联运货物运输保险。联运货物运输保险承保的是两种或两种以上不同的主要运输工具运送货物的运输，可以有水陆联运、江海联运、陆空联运等。联运货物运输保险的保险费率高于直达运输下的货运险费率。

（3）集装箱运输保险。集装箱运输也叫货柜运输，它是 20 世纪 50 年代出现的一种运输方式。集装箱运输的优点在于能做到集装单位化，即把零散包件货物集中在大型标准化货箱内，因此可以简化甚至避免沿途货物的装卸和转运，从而有可能降低货物运输的成本，加速船舶周转，减少货物残损。集装箱货物运输保险的费率较低。

▶ **2. 按运输工具的不同划分**

（1）水上货物运输保险。承保用水上运输工具承运货物的一种运输保险。水上运输工具指轮船、驳船、机帆船、木船、水泥船等。

（2）陆上货物运输保险。承保除水上运输工具和飞机以外的所有其他运输或手段运载货物的运输保险，运输工具包括机动的、人力的、畜力的，如火车、汽车等。

（3）航空货物运输保险。承保以飞机为运输工具运载货物的运输保险。按运输工具的不同对国内货物运输保险进行分类是最常见的一种分类方法。在国内货物运输保险的保险单上还可以见到特殊货物保险，如排筏保险、海上抢轮木排运输保险、港内外驳运险和市内陆上运输保险等。

（三）国内货物运输保险的特点

国内货物运输保险虽然是财产保险的一种，但与一般财产保险有所区别，具有以下几个方面的特点。

▶ 1. 保险标的

普通财产保险是以存放在固定地点的各种财产作为自己的保险对象，例如，企业财产保险承保机器、设备，家庭财产保险的保险标的是家具、家用电器等，因此普通财产保险的保险标的通常处于相对静止的状态。而货物运输保险的保险标的是从一地运到另一地的货物，经常处于运动状态之中，具有较大的流动性。

▶ 2. 责任起讫

普通财产保险的保险期限一般按时间计算确定，货物运输保险属于运程保险，保险责任的起讫时间从货物运离发货人仓库开始，直至运达目的地的收货人仓库或储存地为止，按保险标的实际所需的运输途程为准。

▶ 3. 保险范围

从保障范围来看，国内货物运输保险要比普通财产保险广泛得多。在发生保险责任范围内的灾害事故时，普通财产保险仅负责被保险财产的直接损失及为避免损失扩大采取施救、保护等措施而产生的合理费用。国内货物运输保险除了负责上述损失和费用外，还要承担货物在运输过程中因破碎、渗漏、包装破裂、遭受盗窃及整件货物提货不着而引起的损失，以及承担按照一般惯例应分摊的共同海损和救助费用。

（四）国内货物运输的保险责任

货物运输保险的货物是装载在水、陆、空各种运输工具上的，它主要处在运输过程中，但有时是在陆上存仓候运或候提，或者在中转地存仓等候转运等，这时的货物处在静止状态中，处在静止状态的货物的保险基本上都是按企业财产保险来处理。对于运动状态的货物，由于运输方式不同和遇到的风险不同，因此有特定的保险责任。但不管采用什么方式运输，一些共同性的风险还是存在的，因而又有适用于所有运输方式的共同保险责任。

▶ 1. 普遍责任

普遍责任即保险公司对各类运输工具运送的物资都有可能遭遇的风险所造成的损失和引起的费用支出所给予的保障。在运输过程中带有共同性的风险有火灾、爆炸、碰撞、雷电、暴风、暴雨、洪水、海啸、地震等自然灾害和意外事故。

▶ 2. 特定责任

特定责任即保险公司对某类运输工具在运输货物时可能遭遇的特有风险所引起的损失和费用给予保障。水上运输方式的特定风险有搁浅、船身倾覆、沉没、共同海损行为导致船只所载保险货物发生的损失或施救费用、救助费用。陆上运输货物的主要工具有火车、汽车等，可能遭遇的风险有翻车、火车出轨、隧道坍塌、畜力车牲畜受惊、脱辕等。航空运输中的特定风险有飞机失事、倾覆、坠落、失踪、空中抛弃等。

▶ 3. 附加责任

附加责任即对有些特殊的事故所致的损失或费用给予保障，如对盗窃可加保盗窃险。

▶ 4. 除外责任

为了进一步明确责任的界限，对运输的货物不予承保的责任有：战争或军事行为直接或间接地造成保险货物的损失；直接由于货物的自然损耗、市价跌落、本质上的缺陷所致损失；因运输延迟所造成的损失和费用；被保险人的故意行为或过失所造成保险货物的损失。如无特别约定，保险货物直接由于偷窃、提货不着、雨淋、沾污、渗漏、破碎、串味、受热受潮、钩损、包装破裂、锈损等所造成的货物损失，保险人也不予负责。如事先约定，经双方当事人同意，这部分风险可放在附加责任中给予承保。

二、国内货物运输保险及理赔实务

(一) 国内水路、陆路货物运输保险

▶ 1. 国内水路、陆路货物运输保险的保险责任范围及除外责任

我国国内水路、陆路货物运输保险分为基本险和综合险两种。

(1) 水路及陆路货运险基本险的责任是指被保险货物在运输过程中因下列原因而遭受损失，保险人负赔偿责任：

① 因火灾、爆炸、雷电、冰雹、暴风、暴雨、洪水、地震、海啸、地陷、崖崩、滑坡、泥石流所造成的损失；

② 由于运输工具发生碰撞、搁浅、触礁、沉没、出轨或隧道码头坍塌所造成的损失；

③ 在装货、卸货或转载时，因遭受不属于包装质量不善或装卸人员违反操作规程所造成的损失；

④ 按国家规定或一般惯例应分摊的共同海损的费用；

⑤ 在发生上述火灾事故时，因纷乱而造成的货物散失，以及因施救或保护货物所支付的直接而合理的费用。

(2) 在投保综合的货运险下，保险人除了要承担基本险责任外，还要负责赔偿下列损失：

① 因受震动、碰撞、挤压而造成破碎、弯曲、凹瘪、折断、开裂或包装破裂致使货物散失的损失；

② 液体货物因受震动、碰撞或挤压致使所用容器(包括封口)损坏而渗漏的损失，或用液体保藏的货物因液体渗漏而造成保藏货物腐烂变质的损失；

③ 遭受盗窃或承运人责任造成的整件提货不着的损失；

④ 符合安全运输规定而遭受雨淋所致的损失。

(3) 国内水路、陆路货物运输保险的责任免除。由于下列原因造成被保险货物的损失，保险人均不负赔偿责任：

① 战争或军事行为；

② 核事件或核爆炸；

③ 被保险货物本身的缺陷或自然损耗以及由于包装不善所致的损失；

④ 被保险人的故意行为或过失；

⑤ 其他不属于保险责任范围的损失。

▶ 2. 国内水路、陆路货物运输保险的保险期限

国内水路、陆路货物运输保险的保险责任起讫期限为：自签发保险凭证和保险货物运离起运地发货人的最后一个仓库或储存处所时起，至该保险凭证上该货物的目的地收货人在当地的第一个仓库或储存处所时终止。但保险货物运抵目的地后，如果收货人未及时提货，则保险责任的终止期最多延长至以收货人接到《到货通知单》后的 15 日为限（以邮戳日期为准）。保险责任开始的标志是：保险人或保险人的代理人签发了保险凭证，以及被保险货物运离起运地发货人的最后一个仓库或储存处所，两个条件必须同时具备，否则保险责任不能生效。

关于保险责任的终止，在实务中会出现以下几种情况：

（1）被保险货物运抵目的地后，收货人未及时提货，这时保险责任最多可延长至从收货人接到《到货通知单》后起算的 15 日时间；

（2）被保险货物运抵目的地后，被保险人或被保险人的收货人提取部分货物，对此，保险人对其余未提货物也只承担 15 日的责任；

（3）被保险货物运抵目的地后的 15 日内，被保险人或被保险人的收货人不是将货物提取放入自己的仓库或储存处所，而是就地直接发运其他单位或再转运其他单位时终止。

▶ 3. 国内水路、陆路货运险的保险金额及保险费

国内货物运输保险的保险金额采取定值的方法加以确定并载明于保单，以此作为保险人对保险标的遭受损失时给予补偿的最高限额。根据保险条款的规定，国内水路、陆路货物运输保险的保险金额按货价加运杂费、保险费计算确定。

▶ 4. 国内水路、陆路货运险的赔偿处理

在对国内水路、陆路货运险进行赔偿处理时，应注意以下几个方面。

（1）计算赔款时，应针对足额和不足额保险情况分别理算：

① 对于足额保险，即被保险人是按起运地货价确定保险金额的或按货价加运杂费确定保险金额的或按目的地市价（目的地的实际成本加合理利润，即目的地销售价）投保的，保险人根据实际损失计算赔偿，但最高赔偿金额均以保险金额为限；

② 对于不足额保险，保险人在赔偿货物损失金额和支付施救费用时，要按保险金额与起运地货物实际价值的比例计算赔偿。

（2）保险人对货损和施救费用的赔偿应分别计算，但均以不超过保险金额为限。

（3）残值折旧归被保险人，并从赔偿中扣除。

(二)国内航空货物运输保险

▶ **1. 国内航空货物运输保险的保险责任范围及责任免除**

(1)保险责任。被保险货物在保险期限内无论是在运输或存放过程中，由于下列原因造成的损失，保险人负赔偿责任：

① 由于飞机遭受碰撞、倾覆、坠落、失踪(在三个月以上)，在危难中发生卸载以及遭受恶劣气候或其他危险事故发生抛弃行为所造成的损失；

② 被保险货物本身因遭受火灾、爆炸、雷电、冰雹、暴风、暴雨、洪水、海啸、地震、地陷、崖崩所造成的损失；

③ 被保险货物受震动、碰撞或压力而造成的破碎、弯曲、凹瘪、折断、开裂等损伤，以及由此引起包装破裂而造成的损失；

④ 属液体、半流体或者需要用液体保藏的被保险货物，在运输中受震动、碰撞或压力致使容器(包括封口)损坏发生渗漏而造成的损失，或用液体保藏的货物因液体渗漏而致保藏货物腐烂的损失；

⑤ 被保险货物因遭受偷窃或者提货不着的损失；

⑥ 装货、卸货时和地面运输过程中，因遭受不可抗力的意外事故及雨淋造成的被保险货物的损失。

对于在发生责任范围内的灾害事故时，为防止损失扩大采取施救或保护货物的措施而交付的合理费用，保险人也负赔偿责任，但最高以不超过保险金额为限。

(2)责任免除。保险货物在保险期限内由于下列原因造成损失的，无论是在运输途中或存放过程中的损失，保险公司不负赔偿责任：

① 战争或军事行动；

② 由于保险货物本身的缺陷或自然损耗，以及由于包装不善或者属于托运人不遵守货物运输规则所造成的损失；

③ 托运人或被保险人的故意行为或过失；

④ 其他不属于保险责任范围内的损失。

▶ **2. 国内航空货物运输保险的保险期限**

根据保险条款的规定：保险责任自被保险货物经承运人收讫并签发航空货运单注明保险时起，至空运抵目的地的收货人当地的仓库或储存处所时终止。被保险货物空运至目的地后，如果收货人未及时提货，则保险责任的终止期最多以承运人向收货人发出到货通知以后的 15 日为限。

飞机在飞行途中，因机件损坏或发生其他故障而被迫降落，以及由于货物严重积压，被保险货物需改用其他运输工具运往原目的地时，保险人对被保险货物所负的责任不予改变，但被保险人应向保险人办理批改手续。如果被保险货物在飞机被迫降的地点出售或分配，保险责任的终止期以承运人向收货人发出通知以后的 15 日为限。

（三）国内铁路包裹运输保险

▶ **1. 国内铁路包裹运输保险的保险责任范围及责任免除**

（1）国内铁路包裹运输保险的保险责任。保险包裹、行李及快件商品在保险期限内无论是在运输或存放过程中，由于下列原因造成的损失，保险公司负赔偿责任：

① 因车辆出轨、隧道坍塌所造成的损失；

② 因火灾、爆炸、雷电、冰雹、暴雨、洪水、海啸、地陷、崖崩所造成的损失；

③ 在装货、卸货时发生意外事故所造成的损失；

④ 保险包裹、行李因遭受震动、碰撞或压力而造成破碎、弯曲、凹瘪、折断、开裂等损伤，以及由此而引起包装破裂的损失；

⑤ 保险包裹因遭受偷窃或者提货不着的损失；

⑥ 凡属液体、半流体或者需要用液体保藏的保险包裹、行李及快件商品，在运输途中因震动、碰撞或挤压致使所装容器（包括圳口）损坏发生渗漏而造成的损失；

⑦ 在装、卸货时和地面运输过程中，因遭受不可抗力的意外事故及突然性的雨淋所造成的损失；

⑧ 在发生上述责任范围内的灾害事故时，因施救和保护包裹而支付的合理费用（但不能超过保险金额）。

（2）国内铁路包裹运输保险的责任免除。保险包裹在保险期限内由于下列原因造成损失的，这种损失无论是在运输或存放过程中造成的，保险公司均不负责赔偿：

① 战争或军事行动；

② 由于包裹本身的缺陷、霉烂、变质或自然损耗、运输延迟所造成的损失或费用，以及属于托运人不遵守货物运输规章所造成的损失；

③ 托运人或被保险人的故意或过失行为所造成的损失；

④ 自理自用的保险包裹由于遭受盗窃的损失。

▶ **2. 国内铁路包裹运输保险的责任起讫**

国内铁路包裹运输保险的责任起讫是以一次运程来计算的，在此期间，保险公司仅根据企业财产或家庭财产保险条款负保险责任。

▶ **3. 国内铁路包裹运输保险的保险金额及保险费**

包裹、行李的保险金额，可按所托运的包裹、行李的实际价值由被保险人自行确定。散件商品的保险金额，可按货物进价加上运杂费或者按目的地销售价确定。

▶ **4. 国内铁路包裹运输保险的赔偿处理**

国内铁路包裹运输保险出险后，被保险人向保险公司申请赔偿时，必须提供以下单证：包裹货运单、发票、保险凭证、装箱单、包裹运输事故签证、物资损失清单、救护保险包裹所交出合理费用的单据（包裹行李无发票的以保险凭证为据）。但在此之前，即保险包裹、行李运抵保险凭证所载明的目的地后，托运人或收货人在取货时必须进行检验。如果发现包裹受损，必须在3日之内向当地保险公司申请复验，否则，保险公司不予受理。

知识链接

中国人民保险公司海洋货物运输保险单

发票号码　　　　　　　　　　　　　　　保险单号次

　　中国人民保险公司（以下简称本公司）根据

　　（以下简称为被保险人）的要求由被保险人向本公司缴付约定的保险费，按照本保险单承保险别和背后所载条款与下列条款承保下述货物运输保险，特立本保险单。

标　记	包装及数量	保险货物项目	保险金额

总保险金额：＿＿＿＿＿＿＿＿＿＿＿＿＿＿＿＿

保　　费＿＿＿＿＿＿费　率＿＿＿＿＿＿装载工具＿＿＿＿＿＿

开航日期＿＿＿＿＿＿＿＿＿＿自＿＿＿＿＿＿＿＿＿至＿＿＿＿＿＿＿

承保险别：

所保货物，如遇风险，本公司凭本保险单及有关证件给付赔款。

所保货物，如发生保险单项下负责赔偿的损失或事故，应立即通知本公司下述代理人查勘。

中国人民保险公司

赔　款　偿　付　地　点＿＿＿＿＿＿＿＿＿＿＿＿

出　单　公　司　地　址＿＿＿＿＿＿＿＿＿＿日期＿＿＿＿＿＿＿＿＿

第三节 国际货物运输保险

一、国际货物运输保险概述

（一）国际货物保险的含义

　　在国际贸易中，货物运输保险是进出口贸易货物运输为保险标的的保险，是一种契约行为。保险人基于投保人支付保险费作为合同的代价，同意负担货物因特定意外事故而致损害的补偿责任。

　　在国际货物运输中，由于复合运输的兴起，运输方式由船舶运输扩及陆上及空中运输，因此，除海上保险外，也有其他运输保险以确保货主的权益。现在的货物运输保险与货物运输所使用的运输方法有密不可分的关联，从货物运输保险角度来说，常见的运输方式如下。

(1) 海运—船舶空运—飞机。

(2) 邮包(海、空运)，经由邮局或快递运送。

(3) 内陆运输，火车、货车、货柜车、飞机。

(4) 海陆空运输，船舶、火车、货车、货柜车、飞机。

各种不同的运输方式，均有相对应的货物保险条款承保各种运输过程中可能遭遇到的危险。凡以船舶、飞机、汽车、火车等运输工具载运的货物、商品、行李均可作为保险标的物向保险公司投保货物运输保险(俗称水险)及其他各种附加险。

(二) 国际货运保险在国际货物运输中的作用

货物运输保险与国际贸易息息相关，原因在于货物运输保险在国际贸易中有着非常重要的作用。

▶ 1. 保障贸易者的资金安全

国际贸易货物运输中的风险不论由贸易双方中任何一方负担，在货物遭遇意外事故而有损失时，贸易者都会因货款无法收回而有财务上的损失。若事先投保货物运输保险，则可获得保险补偿，如此可保障贸易者的资金安全。

▶ 2. 扩大贸易者的营业能量

货物在运输过程中可能会遭遇意外事故而受到损失，若卖方需将货交给买方才可拿到货款，则会造成卖方资金周转缓慢。且由于国际贸易量增加，贸易商为了筹措贸易资金或为了保障生产者或供货商所委托贩卖的货品，常需向人融资借贷。若有货物运输保险，银行可在货物交给买方前给与卖方资金融通，缓解贸易者资金的困难。

▶ 3. 维持贸易者的预期利润

预期利润指货主将货物运抵目的地出售后，预期可获得的利润。货物运输保险的内容不但包括货物在运输途中可能遭遇到的毁损灭失，也包括预期利润的损失。预期利润是按货物价格的一定比例计算，且事先计算在保险金额内的。

二、国际货物运输保险及理赔实务

(一) 国际货运保险的特性

▶ 1. 定值保险

定值保险是指保险标的由保险合同当事人事先约定并载明于保险合同中，且约定以保险金额作为理赔计算的基础。

▶ 2. 航程保险

航程保险是指保险单的效力仅次于某一段航程并指明起运港及目的港，保险人应负的保险责任从航程开始时起，至行程结束时终止。

▶ 3. 可转让保险

货运保险所保险的货物可转让，但风险也将随之转让给受让人。

4. 国际性

国际货运保险是为国际贸易服务的,所以保险的内容及所使用的法律具有明显的国际性。

(二)国际货运保险承保的危险分类

1. 海上基本险

(1)自然灾害,包括恶劣、雷电、洪水、地震、海啸及其他不可抗力灾害。

(2)意外事故,包括船舶搁浅、触礁、沉没、碰撞、失火、爆炸、失踪等具有明显海事特征的重大意外事故。

2. 特殊险

特殊险指因为军事、战争、政治、罢工及行政法令等原因造成的风险而引起的货物损失等。

(三)国际货运保险损害的种类

1. 全部损失(全损)

全部损失(全损)是指货物的全部损失,一般又可分为:①实际全损是指货物的全部灭失或全部贬值而不再具有任何商业价值;②推定全损是指货物遭受风险受损后虽然尚未达到实际全损的程度,但实际全损已不可避免,或者为避免实际全部损失所支付的费用和继续将货物运至目的地费用之和已超过保险价值,并经保险人核查确认。

2. 部分损失

部分损失又可分为共同海损和单独海损两类。

(1)共同海损是指为解除遭受海难的船舶和货物的共同危险所采取的合理救难措施所直接造成的损失和产生的费用。

(2)单独海损是指遭受海难时所造成的部分货物损失、灭失或部分货物已无法恢复原状的损失。

(四)国际货物运输的投保形式

1. 进口保险

按 FOB、CFR、FCR 和 CPT 条件成交的进口货物,由进口企业自行办理保险。为简化投保手续和避免漏保,一般采用预约保险的做法,即被保险人(投保人)和保险人就保险标的物的范围、险别、责任、费率及赔款处理等条款签订长期性的保险合同。投保人在获悉每批货物起运时,应将船名、开船日期及航线、货物品名及数量、保险金额等内容,书面定期通知保险公司。保险公司对属于预约保险合同范围内的商品,一经起运,即自动承担保险责任。未与保险公司签订预约保险合同的进口企业,则采用逐笔投保的方式,在接到国外出口方的装船通知或发货通知后,应立即填写装货通知或投保单,注明有关保险标的物的内容、装运情况、保险金额和险别等,交保险公司,保险公司接受投保后签发保险单。

2. 出口保险

凡按 CIF 和 CIP 条件成交的出口货,由出口企业向当地保险公司逐笔办理投保手续。应根据合同或信用证规定，在备妥货物，并确定装运日期和运输工具后，按约定的保险类别和保险金额，向保险公司投保。投保时应填制投保单并支付保险费，保险公司凭此出具保险单或保险凭证。

投保的日期应不迟于货物装船的日期。若合同中没有明确规定投保金额，应按 CIF 或 CIP 价格加成 10％。如买方要求提高加成比率，一般情况下可以接受，但增加的保险费应由买方负担。

保险单证是主要的出口单据之一，保险单证所代表的保险权益经背书后可以转让。卖方在向买方(或银行)交单前，应先行背书。

(五) 国际货运保险的索赔

进出口货物在运输途中遭受损失，被保险人(投保人或保险单受益人)可向保险公司提出索赔。保险公司按保险条款所承担的责任进行理赔。

进出口保险的目的在于一旦货物在国际物流过程中遭受损失，就可以得到保险公司的赔偿以弥补损失。所以索赔是被保险人的权利，而理赔则是保险人的义务。货物损害发生后，首先应根据货物损害的性质，判断责任归属。若系供货人责任(如短装或原包装不良等)，应按照买卖合约进行索赔。若系运输人的责任，则应按照保险合同进行索赔。

▶ 1. 损害的通知与受损检验

保险人在收到货损通知后，应安排公证，进行受损检验。检验工作要在货物放置现场进行。受损货物被检查之前要保持货物原装，如货柜的封条、包装的现状等。必须待保险方或公证方到场后，再行会同开箱、开柜检查。

▶ 2. 索赔请求与时效

投保人或被保险人自接到货损通知之日起，一个月内不将货物受损通知保险人或保险人的代表，应视为货物无损害。受损被确定后的索赔请求时效期，自请求之日两年内不行使求偿则自行消灭。

▶ 3. 索赔必备的文件

(1) 索赔函及索赔清单；

(2) 保险单或保险证书正本；

(3) 货物提单；

(4) 商业发票；

(5) 装箱单副本(散装货物除外)；

(6) 保险公司指定或认可的检定人(或公证公司)出具的检定报告书正本；

(7) 运送人或其他有关方面出具承认货损责任的破损证明文件正本；

(8) 被保险人对运送人或其他与货损责任有关的人(如货物的保管人)所为货物索赔一切往来函件及对方的回函副本；

(9) 其他所需文件。

▶ 4. 赔偿金的计算

货物运输保险属于定值保险，保单上约定的保险金(或保险价额)即为货损理赔的基础依据。大部分损害金的理算都是以受损货物约定价额对整批货物约定价额的比率乘以整批货物的保险金额，得到受损货物的保险金额。

（1）全损险（实际全损或推定全损）以发生货物的全部保险金额（而非发票金额）提出索赔，若系推定全损，则应予确定后向保险人提出委付和构成推定全损的先决条件。

（2）部分损害的情况下，单独海损的计算公式如下：

$$货物数量短少 = 全部保险金额 \times \frac{短少部分的法定保险价额}{全部法定保险价额}$$

$$货物部分受损 = 损坏部分的保险金额 \times \frac{完好到货时的价值经拍卖所得的价款}{完好到货时的价值}$$

知识链接

国际货物运输保险程序

在国际货物买卖过程中，由哪一方负责办理投保，应根据买卖双方商定的价格条件来确定。例如，按 FOB 条件和 CFR 条件成交，保险即应由买方办理；如按 CIF 条件成交，保险就应由卖方办理。办理货运保险的一般程序如下所述。

1. 确定投保的金额

投保金额是保险费的依据，又是货物发生损失后计算赔偿的依据。按照国际惯例，投保金额应按发票上的 CIF 的预期利润计算。但是，各国市场情况不尽相同，对进出口贸易的管理办法也各有不同。向中国人民保险公司办理进出口货物运输保险，可以有两种办法：一种是逐笔投保；另一种是按签订预约保险总合同办理。

2. 填写投保单

保险单是投保人向保险人提出投保的书面申请，主要内容包括被保险人的姓名，被保险货物的品名、标记、数量及包装，保险金额，运输工具名称，开航日期及起讫地点，投保险别，投保日期及签章等。

3. 支付保险费，取得保险单

保险费按投保险别的保险费率计算。保险费率是根据不同的险别、不同的商品、不同的运输方式、不同的目的地，并参照国际上的费率水平而制定的。费率分为一般货物费率和指明货物加收费率两种，前者是一般商品的费率；后者指特别列明的货物（如某些易碎、易损商品）在一般费率的基础上另行加收的费率。

交付保险费后，投保人即可取得保险单（insurance policy）。保险单实际上已构成保险人与被保险人之间的保险契约，是保险人的承保证明。在发生保险范围内的损失或灭失时，投保人可凭保险单要求赔偿。

4. 提出索赔手续

当被保险的货物发生属于保险责任范围内的损失时，投保人可以向保险人提出赔偿要求。按《INCOTERNS 1990》E 组、F 组、C 组包含的 8 种价格条件成交的合同，一般应由买方办理索赔。按《INCOTERNS 1990》D 组包含的 5 种价格条件成交的合同，则视情况由买方或卖方办理索赔。

被保险货物运抵目的地后，收货人如发现整件短少或有明显残损，应立即向承运人或有关方面索取货损或货差证明，并联系保险公司指定的检验理赔代理人申请检验，提出检验报告，确定损失程度；同时向承运人或有关责任方提出索赔。属于保险责任的，可填写索赔清单，连同提单副本、装箱单、保险单正本、磅码单、修理配置费凭证、第三者责任方的签证或商务记录，以及向第三者责任方索赔的来往函件等向保险公司索赔。

索赔应当在保险有效期内提出并办理，否则保险公司可以不予办理。

本章小结

本章阐述了国内货物运输保险的概念、特点、分类、作用、保险范围、保险责任及理赔；阐述了国内水路、公路、铁路、航空货物运输保险的保险责任范围及除外责任，保险期限、保险金额、保险费和赔偿处理；阐述了国际货物运输保险的概念、特点、分类、作用、保险范围、保险责任及理赔；阐述了国际货运保险的承保范围、国际货运保险的特性、承保的危险分类、损害的种类、国际货物运输投保形式、保险索赔。

课堂讨论

在课堂上先由学生分小组进行讨论，然后选出代表集中发言。

讨论如何办理国内货物运输和国际货物运输保险。

思考题

1. 如何理解货物运输保险？
2. 简述货物运输保险各个关系人之间的关系。
3. 简述国际货物运输保险的内容。

拓展案例

货物超载运输沉没　保险公司应当赔偿

2014 年 1 月 12 日，刘某雇用船舶运送 95 吨重型废钢，该船舶的核定吨位为 60 吨。刘某到保险公司对该批货物进行投保，保险公司向刘某签发了保险单，该保险单载明：投保人为刘某，被保险人为刘某，保险的货物为 95 吨重型废钢，保险金额为 99 750 元。保单生效后，该船舶行驶途中沉没，船上的货物全部灭失。因无现场及其他旁证材料，海事部门无法认定沉船原因。事故发生后，刘某即向保险公司报告，保险公司也立即赶到现场了解有关情况。后刘某请求赔偿保险金，但保险公司认为：刘某雇用的船舶不适航，货物严重超载，导致事故的发生。一方面，刘某投保时未履行如实告知义务；另一方面，刘某违章超载运输，有重大过错，保险公司可以免责，故保险公司拒绝理赔。刘某即起诉至法院，要求处理。

本案在审理过程中，有两种不同的观点。

第一种观点认为：被告保险公司不应当承担赔偿责任，应驳回原告的诉讼请求。理由是原告在投保时未如实向被告告知货物超载运输情况，以致被告对存在重大安全隐患的货物承保。由于原告未履行如实告知义务，无论原告是故意还是过失，被告保险公司都可以根据《中华人民共和国保险法》（以下简称《保险法》）第十六条的规定，不承担赔偿或者给付保险金的责任，故应判决驳回原告的诉讼请求。

第二种观点认为：保险公司应承担赔偿责任。理由是根据《保险法》第十六条第一款规定，订立保险合同，保险人应当向投保人说明合同条款内容，并可以就保险标的或者被保险人的有关情况提出询问，投保人应当如实告知。从这一款规定中可以看出，我国《保险法》确立的投保人告知方法是询问告知的方法，而不是无限告知的方法，所以只要投保人如实回答了保险人的询问，即为履行了告知义务。对于保险人没有询问的事项，即使是重要事项，投保人也没有告知义务，所以对保险人没有询问的事项，投保人没有告知，不构成对告知义务的违反。本案被告向原告询问了货物的数量、船舶名称，原告已经如实告知，至于保险公司没有询问的船舶是否超载问题，原告则没有告知义务，故被告不可以原告未履行如实告知义务来进行抗辩。

最后法庭采纳了第二种观点，依据《保险法》第十六条第一款、第十七条、第二十三条的规定，判决保险公司向刘某支付保险金 99 750 元。

11 第十一章 国际货运代理

导入案例

瑞航国际货运代理公司

2001 年，瑞航国际货运代理有限公司在乌鲁木齐注册成立，是德国瑞克麦斯轮船公司驻新疆的联络处。该公司通过和国际主要港口、国内外代理机构，以及中亚主要运输公司的密切合作，建成了完善的运输网络；同时，该公司立足新疆，依托欧亚大陆桥，逐步开展中亚物流运输业务，努力为中亚和内地客商提供安全而快捷的报关报检、多式联运、过境运输等国际物流服务。

新疆地处中国西部边境，位于亚欧大陆中心，距离世界各大港口最远，运输环节多，成本大。瑞航国际货运代理公司的资深专业物流人员将为货主精打细算，根据时间、地点、货物情况等综合因素，为每一票货物设计最合理的运输方案，使成本得到控制。

一次委托一个企业、一个项目，货物往往需要多式联运到多个目的地，多次委托往往使企业顾此失彼，遭受损失。瑞航国际货运代理公司拥有遍布世界的完善运输网络，提供海陆空多种运输代理服务，通过一次委托，货物就能顺利到达目的地。欧亚过境和监管运输，立足新疆进出口口岸，充分发挥现场操作的资源优势，为日、韩、美、东南亚等国外货主、代理提供稳定、可靠的过境和监管运输代理，以及报关报检服务。

第 一 节　国际货运代理概述

国际货物运输不仅复杂而且涉及面广，买卖双方必须借助各种不同的运输方式和不同的交通工具才能实现货物的流动。为了货物的安全、运输便捷、节省费用、降低成本，货主往往要广泛收集运输方面的信息，才能确定最佳的运输方式、最好的承运人和支付最便宜的费用。然而，绝大多数进出口商限于人力、物力，很难做到这一点，如某一环节的疏忽或不熟悉有关的规定，就可能造成经济损失。在这种情况下，国际货运代理应运而生。

一、国际货运代理的含义

国际货运代理协会联合会对于"货运代理"的定义是：货运代理是根据客户的指示，为客户的利益而揽取货物运输的人，货运代理并不是承运人。货运代理也可以依据运输条件，从事与运送合同有关的活动，如储货(也含寄存)、报关、验收、收款。

货运代理通常充当代理的角色，他们替发货人或货主安排货物的运输，付运费、保险费、包装费、海关税等，然后收取费用，所有的成本开支由(或将由)客户承担。但近几年来，货运代理有时充当了合同的当事人，并且以货运代理人的名义安排属于发货人或委托人的货物运输。尤其当货运代理执行多式联运合同时，作为货运代理的"标准交易条件"就不再适应了，它的契约义务受到它所签发的多式联运提单条款的制约，此时货运代理已成为无船承运人，也将像承运人一样作为多式联运经营人，承担所负责运输货物的全部责任。

二、国际货运代理的服务对象

从国际货运代理人的基本性质来看，货运代理主要是接受委托方的委托，就有关货物运输、转运、仓储、装卸等事宜，一方面与货物托运人订立运输合同，同时又与运输部门签订合同。对货物托运人来说，国际货运代理人又是货物的承运人。目前，相当部分的货物代理人掌握各种运输工具和储存货物的库场，在经营业务时办理包括海陆空在内的货物运输。国际货运代理所从事的业务主要有以下几个方面。

（一）为发货人服务

货运代理代替发货人承担在不同货物运输中的任何一项手续：

（1）以最快最省的运输方式，安排合适的货物包装，选择货物的运输路线；

（2）向客户建议仓储与分拨；

（3）选择可靠、效率高的承运人，并负责缔结运输合同；

（4）安排货物的计重和计量；

（5）办理货物保险；

（6）货物的拼装；

（7）装运前或在目的地分拨货物之前把货物存仓；

（8）安排货物到港口的运输，办理海关和有关单证的手续，把货物交给承运人；

（9）代表托运人/进口商承付运费、关税税收；

（10）办理有关货物运输的任何外汇交易；

（11）从承运那里取得各种签署的提单，并把它们交给发货人；

（12）负责承运人与货运代理在国外的代理联系，监督货物运输进程，并使托运人了解货物去向。

（二）为海关服务

当货运代理作为海关代理办理有关进出口商品的海关手续时，它不仅代表自己的客户，而且代表海关当局。事实上，在许多国家，货运代理得到了这些当局的许可办理海关手续，并对海关负责，负责早发定的单证，申报货物确切的金额、数量、品名，以使政府在这些方面不受损失。

（三）为承运人服务

货运代理向承运人及时订舱，议定对发货人、承运人都公平合理的费用，安排适当时间交货，以及以发货人的名义解决承运人的运费账目等问题。

（四）为航空公司服务

货运代理在空运业上充当航空公司的代理。在国际航空运输协会，它以空运货物为目的。在制定的规则上，它被指定为国际航空协会的代理。在这种关系上，它利用航空公司的货运手段为货主服务，并由航空公司支付佣金。同时，作为货运代理，它通过提供适合空运程度的服务方式，继续为发货人或收货人服务。

（五）为班轮公司服务

货运代理与班轮公司的关系，随业务的不同而不同。近几年，由货运代理提供的拼箱服务，即拼箱货的集运服务，已使货运代理与班轮公司及其他承运人（如铁路）之间建立了较为密切的联系，然而一些国家却拒绝给货运代理支付佣金，所以货运代理要在世界范围内争取对佣金的要求。

（六）提供拼箱服务

随着国际贸易中集装箱运输的增长，国际货物运输引进了集运和拼箱的服务。在提供这种服务时，货运代理担负起委托人的作用。集运和拼箱的基本含义是：把一个出运地若干发货人发往另一个目的地的若干收货人的小件货物集中起来，作为一个整件运输的货物发往目的地的货代，并通过它把单票货物交给各个收货人。货运代理签发提单，即分提单或其他类似收据交给每票货的发货人；货代目的港的代理，凭初始的提单交给收货人。拼箱的收、发货人不直接与承运人联系，对承运人来说，货代是发货人，而货运代理在目的港的代理是收货人。因此，承运人给货代签发的是全程提单或货运单。如果发货人或收货人有特殊要求，货运代理也可以在出运地和目的地从事提货和交付的服务，提供门到门的服务。

（七）提供多式联运服务

货物运输集装箱化的一个更深远的影响是使货运代理介入了多式联运。这使货运代理充当了主要承运人并承担了组织一个单一合同下，通过多种运输方式进行门到门的货物运输。货运代理可以当事人的身份，与其他承运人或其他服务提供者分别谈判并签约。但是，这些分拨合同不会影响多式联运合同的执行，也就是说，不会影响发货人的义务和在多式联运过程中货运代理对货损及灭失所承担的责任。在货运代理作为多式联运经营人时，通常需要提供包括所有运输和分拨过程的一个全面的"一揽子"服务，并对客户承担一个更高水平的责任。

三、国际货运代理的服务范围

国际货运代理的服务范围有大有小，大的可兼办多项业务，如陆海空多式联运货运代理业务齐全；小的则专办一项或两项业务，如空运货代和速递公司。比较常见的货运代理业务有以下几类。

（1）租船订舱代理业务，这类代理与国内外货主有着广泛的业务关系。

（2）货物进出口报关代理，替货主的进出货物向海关报关的业务。

（3）理货及转运代理，对货物的质量与数量验收并按货主要求组织转运。

（4）储存代理，包括货物的保管、整理、包装及保险办理。

（5）集装箱货物代理，包括装、拆箱、转运分拨及集装箱租赁和维修等业务。

（6）多式联运代理，代理人必须对运输的全程（包括转运）负责到底。

四、国际货运代理的责任

（一）基本责任

作为承运人完成货物运输并承担责任，由承运人签发货运单据，用自己掌握的运输，或委托他人完成货物运输，并收取运费。作为承运人完成货物运输不直接承担责任，由他人签发货运单据，使用掌握的运输工具，或租用他人的运输工具，或委托他人完成货物运输，并不直接承担责任。

根据与委托方订立的协议或合同规定，或根据委托方指示进行业务活动时，货运代理应以通常的责任完成此项委托，尤其是在授权范围之内，如实汇报一切重要事项。在委托办理业务中向委托方提供的情况、资料必须真实，如有任何隐瞒或提供的资料不实造成的损失，委托方有权向货运代理人追索并撤销代理合同或协议。货运代理对委托方负保密义务，在货运代理过程中所得到的资料严禁向第三者泄露。同时，也不得将代理权转让给他人。

（二）责任期限

从接收货物时开始至到达目的地将货物交给收货人为止，或根据指示将货物置于收货人指示的地点，则视为完成并已履行合同中规定的交货义务。

（三）对合同的责任

国际货运代理人应对自己因没有执行合同所造成的货物损失负赔偿责任。

（四）对仓储的责任

货运代理在接受货物准备仓储时，应在收到货后给委托方收据或仓库证明，并在货物仓储期间尽到己方的职责，根据货物的特性和包装，选择不同的储存方式。

（五）权利

委托方应支付给货运代理人因货物的运送、保管、投保、保关、签证、办理单据等，以及为委托方提供其他服务而引起的一切费用，同时还应支付由于货运代理人不能控制的原因致使合同无法履行而产生的其他费用。如货物灭失或损坏属于保险人承包范围之内，货运代理人赔偿后，从货物所有人那里取得代位求偿权，从其他责任人那里得到补偿或偿还。当货运代理人对货物全部赔偿后，有关货物的所有权便转为货运代理人所有。

（六）除外责任

（1）由于委托方的疏忽或过失。

（2）由于委托方或其他代理人在装卸、仓储或其他作业过程中的过失。

（3）由于货物的自然特性或潜在缺陷。

（4）由于货物的包装不牢固、标志不清。

（5）由于货物送达地址不清、不完整、不准确。

（6）由于对货物内容申述不清楚、不完整。

（7）由于不可抗力、自然灾害、意外原因。

但如能证明货物的灭失或损害是由货运代理人过失或疏忽所致，则货运代理人对该货物的灭失、损害应负赔偿责任。

第二节　国际货运代理的性质与作用

一、国际货运代理的性质

"国际货运代理"一词有两种含义：一是指国际货运代理人；二是指国际货运代理行业。与此相应，对于国际货运代理的性质，也可以从国际货运代理人和国际货物运输行业两个角度来理解。

（一）国际货运代理人的性质

国际货运代理人在本质上属于货物运输关系人的代理人，是联系发货人、收货人和承运人的货物运输中介人，既代表货方，保护货方的利益，又协调承运人进行承运工作。也就是说，在以发货人和收货人为一方、承运人为另一方的两者之间起着桥梁作用。

作为承运人的代理，负责代表承运人揽货、配载、装箱、拆箱和签发运输单据。国际货物运输代理人有时也以独立经营人的身份从事货物的仓储、运输，甚至以缔约承运人身份出具运单和提单，但这只是为了适应市场竞争的需要，满足某些客户的特殊需求而拓展服务范围的结果，并不影响货物代理人作为运输代理人的本质特征。

（二）国际货运代理行业的性质

国际货运代理行业是随着国际经济贸易的发展、国际运输方式的变革、信息技术的进步而发展起来的一个相对年轻的行业，在社会结构中属于第三产业，性质上属于服务行业。从马克思主义政治经济学的角度来看，它隶属于交通运输业，属于交通辅助行业。

二、国际货运代理的作用

对委托人而言，国际货运代理的作用有以下几个方面。

（一）组织协调作用

国际货运代理人历来被称为"运输的设计师""门到门"运输的组织者和协调者。国际货运代理人凭借自身拥有的运输知识及其他相关知识，组织运输活动，设计运输路线，选择运输方式和承运人（或货主），协调货主、承运人及他们与仓储保管人、保险人、银行、港口、机场、车站、堆场经营人和海关、商检、卫检、动植检、进出口管制等有关当局的关系，可以节省委托人的时间，使委托人减少许多不必要的麻烦，专心致力于主营业务。

（二）专业服务作用

国际货运代理人的本职工作是利用自身的专业知识和经验，为委托人提供货物的承揽、交运、拼装、集运、接卸、交付服务，接受委托人的委托，办理货物的保险、海关、商检、卫检、动植检、进出口管制等手续，甚至有时要代理委托人支付、收取运费，垫付税金和政府规费。国际货运代理人通过向委托人提供各种专业服务，可以使委托人不必在自己不够熟悉的业务领域花费更多的心思和精力，使委托人不便或难以依靠自己力量办理的事项得到恰当、有效地处理，有助于提高委托人的工作效率。

（三）沟通控制作用

国际货运代理人拥有广泛的业务关系、发达的服务网络、先进的信息技术手段，可以随时保持货物运输关系人之间、货物运输关系人与其他有关企业和部门的有效沟通，对货物进行运输的全过程进行跟踪和控制，保证货物安全、及时运抵目的地，顺利办理相关手续，送达收货人，并应委托人的要求提供全过程的信息服务及其他相关服务。

（四）咨询顾问作用

国际货运代理人通晓国际贸易环节，精通各种运输业务，熟悉有关法律、法规，了解世界各地有关情况，信息来源准确、及时，可以就货物的包装、储存、装卸和照管，货物的运输方式、运输路线和运输费用，货物的保险、进出口单证和价款的结算，领事、海关、商检、卫检、动植检、进出口管制等有关当局的要求等向委托人提出明确、具体的咨询意见，协助委托人设计、选择适当的处理方案，避免、减少不必要的风险。

（五）降低成本作用

国际货运代理人掌握货物的运输、仓储、装卸、保险市场行情，与货物的运输关系人、仓储保管人、港口、机场、车站、堆场经营人和保险人有着长期、密切的友好合作关系，拥有丰富的专业知识和业务经验、有利的谈判地位、娴熟的谈判技巧。通过国际货运代理人的努力，可以选择货物的最佳运输路线、运输方式，最佳仓储保管人、装卸作业人和保险人，争取公平、合理的费率，甚至可以通过集运效应使所有相关各方受益，从而降低货物运输关系人的业务成本，提高委托人主营业务的效益。

（六）资金融通作用

国际货运代理人与货物的运输关系人、仓储保管人、装卸作业人及银行、海关当局等相互了解，关系密切，长期合作，彼此信任。国际货运代理人可以代替收、发货人支付有关费用、税金，提前与承运人、仓储保管人、装卸作业人结算有关费用，凭借自己的实力和信誉向承运人、仓储保管人、装卸作业人及银行、海关当局提供费用、税金担保或风险担保，可以帮助委托人融通资金，减少资金占压，提高资金利用效率。

知识链接

国际货物运输代理业管理规定

1. 国际货运代理企业可以作为进出口货物收货人、发货人和其他委托方的代理人或独立经营人从事国际货运代理业务。

2. 国际货运代理企业作为代理人从事国际货运代理业务，是指接受进出口货物收货人、发货人和其他委托方或委托方代理人的委托，以委托人名义或者以自己的名义办理有关业务，收取代理费、佣金或其他服务报酬的行为。

3. 国际货运代理企业作为独立经营人从事国际货运代理业务，是指接受进出口货物收货人、发货人和其他委托方或其代理人的委托，承办货物运输，签发运输单证，履行运输合同，收取运费及服务报酬的行为。

4. 国际货运代理企业以无船承运人身份从事经营业务，应遵守有关法律法规规定。

5. 国际货运代理企业可从事的经营范围包括：

（1）揽货、订舱（含租船、包机、包舱）、托运、仓储、包装；

（2）货物的监装、监卸、集装箱拼装拆箱、分拨、中转及相关的短途运输服务；

（3）报关、报检、报验、保险；

（4）缮制签发有关单证、交付或收取运费、结算及交付或收取杂费；

（5）国际展品、私人物品及过境货物运输代理；

（6）国际多式联运、集运（含集装箱拼箱）；

（7）国际快递（不含私人信函）；

（8）依法可从事的其他国际货运代理业务。

6. 国际货运代理企业作为代理人，可向收货人、发货人或其他委托方收取代理费用，并可从承运人处取得佣金，不得采取不正当竞争的方式与收货人或发货人分享佣金。国际货运代理企业在提供其他服务时可依法收取合理报酬。

第三节 国际货运代理实务

国际货运代理处于货主与承运人之间，接受货主委托，代办租船、订舱、配载、缮制有关证件、报关、报验、保险、集装箱运输、拆装箱、签发提单、结算运杂费，乃至交单议付和结汇。国际运输与国内运输相比，距离更长、环节更多、环境更复杂，托运人借助货运代理的优势不仅可以高效地完成自己的业务，同时也使物流资源达到了更好的配置。在国际运输中，海洋运输是国际贸易中最主要的运输方式，约占国际贸易总运量的90%。我国绝大部分进出口货物都是通过海洋运输方式运输的。海洋运输又可分为班轮运输和租船运输两种，本节仅以海洋货运代理实务为例来说明国际货运代理的具体运作方式。

一、海运班轮货运代理业务

海运班轮运输是指船舶按事先制定的船期表（时间表），在特定的航线上，以既定的挂靠港口顺序，经常地从事航线上各港间的船舶运输。

（一）海运班轮运输代理

在从事国际货运代理业务的实践中，国际海上货运代理人应了解有关班轮公司的情况，以便在必要时从中选择适当的承运人。

▶ 1. 船舶代理人

船舶代理人是指依照法律设立的中国企业法人，接受船舶所有人、船舶承租人或者船舶经营人的委托，为委托人提供下列业务：办理船舶进出港口手续，联系安排引航、靠泊和装卸；代签提单、运输合同，代办接受订舱业务；办理船舶、集装箱及货物的报关手续；承揽货物，组织货载，办理货物、集装箱的托运和中转；代收运费的船舶运输辅助性企业。

▶ 2. 无船承运人

无船承运人是货运代理人发展到一定阶段的产物，国际货运代理人进入运输领域，开展单一方式运输或多式联运业务时，由于与委托人订立运输合同，并签发运输单证，对运输负有责任，因此已经成为承运人。但是他们一般并不拥有或掌握运输工具，只能通过与拥有运输工具的承运人订立运输合同，由他人实际完成运输，这种承运人一般称为无船承运人。无船承运人在实际业务中是契约承运人，实际完成运输的承运人是实际承运人。

▶ 3. 托运人

托运人是指本人或者委托他人以本人名义或者委托他人为本人与承运人订立海上货物运输合同的人，托运人可以与承运人订立协议运价，从而获得比较优惠的运价。但是，托运人无法从承运人那里获得佣金。如果承运人给托运人佣金，则被视为回扣。

4. 收货人

收货人是指有权提取货物的人。提单收货人栏内填明的人就是有权提取货物的人。由于提单的主要功能之一是物权凭证，因此提单可以转让，必须凭提单交付货物。提单收货人栏内填明记名的人，货物只能凭单交付给记名的人；收货人栏内填明来人或空白，则货物可凭单交付给任何提单持有人；收货人栏内通常填明"凭指示"或"凭某人指示"，则必须经托运人或某人背书后的被背书人持单提货。因此，收货人也可以说是合法的提单持有人。

5. 远洋货运代理人

远洋货运代理人是指接受货主的委托，代表货主的利益，为货主办理有关国际海上货物运输相关事项，并依据法律规定设立的提供国际海上货物运输代理服务的企业。海上货运代理人除了可以从货主那里获得代理服务报酬外，又因为班轮公司提供货载，所以还应从班轮公司那里获得佣金。

（二）海运班轮运输的代理业务

1. 揽货

揽货是指货运代理人为班轮运输经营的船公司向发货人承揽货物，揽货的实际成绩直接影响班轮船公司的经营效益并关系班轮经营的成败。为了揽货，班轮公司首先要为自己所经营的班轮航线、船舶挂靠的港口及到、发时间制定船期表，分送给已经建立业务关系的原有客户，并在有关的航运期刊上刊载，使客户了解公司经营的班轮运输航线及船期情况，以便联系安排货运，争得货源。

2. 订舱

订舱是指货运代理人根据贸易合同或信用证有关条款的规定向承运人，即班轮公司及其营业所或代理机构等申请订舱，承运人对这种申请给予承诺的行为。承运人与货运代理人之间不需要签订运输合同，而是以口头或订舱函电进行预约，只要船公司对这种预约给予承诺，并在舱位登记簿上登记，即表明承托双方已建立有关货物运输的关系。

3. 发放空箱

集装箱整箱货运的空箱由货运代理人到指定地点的集装箱码头堆场领取，拼箱货运的空箱则由集装箱货运站负责领取。

4. 装箱

装箱可分为拼箱货和整箱货。

（1）拼箱货。货运代理人将不足一整箱的货物交集装箱货运站，由集装箱货运站根据订舱清单的资料，并核对场站收据装箱。

（2）整箱货。由发货人自行负责装箱并加海关封志，将整箱货运至集装箱码头堆场。码头堆场根据订舱清单核对场站收据及装箱单验收货物。

5. 装船

装船是指托运人应将托运的货物送至码头承运船舶的船边并进行交接，然后将货物装到船上。如果船舶是在锚地或浮筒作业，托运人还应负责使用自己的或租用的驳船将货物驳运至船边办理交接后将货物装到船上，也称直接装船。对一些特殊的货物，如危险品、冷冻货、鲜活货、贵重货多采用船舶直接装船。而在班轮运输中，为了提高装船效率，减少船舶在港停泊时间，不致延误船期，通常都采用集中装船的方式。集中装船是指由船公司在各装货港指定装船代理人，在各装货港的指定地点（通常为码头仓库）接受托运人送来的货物，办理交接手续后，将货物集中并按货物的卸货次序进行分类后，再进行装船。

▶ 6. 卸船

卸船是指将船舶所承运的货物在卸货港从船上卸下，并在船舶交给收货人或代收货人的人，并办理货物的交接手续。船公司在卸货港的代理人根据船舶发来的到港电报，一方面编制有关单证联系安排泊位和准备办理船舶进口手续，约定装卸公司，等待船舶进港后卸货；另一方面还要把船舶预定到港的时间通知收货人，以便收货人及时做好接受货物的准备工作。在班轮运输中，为了使分属于众多收货人的各种不同的货物能在船舶有限的停泊时间内迅速卸完，通常都采用集中卸货的办法，即由船公司指定的装卸公司作为卸货代理人总揽卸货，以及向收货人交付货物的工作。

▶ 7. 交付货物

交付货物指实际业务中，船公司凭提单将货物交付给收货人的行为。具体过程是收货人将提单交给船公司在卸货港的代理人，经代理人审核无误后，签发提货单交给收货人，然后收货人再凭提货单前往码头仓库提取货物并与卸货代理人办理交接手续。交付货物的方式有仓库交付货物、船边交付货物、货主选择卸货港交付货物、变更卸货港交付货物、凭保证书交付货物等。货主选择卸货港交付货物是指货物在装船时货主尚未确定具体的卸货港，待船舶开航后再由货主选定对自己最方便或最有利的卸货港，并在这个港口卸货和交付货物。变更卸货港交付货物是指在提单上所记载的卸货港以外的其他港口卸货和交付货物。凭保证书交付货物是指收货人无法以交出提单来换取提货单提取货物，按照一般的航运惯例，常由收货人开具保证书，以保证书交换提货单，然后持提货单提取货物。

二、海运租船货运代理业务

租船运输又称不定期船运输，是指包租整船或部分舱位进行运输。一般以租赁整船为多。它和班轮运输不同，没有预制定的船期表，没有固定的航线，停靠港口也不固定，无固定的费率本。船舶的营运是根据船舶所有人与需要船舶运输的代理人或货主双方事先签订的租船合同来安排的。

（一）海运租船运输的特点

▶ 1. 四不定特点

四不定即不定航线、不定船期、不定装卸港、不定费率。

租船运输中，船舶的航线、航行时间、货载种类和装卸港口等是出租人根据承租人的不同需要并结合租船市场上的各种因素确定的。由于船舶的航次和航线取决于租船市场上揽到的业务，因此船舶的配备比班轮运输更为复杂。经营租船运输需要利用丰富的管理经验对船舶进行妥善、合理的安排，使前后租船合同航次在时间和空间上紧密衔接，避免发生闲置或空放航次，导致经济效益降低。此外，租船运输不像班轮运输有固定的运价表，租船运输的租金率和运费率是由合同双方在每一笔租船交易洽商时，根据租船市场的行情决定的。费率标准主要受船货供求关系的影响。因此，合同双方在洽谈费率时，可以租船市场近期的行情为基础，并结合自己的谈判地位以及当时当地的供求情况讨价还价，以确定双方都能接受的租金率和运费率。

▶ 2. 适合大宗货物运输

大宗货物运输量较大，一般需要用整艘甚至多艘船舶进行运输。另外，大宗货物本身价值较低，对运输费用的承受能力也相对较低，而班轮运输无法提供足够、适宜的舱位，也不可能以过低的运费来承运大宗货物。为了适应大宗货物运输的要求，各种专用船舶和多用船舶相继建成，并投入租船市场，同时船舶吨位也不断提高，通过规模经营降低了运输成本。目前，世界干货和石油的海运运量中，租船运输所占的比重均超过一半以上。由此可见，租船运输在大宗货物运输中起着十分重要的作用。

▶ 3. 通过租船经纪人洽谈成交租船业务

租船运输和班轮运输的又一区别是：班轮运输由船务代理或货运代理为承运人和托运人促成运输合同；租船运输中一般是由出租人和承运人分别委托船东经纪人(owner's broker)和租船代理人(chartering agent)洽谈租船业务。租船经纪人以佣金作为劳务报酬，他们利用广博的专业知识、丰富的实务经验及广泛的业务联系渠道，在航运市场上为出租人寻找合适的货源或为寻租人提供合适的船舶。

▶ 4. 租船合同条款由合同双方自行商定

在租船市场上，船、货的供求关系存在于世界范围之内，无人能垄断和控制世界船舶和货源的供应。从总体上看，合同双方无论就专业知识还是议价实力而言，都处于同等地位，因此没有必要像班轮运输那样，需要通过指定国际公约或订立国内法去强制规定双方的责任和义务。租船合同的签订具有法律认可的订约自由，换而言之，合同双方完全可以凭借各自的谈判实力，在租船合同中订入保护自己利益的条款。

(二) 海运租船运输程序

在租船市场上，承租人提出租船要求到最终与出租人成交，一般要经过以下程序。

▶ 1. 询盘

询盘又称询价，通常是指承租人根据自己对货物运输的需要或对船舶的特殊要求，通过租船经纪人在租船市场上租用船舶。询价主要以电报或电传等书面形式提出。承租人所期望条件的内容一般应包括需要承运的货物种类、数量、装货港和卸货港、装运期限、租船方式或期限、期望的运价(租金)水平以及所需用船舶的详细说明等内容。询盘也可以由船舶所有人为承揽货载而首先通过租船经纪人向租船市场发出。由船舶所有人发出的询盘内容应包括出租船舶的船名、国籍、船型、船舶的散装和包装容积、可供租用的时间、希望承揽的货物种类等。

▶ 2. 发盘

发盘又称报价，当船舶所有人从船舶经纪人那里得到承租人的询价后，经过成本估算或者比较其他的询价条件，通过租船经纪人向承租人提出自己所能提供的船舶情况和运费率或租金率。报价的主要内容除对询价的内容做出答复和提出要求外，最主要的是关于租金（运价）的水平和选定的租船合同范本，以及对范本条款的修改、补充条款。报价有"硬性报价"和"条件报价"之分，"硬性报价"是以报价条件不可改变的报价做出接受订租的答复，超过有效期，这一报价即告失效。与此相反，"条件报价"是可以改变报价条件的报价。

▶ 3. 还盘

还盘又称还价，即在条件报价的情况下，承租人与船舶所有人之间对报价条件中不能接受的条件提出修改或增删的内容，或提出自己的条件。还价意味着询价人对报价人报价的拒绝和新的报价开始。因此，船东对租船人的还价可能全部接受，也可能接受部分还价，对不同意部分提出再还价或新报价。这种对还价条件做出答复或再次做出新的报价的行为，称为反还价（recount offer）或称反还盘。

▶ 4. 受盘

承租人和出租人在还盘过程中讨价还价，直至最后一次实还盘的内容被对方在有效期内全盘接受，即受盘，租船契约即告达成。

▶ 5. 编制订租确认书

订租确认书是租船程序的最后阶段，受盘后，出租人将双方共同承诺的主要条款汇总成订租确认书，发给承租人，经双方和租船经纪人共同签字后，各自保留一份备查。

▶ 6. 签订租船合同

租船契约达成后，出租人按"订租确认书"的内容拟订正式租船合同，并送交承租人审核。承租人如发现合同与原协议有不符之处，应及时向出租人提出异议，并要求修改。若无异议，即可签署合同。

合同通常缮制正本两份，签约后双方各持一份，作为日后履行合同时双方承担责任和享有权利的依据。

┤ 本章小结 ├

本章阐述了国际货运代理的基本含义、国际货运代理的性质、范围、作用与责任；阐述了国际货运代理的服务对象及具体的海运货运代理运作实务。

┤ 课堂讨论 ├

在课堂上先由学生分小组进行讨论，然后选出代表集中发言。
讨论国际货运代理的服务对象及海运班轮运输、租船运输货运代理运作实务。

思考题

1. 什么是国际货运代理?
2. 简述国际货运代理的作用。
3. 简述国际货运代理的班轮货运代理业务。
4. 简述国际货运代理的租船货运代理业务。

拓展案例

货主与货运代理公司的纠纷解决

货主 A 公司向作为无船承运人的 B 货运代理公司订舱出运 20 个出口集装箱,B 公司接受委托,承运后签发了提单,又以自己的名义将其中 10 个集装箱交由 C 货运公司运输,将另外 10 个集装箱交由 D 航运公司运输。D 航运公司的船舶在运输途中遇强风,部分装在甲板上的集装箱因绑扎不牢而落入海中灭失,收货人持 B 公司签发的 B/L 提货时发现少了 3 个集装箱,因此向 B 公司索赔,B 公司拒赔,从而引发诉讼。请分析:

(1) B 公司和 D 航运公司是否应对收货人承担赔偿责任?为什么?

(2) D 航运公司对集装箱落海灭失是否适用免责条款?为什么?

分析:(1)B 公司和 D 航运公司应对收货人承担赔偿责任。理由如下:①B 货运代理公司作为无船承运人,对承运人的货物损失负有赔偿责任;②D 航运公司作为实际承运人,在运输途中,有责任保证货物运输安全,并承担货物灭失责任。

(2)D 航运公司对集装箱落海灭失不适用免责条款。理由如下:作为实际承运人,D 航运公司将运输货物装在甲板上,增加了货物运输过程中的风险。另外,D 航运公司未将集装箱绑扎牢靠,作为承运人应承担赔偿责任。

12 第十二章 货物运输合同

学习目标

通过学习，了解运输合同的概念和分类，运输合同的特征，运输合同订立与履行、变更与解除的相关规定，运输纠纷的概念和类型，以及索赔时效和争议解决的方法等。

知识要点

1. 掌握运输合同的概念、分类和特征。

2. 掌握运输合同订立与履行、变更与解除的相关规定，以及运输纠纷的概念和类型。

3. 掌握索赔时效和争议解决的方法。

技能要点

1. 掌握运输合同的要素。

2. 了解承运人和托运人的责任。

导入案例

信达货运配载经营部诉中国农业机械西南公司运输合同纠纷案

原告：信达货运配载经营部。

法定代表人：赵志高，经理。

委托代理人：李俊章，中川大众律师事务所律师。

被告：中国农业机械西南公司。

法定代表人：王建设，经理。

委托代理人：肖帅、白树平，该公司职工。

第三人：刘龙生，男，1964年5月8日出生，四川省成都市人。

原告四川省成都市青羊区信达货运配载经营部（以下简称信达货运部）因与被告中国农业机械西南公司（以下简称西南农机公司）、第三人刘龙生发生运输合同纠纷，向四川省成都市青羊区人民法院提起诉讼。

原告诉称：原告作为托运方与被告西南农机公司签订了公路运输合同。该合同虽未加盖被告的单位公章，但约定使用的汽车是被告单位的，承运人刘龙生等出示的证明也是被告单位的，因此被告作为车主，应当对合同的履行承担全部责任。合同履行过程中，被告的汽车因发生交通事故，给原告造成货物损失合计21 810元。请求判令被告赔偿货损及利息。

被告辩称：为原告承运货物的汽车，是我公司卖给刘龙生的分期付款商品车。为了防止购车人在付清车款前将车变卖、转移，所以该车的户籍目前暂挂在我公司。本案合同是刘龙生与原告签订的。我公司在此合同上既未加盖公章，事后也未追认，与原告并无合同关系。因此，基于该合同所产生的权利、义务，均与我公司无任何关系，应当由刘龙生承担。法院应当驳回原告的诉讼请求。

第 一 节　货物运输合同

在当今的市场经济社会中，处处存在着商品和劳务的交易，特别是大宗的交易必须签订合同，交易的进行应以合同为依据。货物运输交易一般涉及的交易金额都比较大，所以都要签订货物运输合同。双方必须严格执行运输合同的条款，合同是处理纠纷的依据。货物运输不论采取什么运输方式，运输合同都是运输管理的核心。

一、货物运输合同概述

（一）货物运输合同的概念

货物运输合同是承运人将货物从起运地点运输到约定地点，托运人或者收货人支付运输费用的运输协议。

货物运输合同是一种提供服务的合同。合同的标的不是被运送的旅客或货物，而是运输行为本身。

（1）托运人是指请求运送货物的一方。

（2）承运人是指接运货物的运输组织或个人。

（3）收货人是指接收货物的一方。

（二）货物运输合同的基本特征

▶ 1. 货物运输合同是有偿合同

承运人提供运输服务，帮助货物到达目的地，托运人或收货人为此支付运费。

▶ **2. 货物运输合同是双务合同**

即规定了双方或三方当事人的权利和义务。

▶ **3. 货物运输合同是诺成合同**

为了约束承运人、托运人的行为，充分保护双方当事人的利益，一般认为运输合同为诺成合同，托运人领取了托运单即认为运输合同成立。

▶ **4. 货物运输合同一般为格式合同**

运输合同的主要内容和条款一般是由国家授权的交通运输部门统一制定的，有关当事人的权利义务和责任一般由专门法规规定，并统一印制在货运单或提单上，当事人一般无权自行变更。

▶ **5. 货物运输合同可以采取留置的方式担保**

《铁路法》和《担保法》中对此都有相关规定。

（三）货物运输合同的种类

（1）按运输合同的对象不同，运输合同可分为普通货物运输合同、特种货物运输合同和危险品货物运输合同。

（2）按运输工具的不同（承运人性质不同），运输合同可分为公路运输合同、铁路运输合同、水路运输合同、航空运输合同和管道运输合同。

（3）按运输组织方式的不同，运输合同可分为单一运输合同和多式联运合同。

（4）按运输合同的目的地不同，运输合同可分为国际运输合同和国内运输合同。

二、货物运输合同的订立和履行

根据国家有关规定，货物运输的承运与托运双方应签订书面运输合同。合同方式可以根据双方需要签订年度、季度、月或批量运输合同。

（一）货物运输合同的订立

货物运输合同的订立须经过托运人提出要约、承运人承诺后成立，所以应受合同法中关于要约、承诺规则的约束。但是对于从事公共运输的承运人而言，不得拒绝托运人通常、合理的运输要求。

▶ **1. 要约和承诺**

运输合同的订立经过要约和承诺的过程，一方要向另一方提出要约，另一方予以承诺，运输合同成立。

（1）要约，一种订约的意思表示，有效要件包括：①订立合同的意图；②具体内容确定；③由特定的要约人向特定的受要约人发出，如果是向非特定的受要约人发出，则可能构成要约邀请；④要约必须送达受要约人。

（2）承诺，要约人愿意接受要约的内容、条件，愿意与要约人订立合同的意思表示，要约一经承诺，合同即告成立。承诺表示分为一般形式和特殊形式。有效的承诺必须符合三个条件：①承诺必须由受约人做出；②承诺应当在要约确定的期限内做出，并传达到要约人；③承诺应与要约的内容完全一致。

▶ **2. 运输合同的适用原则**

（1）优位法优于劣位法的原则。效力较低的规范性文件不能与效力较高的规范性文件相抵触，若相互抵触时，则应当适用效力较高的规范性文件。优位法优于劣位法的原则，只在级别不同的法律规范对同一问题的规定有冲突时才适用。交通管理部门制定的运输管理条例均属行政法规，与合同法相冲突时，应以合同法来处理。

（2）特别法优于普通法原则。关于一般合同关系的规定为普通法，而关于特别合同关系的规定为特别法。

（3）新法优于旧法原则。新法优于旧法原则，又称后法优于前法原则，是指相对于同一民事法关系，若有前后两部以上的法律予以调整时，后颁布的法律效力优于以前颁布的法律。

（4）强行法优于任意法原则。

（5）例外法优于原则法原则。

（二）运输合同的履行

运输合同的履行，是指当事人双方依照法律规定和合同约定，各自实施属于运输合同标的的行为。

（1）运输合同关系的产生、变更和消灭过程中，法律的规定和调整是较为详尽的；合同成立、生效及效力如何，均取决于运输合同法规范的内容，因此运输合同的履行即是运输法规范的实现。

（2）运输合同关系是运输市场经济关系的法律表现形式，运输活动的社会性、公益性导致运输活动中，承运人一方须严格依法运输，而托运方则须诚实信用；对双方来说，诚实信用是运输市场经济活动的客观要求，依法办事则是更高层次的运输合同法的要求。

（3）不论运输合同的种类和表现形式如何，合同所确定的内容，性质上要求双方当事人必须全部履行，不履行、不全部履行和不适当履行均构成违约。运输合同中，违约与违法具有同等含义。

诚实信用原则要求运输合同当事人严格依法和依合同约定履行各自的义务，不允许有欺诈、蒙骗、任意毁约等行为，否则应承担相应的责任。例如，承运人欺骗托运人、多收滥收费用的，旅客和托运人夹带、匿报危险品的，托运人对所托货物匿报重量、品名造成危害的，均应负民事、行政甚至刑事责任。

（三）订立和履行货物运输合同的注意事项

订立货物运输合同，应贯彻优先运输国家指令性计划产品，兼顾指导性计划产品和其他物资的原则。国家有统一的运输合同文本的，应使用统一的合同文本签订。

▶ **1. 按时间（年度、半年度、季度或月份）签订的货物运输合同，应写明下列主要条款**

（1）托运人和收货人的名称或者姓名及住所；

（2）发货站与到货站的详细名称；

（3）货物的名称（运输标的名称）；

（4）货物的性质（是否属易碎、易燃、易爆物品等）；

（5）货物的重量；

（6）货物的数量（如车种、车数、件数等）；

（7）运输形式（零担、速递、联运等）；

（8）收货地点；

（9）违约责任；

（10）费用的承担；

（11）包装要求；

（12）合同纠纷解决方式；

（13）双方约定的其他事项等。

▶ **2. 以货物运单形式签订的合同，应载明下列内容**

（1）托运人、收货人的名称或姓名及详细住所或地址；

（2）发货站、到货站及主管铁路局；

（3）货物的名称；

（4）货物的包装、标志、件数和数量；

（5）承运日期；

（6）运到期限；

（7）运输费用；

（8）车船类型及编号；

（9）双方商定的其他事项。

▶ **3. 订立了货物运输合同之后，托运人和承运人的义务**

（1）托运人的义务如下：

① 按规定的时间和地点提供托运的货物，给付运费和其他杂费；

② 货物必须按照国家主管机关规定和合同约定的标准包装，没有统一规定包装标准的，应根据保证货物运输安全的原则进行包装，否则承运方有权拒绝承运；

③ 托运人确需变更或解除合同时，应按有关运输法规的规定提前向承运人递交申请书、证明文件和货运单，双方协商一致后才能生效；

④ 收货人接到承运人发出的提货通知单，应按时验收和提取货物。

（2）承运人的义务如下：

① 按合同规定的时间和要求及时发运，并将货物安全、准时地运到目的地，通知收货人验收并提取货物；

② 把托运人委托传递的有关货物运输的文件、单据等安全传递给收货人。

知识链接

运输合同范本

甲方：_____　　乙方：_____

地址：_____　　地址：_____

电话：＿＿＿＿＿＿＿＿＿　　电话：＿＿＿＿＿＿＿＿＿

传真：＿＿＿＿＿＿＿＿＿　　传真：＿＿＿＿＿＿＿＿＿

甲方因货物运输的需要，委托乙方使用相关设备和运输工具提供运输服务；乙方愿意并同意向甲方提供上述服务。乙方与甲方本着平等、互利、互惠的原则，在遵守中华人民共和国法律和法规的前提下，经充分协商，就甲方委托乙方提供货物运输服务事宜，达成如下协议：

一、甲方权利与义务

1. 甲方委托运输的货物均为一般普通货物，即不超长、超大，非危险品货物。

2. 甲方交货时根据运单的件数，应与乙方核对货物的外包装和件数。

3. 甲方应提前向乙方提供尽甲方所知的、详尽的，并由甲方授权人签署的书面提货和发货指示，包括具体的提货和发货日期及时间、货物的名称、重量、件数、体积、必要的产品说明、提货地点、要求走货方式或到达时限、收货人的姓名、电话（手机）、收货单位、详细地址。

4. 甲方应在双方约定的时间和地点交付约定数量的货物，并对乙方人员和车辆提供适宜的工作条件，配合乙方做好发货的交接。

5. 因甲方工作失误造成的运输地点及收货人错误，甲方须承担由此而造成的损失和新增加的费用。

6. 甲方如发现乙方外勤人员工作态度不认真或车辆不符合甲方要求，甲方有权要求乙方重新安排人员及车辆。

7. 甲方委托乙方为甲方及甲方的客户提供国内货物运输及分拨打包的服务。

8. 甲方保证货物的包装完全符合长途运输的基本要求（如运输时的摩擦、正常刹车时的碰撞、搬运装卸承受力及标志）。

二、乙方的权利与义务

1. 乙方在接货时与甲方就货物的外包装和件数进行核对，如果发现货物的外包装有明显破损，或发货资料和件数不符，应立即指出并在交接单上注明。另有规定的除外。

2. 对运输过程中出现的任何问题，乙方应及时通知甲方，并积极采取有效措施与甲方协商解决问题。

3. 乙方在提货时发现货物品质不良或有属于危险物品的货物，有权拒绝运输。

4. 乙方接受甲方的委托提供国内运输及分拨打包的服务。

5. 乙方必须提供一名专员对甲方的货物进行相关受理，并确保货物的定时定点到达。工作内容包括严格按要求安排提货、外包装处理、运输、送货，每日跟踪货物送达情况并随时接受甲方负责人查询。

6. 乙方按甲方的指示安排派送，并按时将货物交付收货人。乙方应取得收货人在货物签收单上的签收证明。

7. 乙方接到甲方的指示，应时安排提货及运输的设备，以及所需要的装卸工具，并在约定的时间、地点到甲方的发货部门提货。

三、费用与结算

1. 甲方应对每一次委托内容、要求的服务范围以填写乙方托运书的方式告知乙方，托运书由甲乙双方共同签字确认后生效，双方应同时约定费用标准。

2. 由乙方于每月月底制作"运输费用结算单"，经甲方确认无误后开具运输发票。

3. 结算方式为月结。以每月30日或末日为结算日，每月10日前结算上月费用。如逾期结算，每日加收5‰的滞纳金。

四、保险及赔偿责任约定

1. 甲方没有委托乙方代办保险、货物损失时，乙方只负责乙方人为原因（交通意外、自然灾害、公安证明的盗抢、不可抗力除外）导致货物的丢失、摔打、雨淋给甲方造成的直接损失，乙方负责赔偿。赔偿以甲方出具的本次受损货物清单及购入成本证明（加发票）为准，甲方必须确保文件的真实性，如发现有虚假部分，乙方有权采取相应措施保护自己的利益并提出双倍赔偿要求。

2. 由于托运货物的品质不良、自然损耗、本质缺陷、特性等造成的纠纷，由甲方承担全部责任。

3. 乙方负责货物到达收货人处签收前的货物安全，收货人确认收货件数无误及外包装完好无损，签收后的一切问题与乙方无关。

4. 甲方声明货物价值，并委托乙方代办保险业务，货物损失时由保险公司赔偿（保险公司免负条款除外）。

5. 乙方负责代为甲方委托运输的货物办理运输保险。保价费甲方按每单声明（普通货物）货值的5‰、（贵重货物）货值的1%支付给乙方。普通货物指单件物品低于2 000元人民币的货物，贵重货物指单件物品高于2 000元人民币的货物。

五、适用法律及争议的解决

1. 本合同的签署、生效、解释、执行、修改和终止应遵守《中华人民共和国合同法》及相关的法律。

2. 对于实施本合同而发生的任何争议，双方首先应当通过友好协商的方式解决。

六、修改与补充

1. 本合同未尽事宜，双方另行签订补充协议，并作为本合同的组成部分。

2. 本合同的任何修改或补充均应得到双方的书面确认，并自双方授权代表签字之日起生效。

3. 在修改未获得双方书面确认前，本合同的条款仍然有效。

七、生效与终止

1. 本合同自双方授权代表签字之日起生效。

2. 本合同有效期为一年：自_____年_____月_____日至_____年_____月_____日止，合同到期时如甲乙双方无书面终止此合同，本合同可顺延一年。

3. 当甲乙双方在合作的过程中出现异议，阻碍了彼此间的合作，一方须提前两周向另一方提出书面通知，可终止合同。双方经济问题在终止合同后10日内处理完毕。

4. 本合同终止后，双方应继续履行合同终止前未完成合同规定的、双方尚未履行完毕的一切责任和义务。

八、其他

1. 甲乙双方为每次委托事项达成的约定为本合同不可分割的组成部分，与本合同具有同等法律效力。

2. 甲乙双方之间的任何委托、承诺及确认事项均应以书面或传真方式通知另一方，必要时应加盖公司公章。

3. 本合同一式二份，甲乙双方各持正本一份。

甲方：＿＿＿＿＿＿＿＿＿＿＿＿＿＿　　乙方：＿＿＿＿＿＿＿＿＿＿＿＿＿＿

授权代表：＿＿＿＿＿＿＿＿＿＿＿＿　　授权代表：＿＿＿＿＿＿＿＿＿＿＿＿

签署日期：　　　　年　　　月　　　日

三、货物运输合同的变更和解除

《合同法》规定："在承运人将货物交付收货人之前，托运人可以要求承运人终止运输、返还货物、变更到达或者将货物交给其他收货人。"但是，如果因为单方变更或解除合同给承运人造成损失的，托运人或者提货凭证持有人"应当赔偿承运人因此受到的损失"，并且还要承担因变更或解除合同而产生的各种费用。

(一) 货物运输合同的变更

由于托运人和收货人的原因，可按批向货物所在的中途站或到站提出变更到站、变更收货人，也就是变更运输合同。

办理变更或取消托运，托运人或收货人应向承运人支付货物变更手续费。发送前取消托运，由发站返还全部运费及押运人乘车费。发送后变更到站时，运费应按发站至处理站、处理站至新到站分别计算，由新到站向收货人结算。对已发生的相关费用，由发站或处理站随同变更手续费一起核收。

(二) 货物运输合同的解除

运输合同的解除是指货物运输合同订立后，因法定的事由或当事人的协议而终止双方的权利义务。

▶ 1. 货物运输合同解除的条件

(1) 协议解除的条件，是当事人双方协商一致，同意将原合同加以解除，也就是在双方之间又重新订立了一个合同，内容主要是把原来的合同废弃，使基于原合同发生的债权债务归于消灭。在用合同形式把原订的合同加以解除这点上，协议解除与约定解除相似。

(2) 约定解除的条件，是当事人双方在合同中约定的或在合同签订后另订的合同中约定的解除权产生的条件。只要不违反法律的强行性规定，当事人可以约定任何会产生解除权的条件。与协议解除的区别：约定解除是以合同来规定当事人一方或双方有解除权，属于单方解除；而协议解除是以一个新合同来解除原订的合同，属于双方解除。

(3) 不可抗力致使不能实现合同目的，该合同失去积极意义，失去价值，应予以消灭。但通过什么途径消灭，各国立法并不一致。我国《合同法》允许当事人通过行使解除权的方式解除合同。

（4）违约行为，货物运输合同依法成立后，双方当事人必须以诚实信用为原则履行各自的义务。任何一方不履行、不完全履行、不适当履行或履行迟延，或者由于义务人的原因导致不能履行，均应依照运输法律和运输规则承担法律责任。

▶ 2. 货物运输合同解除的后果

货物合同解除后，尚未履行的，终止履行；已经履行的，根据履行情况和合同性质，当事人可以要求恢复原状或采取其他补救措施，并有权要求赔偿损失。

第二节　货物运输纠纷的类型与责任

托运人把货物交给承运人后，承运人会根据双方之间的合同和行业的惯例履行运输的义务，把货物安全、及时地交给收货人。虽然加强货运质量管理在一定程度上可以防止运输纠纷的发生，但由于各种危险的存在及货物在运输过程中和多环节作业的情况下，货运事故、运输纠纷的发生难以完全避免。

一、运输纠纷概述

（一）运输纠纷的概念

货物运输合同纠纷，指在订立、履行运输合同过程中产生的纠纷。

（二）运输纠纷的类型

运输纠纷既可能由承运人因货损等各种原因造成托运人的损失，也可能因托运人的原因造成对承运人的运输纠纷及解决损失所引起的，可进行如下分类。

▶ 1. 货物灭失纠纷

造成货物灭失的原因很多，可能由于承运人的运输工具如船舶沉没、触礁、飞机失事、车辆发生交通事故、火灾、因政府法令禁运和没收、战争行为、盗窃等造成；可能由于承运人的过失，如捆扎不牢导致货物落海等造成；也可能由于承运人的故意行为，如恶意毁坏运输工具以骗取保险，明知运输工具的安全性能不符合要求等导致货物灭失。

▶ 2. 货损、货差纠纷

货损包括货物破损、水湿、汗湿、污染、锈蚀、腐烂变质、焦损、混票和虫蛀鼠咬等；货差即货物数量的短缺。货损、货差既可能是由于托货人自身的过失造成的，如货物本身标识不清、包装不良、货物自身的性质和货物与交付承运人之前的质量、数量与运输凭证不符，也可能是由于承运人的过失，如积载不当、装卸操作不当、未按要求控制货物在运输过程中的温湿度、载货舱不符合载货要求、混票等原因造成。

▶ 3. 货物的延迟交付

货物的延迟交付即因承运货物的交通工具发生事故，或因承运人在接受托运时未考虑本班次的载货能力而必须延误到下一班期才能发运，或在货物中转时因承运人的过失使货物在中转地滞留，或因承运人自身的利益绕航而导致货物晚到卸货地。

▶ 4．单证纠纷

承运人应托运人的要求倒签、预借提单，从而影响到收货人的利益，收货人在得知后向承运人提出索赔，继而承运人又与托运人之间发生纠纷，或因承运人（或代理人）在单证签发时的失误引起承托双方的纠纷。此外，还有因货物托运过程中的某一方伪造单证引起的单证纠纷。

▶ 5．运费租金等纠纷

因承租人或货方的过失或故意，未能及时或全额交付运费或租金，因双方在履行合同过程中对其他费用如滞期费、装卸费等发生纠纷等。

▶ 6．船舶、集装箱、汽车、火车及航空器等损害纠纷

因托运人的过失，造成对承运人的运输工具损害的纠纷。

二、承运人的责任期间和免责事项

（一）承运人的责任期间

承运人的责任期间一般是从货物由托运人交付承运人时起，至货物由承运人交付收货人为止，在这段责任期间内，承运人应承担货物损失的责任。只有在损失是由于不可抗力、货物本身的自然性质或合理损耗、托运人或收货人的过错等原因造成的情况下，承运人才可以免责。

（二）承运人的免责事项

在不同的运输方式中，关于承运人的免责事项规定也有所不同。

▶ 1．公路货物运输

货物在运输过程中因不可抗力灭失的，承运人不承担责任。未收取运费的，承运人不得要求支付运费；已收取运费的，托运人可以要求返还。

▶ 2．铁路货物运输

由于不可抗力、货物本身的自然属性、合理损耗及托运人或收货人的过错，铁路运输承运人不承担赔偿责任。

▶ 3．航空货物运输

《华沙公约》和《海牙议定书》规定，下列情况下，承运人可以免除或减轻责任：

（1）如果承运人证明自己和自己的代理人为了避免损失的发生，已经采取了一切必要的措施，或者不可能采取这种措施时，即可免责；

（2）如果承运人能证明损失是由于受损方的过失所引起或造成的，则可视情况免除或减轻责任。

▶ 4．海上货物运输

（1）船长、船员、引航员或承运人所雇用的其他人员在驾驶船舶或管理船舶中的过失；

（2）火灾，但由于承运人的实际过失或知情所引起的除外；

（3）天灾，海上或其他通航水域的灾难、危险和意外事故；

（4）战争或者武装冲突；

（5）政府或者主管部门的行为、检疫限制或者司法扣押；

（6）托运人与货主或托运人与货主的代理人的行为；

（7）不论由于任何原因所引起的局部或全面罢工、关闭、停工或者强制停工；

（8）在海上救助或企图救助海上人命或财产；

（9）由于货物的隐蔽缺陷、性质或者潜在缺陷所引起的质量或重量的亏损、灭失或损害；

（10）包装不良或者标志不清、欠缺；

（11）经谨慎处理仍未发现的潜在缺陷；

（12）非由于承运人的实际过失或者承运人的受雇人、代理人或雇员的疏忽所引起的任何过失。

三、合同双方的权利和义务

▶ **1. 托运人的权利和义务**

（1）托运人的权利：①托运人有要求承运人按照合同规定的时间、地点，把货物运输到目的地并交给收货人的权利；②货物托运后，在货物未运到目的地，并按有关规定支付给承运人所需费用的情况下，托运人有提出变更到货地点或收货人等合同内容、取消托运、解除合同的权利。

（2）托运人的义务：①托运人有按约定向承运人交付运杂费及其他有关费用的义务；②有对托运的货物按规定的标准进行包装，并在包装上进行标识的义务；③有按照合同中规定的时间和数量交付托运货物，并告知货物情况的义务；④有遵守有关危险品运输的规定及相关法规，杜绝违规、违法托运的义务。

▶ **2. 承运人的权利和义务**

（1）承运人的权利：①承运人有向托运人、收货人收取运杂费用的权利；②当托运人或收货人不缴或不按时缴纳规定的各种运杂费用时，有对托运人或收货人的货物行使扣押权的权利；在规定期限内，因查不到收货人或收货人拒绝提取货物，有负责保管并收取保管费用的权利；③对于超过规定期限仍无法交付的货物，有按有关规定予以处理的权利；④有拒绝承运违规、违法货物的权利。

（2）承运人的义务：①承运人有接受货物后出具有关凭证的义务；②有在合同规定的期限内，将货物运到指定地点，按时向收货人发出货到通知的义务；③有保证托运货物的安全，保证货物无短缺、无损坏、无人为变质的义务；④有在货物到达以后，按规定的期限负责保管的义务；⑤有按合同约定的路线进行运输或者按通常的运输路线进行运输的义务；⑥有承运过程中杜绝野蛮装卸，文明承运的义务；⑦有按照合同满足托运人变更的义务。

第 三 节　货物运输合同争议的解决与索赔

在货物运输过程中产生纠纷以致引起诉讼是常有的事，如一方面货主可能会因为货物在运输途中发生的各种损失而向承运人索赔；另一方面承运人也可能会因为支付运费或其他应付款而向货主索赔，这些索赔并不一定都是承运人的过失而引起的。要正确解决双方的纠纷，不仅要找到真正的过失方，还要清楚承运人或托运人谁应对过失负责，其中不仅涉及《货物运输法》，还往往涉及《代理法》《合同法》等许多法律规范。

一、争议解决的方法

承运人、托运人、收货人及有关方在履行运输合同时，发生纠纷、争议，应及时协商解决或向县级以上人民政府交通主管部门申请调解；当事人不愿和解、调解或者和解、调解不成的，可依仲裁协议向仲裁机构申请仲裁；当事人没有订立仲裁协议或仲裁协议无效的，可以向人民法院起诉。

（一）仲裁

仲裁指争议双方在争议发生前或争议发生后达成协议，自愿将争议交给第三者做出裁决，双方有义务执行的一种解决争议的方法。仲裁具有当事人自愿、程序简便、不公开审理、解决纠纷迅速及时等特点，因此，成为当事人解决纠纷的重要方式。

仲裁又分为临时仲裁和机构仲裁，临时仲裁是指无固定仲裁机构介入，而由当事人各方通过仲裁协议直接组织仲裁庭，并由仲裁厅进行的仲裁。机构仲裁又称制度仲裁，是指依照当事人双方的协议将争议交由一定的常设仲裁机构并依该机构所制定的现存仲裁规则进行仲裁。机构仲裁具有两大优势：一是它依据仲裁机构既定的仲裁规则进行仲裁，程序较为严格；二是它有现存的固定管理机构和合格可信的仲裁人员。机构仲裁已成为当前世界范围内的主要仲裁方式。

我国现行仲裁制度实行或裁或审、一裁终局。当事人双方自愿将纠纷提交仲裁委员会，就排除了法院对此案的管辖权。仲裁裁决书自做出之日即发生法律效力，它与人民法院生效的判决书具有同等法律效力；当事人一方不履行裁决，另一方当事人可以向人民法院申请执行。

（二）诉讼

如双方未对纠纷的解决方法进行约定，或事后无法达成一致的解决方法，则要通过法院进行诉讼。该方法是解决纠纷的最终途径。各种运输纠纷可以按照我国的诉讼程序，由一方或双方向有管辖权的法院起诉，然后由法院根据适用法律和事实进行审理，最后做出判决。当然，如果某一方乃至双方对一审判决不服的，还可以根据《诉讼法》进行上诉、申诉等。为了更好地处理运输类纠纷，我国设立了专门受理海事纠纷的法院——海事法院，颁布了专门适用于海事案件审理的程序法——《中华人民共和国海事诉讼特别程序法》。此外，铁路运输的纠纷在我国也有专门的铁路运输法院受理和管辖。因此，在物流作业过程中发生法律纠纷时，诉讼方法如下所述。

（1）普通法院：在物流作业过程中，纠纷的原因不在海运、铁路运输期间产生的一般由普通法院管辖。

（2）海事法院：如果物流作业过程中货损或货物灭失发生于国际海上货物运输过程中，则由海事法院管辖。

（3）铁路法院：如果货损或货物灭失发生于铁路企业作业过程，则由铁路法院管辖。

仲裁和诉讼的区别在于：一是法院诉讼实行地域管辖和级别管辖，仲裁则实行协议管辖，充分体现了仲裁活动的自愿性；二是诉讼当事人不能选择审判员，也不能超过管辖级别选择管辖法院，而仲裁活动的当事人既可以选择仲裁机构，也可以选择仲裁员；三是仲裁实行不公开审理，除非当事人要求公开审理，诉讼则不同，实行公开审理；四是当事人不服法院判决可以上诉，仲裁不得上诉，一裁即告终结。

知识链接

1. 铁路等事故损害赔偿纠纷案件的管辖

因铁路、公路、水上和航空事故请求损害赔偿提起的诉讼，由事故发生地或者车辆、船舶最先到达地、航空器最先降落地或者被告住所所在地的人民法院管辖（《民事诉讼法》第 30 条）。

2. 船舶碰撞或其他海事损害事故请求损害赔偿纠纷案件的管辖

因船舶碰撞或者其他海事损害事故请求损害赔偿提起的诉讼，由碰撞发生地、碰撞船舶最先到达地、加害船舶被扣留地（主要针对外国船舶）或者被告住所所在地的人民法院管辖（紧密接触原则）（《民事诉讼法》第 31 条）。

3. 海难救助费用纠纷案件的管辖

因海难救助费用提起的诉讼，由救助地或者被救助船舶最先到达地的人民法院管辖（《民事诉讼法》第 32 条）。

4. 共同海损纠纷案件的管辖

因共同海损提起的诉讼，由船舶最先到达地、共同海损理算地或者航程终止地的人民法院管辖（《民事诉讼法》第 33 条）。

二、诉讼与索赔时效

各种纠纷如果必须诉诸司法或准司法机构，则索赔时效和诉讼时效是必须注重的。规定时效是为了促进当事人及时行使自己的权利，早日消除不确定的法律关系，而由法律规定的一段特定的时间。如果一方当事人超过时效才行使自己索赔和诉讼请求权，则通常会丧失胜诉权。

（一）公路货运

公路承运人或托运人发生违约行为，应向对方支付违约金。违约金的数额由承托双方约定。对承运人非故意行为造成货物延迟交付的赔偿金额，不得超过所延迟交付的货物全程运费数额。在国内货物运输中，货物赔偿费一律以人民币支付。由托运人直接委托站场经营人装卸货物造成货物损坏的，由站场经营人负责赔偿；由承运人委托站场经营人组织装卸的，承运人应先向托运人赔偿，再向站场经营人追偿。

（二）铁路货运

▶ **1. 赔偿时效**

承运人同托运人或收货人相互间要求赔偿或退补费用的有效时期是180日（要求铁路支付运到期限违约金为60日）。托运人或收货人向承运人要求赔偿或退补运输费用的时效期限，按下列日期算起：

（1）货物灭失、短少、变质、污染、损坏，为车站交给货运记录的次日；

（2）货物全部灭失为运到期限满期的第16日，但鲜活货物为运到期限满期的次日；

（3）要求支付货物运到期限违约金，为未交付货物的次日；

（4）多收运输费用，为核收该项费用的次日。承运人向托运人或收货人要求赔偿或补收运输费用的有效期限，由发生该项损失或少收运输费用的次日起算。

▶ **2. 铁路的赔偿责任**

铁路应对承运的货物、包裹、行李自接收承运时起到交付时止发生的灭失、变质、污染或者损坏，承担赔偿责任。具体赔偿方法根据货物是否投保运输险、申报保价运输和未申报保价运输三种不同情况给予赔偿。

（1）托运人根据自愿申请原则办理保价运输的，按照实际赔偿，但最高不超过保价额。

（2）未申报保价运输的，按照实际损失赔偿，但最高不超过国务院铁路主管部门规定的赔偿限制；如果损失是由于铁路运输企业故意或重大过失造成的，不适用赔偿限额的规定，按照实际损失赔偿。

（3）保价货物的赔偿应遵守主动、迅速正确、合理平等的原则，属承运人责任造成的货物损失，要主动向托运人或收货人赔偿。办理赔偿的最长期限，自车站接收赔偿书的次日起到填发"保价货物赔偿通知书"时止，款额在3 000元以下的，为10日，款额超过3 000元且未满50 000元的为20日，5万元以上的为30日。

（三）海洋货运

（1）海上货物运输向承运人要求赔偿的请求权，时效期间为1年，自承运人交付或者应当交付货物之日起计算；

（2）在时效期间内或者时效期间届满后，被认定为负有责任的人向第三人提起追偿请求的，时效期间为90日，自追偿请求人解决原赔偿请求之日起或者收到受理对第三人提起诉讼的法院的起诉状副本之日起计算。

（3）有关航次租船合同的请求权，时效期间为2年，自知道或者应当知道权利被侵害之日起计算。

（四）航空货运

托运人或收货人要求赔偿时，应在填写货运事故记录的次日起 180 日内，以书面形式向承运人提出，并随附有关证明文件。承运人对托运人或收货人提出的赔偿要求，应在收到书面赔偿要求的次日起 60 日内处理。

航空运输的诉讼时效期间为 2 年，自民用航空器到达目的地或者运输终止之日起计算。

知识链接

运输是物流业最基本的业务和最重要的环节。有关运输，我国已颁布了不少法律、法规。我国的《合同法》《公路法》《铁路法》《航空法》《海商法》等基本法律都对运输合同、各种运输责任及赔偿等做出了规定。同时，我国也颁布了不少单行法规或行政规章，如《汽车货物运输规则》《铁路货物运输管理规则》《国内水路货物运输规则》《国际海运条例》《民用航空货物国内运输规则》《民用航空货物国际运输规则》《水路危险货物运输规则》等，对各种运输行为加以调整。

本章小结

本章阐述了货物运输合同的概念、分类、特征，以及承运人和托运人的责任；阐述了货物运输合同的订立与履行、变更与解除的相关规定；阐述了货物运输纠纷的概念和类型、争议解决的方法、索赔和诉讼时效。

课堂讨论

在课堂上先由学生分小组进行讨论，然后选出代表集中发言。

讨论如何理解货物运输合同的订立与履行、变更与解除。

思考题

1. 什么是货物运输合同？
2. 简述货物运输合同解除的条件。
3. 简述托运人的权利和义务。
4. 简述承运人的权利和义务。
5. 简述运输纠纷的概念及类型。

拓展案例

超限货物的运输合同纠纷

某大理石石材厂与某汽车运输公司是长期业务关系户，多次订立货物运输合同。在最近的一份合同中，双方约定，为完成出口任务，大理石石材厂要求运输公司将40万立方米的大理石荒料运送至某县石材加工厂。合同签订后，运输公司派汽车队到大理石石材厂承运荒料，在办理手续时，汽车队队长要求大理石石材厂出具主管机关颁发的准运证明。大理石石材厂厂长说，以前其他车队运送大理石产品从未办理过准运证明。汽车队队长坚持，大理石产品需不需要办准运证他不管，但荒料就必须办，否则不予承运。双方协商不能达成一致，遂起纠纷。

这种情况应如何处理？

分析：此事关键在于办理大理石荒料运输是否需要出具准运证明。

依据交通部1986年12月1日发布的《公路货物运输合同实施细则》第9条的规定，长大、笨重货物、危险品和国家限运，以及需要办理检疫、商检、海关、公安、监理手续的货物，交运前，托运方应提供有关机关的准运证明。本案中，大理石石材厂必须向运输公司提供准运证明。

参 考 文 献

［1］韩景丰．运输与运输管理［M］．重庆：重庆大学出版社，2009．

［2］何柳．物流运输管理实务［M］．青岛：中国海洋大学出版社，2010．

［3］黄福华．现代物流管理［M］．北京：清华大学出版社，2010．

［4］林惠丹．运输管理学［M］．上海：上海财经大学出版社，2010．

［5］梁金萍．运输管理［M］．北京：机械工业出版社，2010．

［6］朱晓宁．集装箱运输与多式联运［M］．北京：中国铁道出版社，2010．

［7］许淑君．运输管理［M］．上海：复旦大学出版社，2011．

［8］齐诚．物流运输管理［M］．武汉：中国地质大学出版社，2011．

［9］武德春．集装箱运输实务［M］．北京：机械工业出版社，2011．

［10］仪玉莉．运输管理［M］．北京：高等教育出版社，2012．

［11］阎子刚．运输管理实务［M］．北京：高等教育出版社，2012．

［12］宋文官．运输管理实务［M］．北京：高等教育出版社，2012．

［13］喻小贤．运输管理实务［M］．北京：高等教育出版社，2012．

［14］黄文友．运输管理实务［M］．北京：北京大学出版社，2013．

［15］杨畅．物流运输管理实务［M］．北京：清华大学出版社，2014．

［16］崔国成．运输管理实务［M］．北京：高等教育出版社，2015．